金融机构
风险处置责任机制研究

张继红◎著

Research on the Risk Management Responsibility Mechanism of Financial Institutions

法律出版社
LAW PRESS·CHINA
北京

图书在版编目（CIP）数据

金融机构风险处置责任机制研究 / 张继红著.
北京：法律出版社，2025. -- ISBN 978-7-5197-9894-9

Ⅰ. D922.291.924

中国国家版本馆 CIP 数据核字第 20259WC879 号

金融机构风险处置责任机制研究
JINRONG JIGOU FENGXIAN CHUZHI ZEREN JIZHI YANJIU

张继红 著

责任编辑 韩满春
装帧设计 李　瞻

出版发行 法律出版社
编辑统筹 学术·对外出版分社
责任校对 王　丰　郭艳萍
责任印制 胡晓雅　宋万春
经　　销 新华书店

开本 710 毫米×1000 毫米　1/16
印张 13　　**字数** 500 千
版本 2025 年 3 月第 1 版
印次 2025 年 3 月第 1 次印刷
印刷 北京建宏印刷有限公司

地址：北京市丰台区莲花池西里 7 号（100073）
网址：www.lawpress.com.cn
投稿邮箱：info@lawpress.com.cn
举报盗版邮箱：jbwq@lawpress.com.cn

销售电话：010-83938349
客服电话：010-83938350
咨询电话：010-63939796

书号：ISBN 978-7-5197-9894-9　　**定价**：68.00 元

凡购买本社图书，如有印装错误，我社负责退换。电话：010-83938349

致 谢

感谢中国—上海合作组织国际司法交流合作培训基地对本书出版的资助!

感谢吴涛、翟虎祥两位博士对本书的文献与案例支持!

感谢本书所有审校人员的倾心付出和鼎力相助!

感谢家人、友人对我的鼓励和信任，这是我奋勇前行的最大动力!

目　录

导　论

金融体系的出现是为了承接宏观经济学中所谓两部门模型中的“漏出”，它能够有效地促进资本流动，保障经济的稳定和快速增长。所谓宏观经济学中的两部门模型，指的是生产要素由要素市场从家庭流向企业，而企业又转而将其产品和服务投入产品市场，并将换回的收入重新用于要素市场购买生产要素，这一过程构成了一个正态的循环，能够刺激经济的稳定发展。但是，家庭并不必然将当期要素全部投入产品市场，除了当期消费外，家庭将部分当期要素作为储蓄，这就构成了所谓“漏出”资本，从而减少了对产品市场所提供之产品和服务的需求。这种保守行为不利于经济的运行，却又是不可避免的趋势。为了激活资金流、促进经济发展、充分利用闲散资本，金融体系应运而生。金融体系的主要功能即在于“聚集资源，并在横向和纵向上均衡完成资源的均衡分配；管理风险，通过风险识别和管理渠道实现对风险的规避；提供流动性，促进资本的有效流动和价值发挥；清算和支付，不断更新其作为第三方支付清算平台的便捷性；收集和提供信息，为金融活动各方提供信息支撑；监督和激励，保障资本运作的安全性、适当性和充分性”。[①]

金融机构作为金融体系的重要主体，其作用也就体现在整理“漏出”资本。金融机构通过其解决信息不对称问题的竞争优势、风险管理优势以及多样化金融服务的提供优势，在家庭和企业间构建了一种间接的资本流通渠道。但也正是因为这种间接性，使金融机构这一既非创造者也非利用

① 郑荣年主编：《金融机构风险管理》，中国金融出版社2015年版，第3~5页。

者的实体掌握了资本流动的命脉，这种掌控权既带来了效益，也带来了风险；既赋予了金融机构一定的权力，也要求其承担更重的义务和责任。

金融机构对社会剩余资本的有效利用能够促成经济的进步，但同时资本聚集也给金融机构的运行带来了与一般企业所不同的风险，这些风险主要可以分为四大类，即信用风险、市场风险、操作风险和流动性风险。一旦金融机构面临风险，其只能通过继续融资或是变卖自身资产两种途径，但如果对其退出机制不加以规制，无论是经营困境下的融资还是无节制的自身资产转卖，都可能引发连锁倒闭危机。

金融机构对于社会经济发展的推动作用是不可忽视的，但其所面临的诸多风险又使其负外部性更加凸显。试图解决这一悖论，就须从金融机构监管入手。长期以来，我国传统观念对破产存在一种迷思，认为破产就意味着企业走向死亡的必然性。因此，无论是企业本身还是国家管理者都对“破产”一词讳莫如深。事实上，破产所表达的不仅仅是一种终结语境，也是重整并进而获得新生的契机。金融机构作为企业，其“生老病死”亦应遵循市场优胜劣汰应有之规律。但金融机构破产不能完全等同于一般企业破产，毕竟其从内部利益博弈到外部运作表征都与一般企业存在极大差别。如何完善金融机构风险处置法律制度，如何优化金融机构市场退出机制，如何减少基于金融机构市场退出所带来的负面影响，一直是学界关注的焦点。

国外的金融机构破产立法主要分为两大类别：一种是一般破产法与金融机构破产法混同的一元立法模式，该立法模式以英国为代表。毕竟金融机构也是市场经济实体之一，其破产所适用的资产评估、债权申报、争议债权的处置以及资产清算等许多方面都和一般商事机构的破产类似，也因此一元立法模式国家认为不必要特别强调金融机构破产法的特殊性。巴塞尔委员会也认为，“金融企业作为公众公司的一种，具备了一般企业所应该具有的公司特征，在资产负债结构、经济评估体系、信息披露等方面也都与上市公司类似，因此刻意区分金融机构和一般企业的破产是不必要且不需要的”。另一种则采取金融机构破产立法单列的二元立法模式，该种模式为美国、加拿大和意大利等国所采纳。其中，以美国最为典型，为金融机构的破产制定了特殊程序，这一程序将由美国联邦存款保险公司主导，在规则和监管路径上也与普通破产法存在差异。目前一元立法模式和二元立法模式逐渐呈现出合流的趋势，这主要体现在一元立法模式下的国家也渐渐开始在其普通破产法程序或是金融机构专项法案中规定金融机构破产的特殊条款，而二元立法模式下的国家则将普通破产法作为金融机构破产法构建的基础，引用了其中许多重要的经典原则。

为构建合理的金融机构风险处置损失分担规则、优化金融机构市场退出机制,国外立法者通常对金融机构相关主体[控股股东、董事、高级管理人员(以下简称高管)、监管者等]施以更重的法律责任,从而实现金融安全之目的。美国对金融机构相关利益主体的特殊责任已有明确规定及适用判例,以英国为代表的欧洲国家虽在立法中尚未引入相应规则,但在司法判例中确立了金融机构风险处置的特殊责任,其理论研究也相当细致深入。Howell E. Jackson(1994)从历史沿革和价值取向方面阐释金融控股公司所应承担的特殊责任;Mark V. Nuccio 和 Paulo J. Marnoto(2010)探讨了美国银行董事、高管承担特殊责任的理论依据;Eva H. G. Hüpkes(2011)以案例形式分析了金融机构董事、高管及监管者加重责任的具体责任内容。

由于已经出现严重的信用危机,包商银行于 2019 年 5 月 24 日被人民银行、银保监会联合接管,接管期限一年,并成为我国首个进入破产清算程序的商业银行。包商银行破产事件也释放出强烈的政策信号,包括银行在内的部分流动性较差、经营管理不善的金融机构将面临市场退出的风险。反思包商银行经营失败的原因,公司治理机制的混乱以及控股股东、董事及管理层等相关主体责任机制的缺失是无法回避的重要原因。接管组组长周学东用“形似而神不至”概括了包商银行治理失效的集中表现,正是因为控股股东操纵和内部人控制的弊端长期得不到解决,再加上“监管俘获”等因素,造成了包商银行在风险管理和内部控制方面出现了大幅度的失灵。

金融市场间联系日趋紧密的今天,金融危机在全球市场间的传导也更加迅速,这对金融监管提出了更高的要求,完善并优化金融机构风险处置责任机制是金融市场稳定的基础性保障。美欧等发达国家的经验表明,由于存在着信息不对称和不完全竞争,金融机构较之其他企业更容易发生内部人滥用以及欺诈现象,金融市场面临着比一般行业更大的风险,有必要在风险处置问题上对内部交易者与相关利益方施以更严厉的责任规则进行约束。客观而言,金融机构风险处置责任构建是一种事前的积极预防措施,比事后救济更能起到保护存款人、投资者及公共利益的作用,能够有效防范金融风险的产生及蔓延。将处置责任理念引入金融机构破产领域,形成带有约束性的制度安排,使金融机构处置损失分担更趋合理,已经成为国际社会金融监管制度发展的新趋势。可以说,构建金融机构风险处置责任安排是金融监管体制中预防道德风险、化解经营危机的重要制度创新。2024 年 7 月,党的二十届三中全会指出,“完善金融监管体系,依法将所有金融活动纳入监管,强化监管责任和问责制度,加强中央和地方监管协同”。也就是说,金融责任制度建设已经成为金融监管体系的重要组成部分。

2021年6月,原银保监会制定的《银行保险机构恢复和处置计划实施暂行办法》(银保监发〔2021〕16号)首次确立了"自救为本"这一基本原则,强调了银行保险机构及其股东应严格落实主体及股东责任。2022年4月,中国人民银行起草《金融稳定法(草案)》并公开征求意见,旨在建立金融风险防范、化解和处置的制度安排,以维护金融稳定,保障国家金融安全。该草案最大的亮点在于要构建一个公平有序的损失分担机制,采取市场化、法治化的原则处置问题金融机构,强调金融机构自救为本、他救为辅,即金融机构的恢复和处置要坚持先使用自有资金,对金融风险负有责任的股东、实际控制人承担相应赔偿责任,充分发挥市场配置资源的作用,再寻求行业救助和动用地方公共资源和国家公共资金,采取递进式、市场化方式进行风险处置。2024年5月27日,中共中央政治局召开会议审议《防范化解金融风险问责规定(试行)》,进一步推动在金融领域落实全面从严治党要求,切实加强党中央对金融工作的集中统一领导,进一步压实金融领域相关管理部门、金融机构、行业主管部门和地方党委政府的责任。这也再次释放了中央要强化金融领域责任机制的强烈信号,明确在金融风险发生后有明确的追究相关主体责任的制度及措施。该规定的出台可以大大提升金融监管部门、金融机构及其管理人员的风险意识,督促其决策和执行过程中更加谨慎。

需要说明的是,金融机构按照地位和功能分为多种类型,包括金融监管当局(中国人民银行、银保监会、证监会等)、银行业金融机构(商业银行、信用合作社、政策性银行)、非银行业金融机构(信托公司、金融资产管理公司、财务公司、金融租赁公司、汽车金融公司、消费金融公司、小额贷款公司、典当行等)、证券业金融机构(证券公司、证券投资基金管理公司、期货公司、证券投资咨询公司等)、保险业金融机构(财产保险公司、人身保险公司、保险资产管理公司、再保险公司、保险经纪公司、保险代理公司、保险公估公司等)、金融控股公司(中央金融控股公司、其他金融控股公司)、新兴金融机构(第三方理财公司、综合理财服务公司等)。上述金融机构,因其业务类型、功能定位不同,在市场退出环节亦存在差异。为了论证的深入,本书中未特别注明的金融机构,主要指我国金融机构中最典型的类型——商业银行,即吸收公众存款、发放贷款、办理结算业务的金融中介机构。在我国以银行业金融机构等间接金融为主导的金融市场语境下,商业银行风险处置责任规则的探讨,更具现实意义。

本书从金融机构破产的内涵出发,将特殊责任理念拓展至金融机构市场退出领域,结合当前金融机构风险处置过程中出现的新问题,对金融机构风险处置责任主体、基础理论、价值目标、损失分担规则等进行深入研究。在综合借鉴国际社会金融机构风险处置之相关利益方(控股股东、董事和高管、债权人、中介机构、监管者等)加重责任的最新成果基础上,分析并总结金融机构破产责任分配机制的基本发展趋势。结合我国问题金融机构危机处置立法及实践分析,提出构建我国金融机构风险处置责任体系的具体建议。

第一章　金融机构风险处置责任的基础理论

金融机构尽管与一般企业存在许多共同之处，但从危机处理模式来看，金融机构因其特殊职能，仍然需要区别于一般企业。这种分歧无论是在一元立法模式的国家还是二元立法模式的国家都存在，有学者总结道，"金融机构破产的特殊性来源于其债权人阶层的特殊性，金融机构中的债权人有很大一部分是受到政府保障、享受特殊保险的存款债权人"。[①] 这种说法事实上就将金融机构破产的特殊性归结为了其相关利益群体和利益平衡机制的独特性，这种特殊性最后将落脚于金融机构破产中的特殊责任分配机制。但是此种观点仅仅提到了对债权人一方的保护，事实上，金融机构背后的每一个责任主体都是利益博弈中的重要一环，其责任分配都将直接影响金融机构破产损失分担的合理性与否。

第一节　金融机构风险处置制度概述

金融机构的风险处置与一般公司的市场退出相比，将会牵动更多利益主体之间的相互博弈，这种利益博弈决定了各个相关群体责任承担与否及其责任范围。金融机构风险处置责任分配与普通企业的市场退出责任分配相比，最大的特点就是其所承担的责任主体范围及内容不同，金融机构风险

---

① See Stephen J. Lubben, *Financial Institutions in Bankruptcy* (2011), Seattle University Law Review 1259.

处置的责任人不仅牵涉股东、董事、高管及监事,甚至还涉及债权人、市场中介机构及监管者等。

金融机构风险处置中的诸多规则和原理都脱胎于普通破产法,但金融机构的特殊性决定了其风险处置法律规范及适用程序也具有与一般企业破产相区别的地方,明确金融机构处置原理及价值是分析其风险处置责任的第一步(见表 1-1)[①]。

表 1-1　金融机构破产的特殊性

<table>
<tr><th>金融机构及金融体系的特点</th><th>对金融机构风险处置立法的影响</th></tr>
<tr><td>提供流动性</td><td>冻结银行负债的费用高昂</td></tr>
<tr><td>严重的协调困难(如金融机构营业)</td><td>可能导致金融机构的突然终止</td></tr>
<tr><td rowspan="2">由系统风险带来的外部影响:传染、公共信任瓦解、实体经济影响、结算系统等</td><td>可能导致过度的系统风险</td></tr>
<tr><td>赋予问题金融机构实质权力</td></tr>
<tr><td>金融机构运营的特殊性</td><td rowspan="4">事前监管的不足</td></tr>
<tr><td>严格代理,信息不对称问题</td></tr>
<tr><td>资产替代</td></tr>
<tr><td>不透明</td></tr>
<tr><td>审慎监管(资本要求、存款保险)对事后效率具有影响</td><td rowspan="2">可能会对事前(软预算约束)和事后监管造成限制(过度延长)</td></tr>
<tr><td>政治压力</td></tr>
<tr><td>碎片化监管结构可能导致协调问题和延迟干预</td><td rowspan="2">集中式管理结构和非集中式管理结构在金融机构破产中的对立</td></tr>
<tr><td>管理者动机不能促成最优解决方案</td></tr>
<tr><td rowspan="2">跨国金融机构</td><td>国内管理者协调</td></tr>
<tr><td>超国家管理者/管理规则</td></tr>
</table>

一、金融机构风险处置的立法目标和基本价值

金融机构风险处置的立法目标和价值追求是立法者安排其内部责任分配的内在动因,金融机构风险处置的基本价值观念从起步到现在,经历了巨大的转变。其中,最突出的特点就是社会目标和社会价值的融入,这使得金融机构风险处置从一开始完全私法角度的责任配比,逐渐融入了公权力和公共利益的考量因素。

① See Matej Marinc & Razvan Vlahu, *The Economics of Bank Bankruptcy Law*, Springer, 2012, p. 88-89.

(一)金融机构风险处置的立法目标

金融机构风险处置属于破产法的一个特殊类型,它应该满足一般破产立法所追求的目标。根据2004年联合国国际贸易法委员会公布的《贸易法委员会破产法立法指南》第一部分的规定,破产法具有9个关键的目标:一是为市场提供确定性以促进经济的稳定和增长;二是资产价值最大化;三是在清算和重整之间求得平衡;四是确保对处境相近的债权人的公平待遇;五是及时、高效并公正地解决破产事务;六是保全破产财产以便公平分配给债权人;七是确保制定有透明度和可预见性的破产法,为收集传递信息提供激励;八是承认原有的债权人权利,就优先债权的排序确定明晰的规则;九是建立跨国界破产框架。① 从这九大目标中,可以看出破产法的立法目标是多元化的,但这些立法目标仍然过多困囿于企业内部的影响力,不足以应对金融机构破产的实际需求。金融机构破产的立法目标逐渐开始从普通破产立法中脱离出来,经历了"从平等保护到特殊保护,从破产保护到破产预防的变化历程",②这一变化历程也促成了金融机构破产责任配置的变化。社会公共利益逐渐融入金融机构破产制度考量,并与债权人利益保护并重,这使得金融机构破产需承担更多的社会责任。与此同时,在债权人群体中,更侧重于金融消费者的利益保护。为了保障金融消费者利益,可能会让其他债权人作出一定的利益让渡。而且,市场中介机构、金融监管者介入金融机构风险处置的监管行为,亦应受到破产责任机制的规制与约束。

(二)金融机构风险处置制度的价值分析

金融机构在风险处置中所追求的价值决定着它的权利义务配比,但在不同时期金融机构所注重的价值本位观并不相同。在一般破产主义时期,金融机构的风险处置并未与一般企业破产特别区分开来,因此平等仍然是金融机构作为一般企业破产的主导性价值。在这里平等性具体就表现为债权人将得到平等的受偿,不区分次级债或是存款人、投资人、保单持有人,国家也并未形成对金融机构的救助义务。

进入金融机构风险处置特殊规则程序时期后,考虑到金融机构市场退出可能对市场造成巨大负面效应,为了减少存款人及其他投资者的恐慌心理,金融机构风险处置制度所追求的核心价值区别于一般企业,金融机构风险处置制度承载了维护金融秩序的稳定与安全、保护存款人利益的重任。这里的秩序意味着

---

① 参见联合国国际贸易法委员会:《破产法立法指南》,载 http://www.uncitral.org/pdf/chinese/texts/insolven/05-80721_Ebook.pdf, 10-13。

② 参见汪世虎主编:《金融机构破产制度研究》,法律出版社2014年版,第29~30页。

“社会关系的稳定性、结构的一致性、行为的规则性、进程的连续性、事件的可预见性以及人身财产的安全性”。[①] 自此,金融机构风险处置价值追求中添加了公共因素,也就同时牵扯出了政府在金融机构风险处置时所应承担的责任以及金融机构内部的责任重新分配。正是基于这种社会公共利益的考虑,促使立法者根据金融机构的固有特质建构起快速、有序的市场退出制度,以实现整个行业的稳定健康发展,这也就成为金融机构破产制度的秩序价值之所在。其中,明确金融机构处置规则、最大限度地减少法律的不确定性是实现其秩序价值的重要途径。没有什么比明确化的法律条文更能给公权机关的权力以约束,给社会成员以稳定的预期。以金融机构破产清算为例,其破产法规则通过规范实施机构、清算的内容以及清算的程序等,建立起规范金融机构清算过程中各个主体及其相互关系的规则,明确划分了各自的权利义务关系,从而确保整个破产程序得以顺利进行。

在破产预防主义时期,审慎监管和早期介入不仅改变了金融机构破产程序及处置方案,更体现了金融机构破产的价值追求从单纯的秩序维稳转向效率与公平并重的转变过程。

这里,金融机构风险处置制度体现的公平观念是实体的公平和程序的公平。其中,实体公平是对权益与责任的分享与分担,直接涉及公平能否实现,是程序公平的前提和基础;程序公平具体的方式、方法、步骤,是对实体公平的保障以及实现实体公平的手段。就实体公平而言,金融机构处置制度一方面要保证权利和利益的分配公平,合理分摊金融机构破产失败的损失;另一方面在赋予监管当局强制性干预权力的同时,必须依法界定其权限范围,建立起完备的职权、义务和责任体系,确保其依法监管。就程序公平而言,金融机构风险处置制度须明确金融监管当局或法院实施重整和清算的具体程序、步骤和方法,以及在程序执行过程中有关权利人的权利救济途径。

此外,在金融机构风险处置制度中,为了保护存款债权,往往会牺牲其他债权人特别是机构债权人的利益,如设立存款保险制度,一定限度内的存款总是能得到最先的足额偿付。相比之下,其他债权人可能承担相当大的损失。也就是说,金融机构风险处置制度对实质权利的分配采取了“差别待遇”标准,将破产风险从储户转移至那些有市场投资经验的债权人(如机构债权人)身上,由此加重后者监督金融机构日常经营活动的责任。该标准强调不同主体在拥有实质权利上的不平等,即有差异。实质权利的行使,意味着对特定资源的支配与使

① 张文显:《法学基本范畴研究》,中国政法大学出版社1993年版,第258页。

用,而资源总是稀缺的,因此,以社会公共利益为价值取向的金融机构风险处置制度理所当然地要求将资源给予那些更需要资金的中小储户,以满足他们的日常生活。这种表面上的"差别待遇"其本质上是为了维护公众信心和社会稳定,因而是一种更高层次上的公平。

"法律的效率价值就在于利用权利和义务的分配方式,来规范资源的有效配置,及利用法律的有机作用促使效率结果的出现。"①具体到金融机构风险处置制度领域,其效率价值表现在以下两个方面:其一,在问题金融机构危机处置过程中注重成本效率的比较分析,最大限度地提高其破产的社会效率。无论是在重整还是清算的选择上,都应当充分考虑不同选择方案的实际成本,选择最优的处置方案。同时,在具体实施处置措施的过程中,应当充分发挥市场力量,促使私人主体积极参与问题银行的处置过程,尽量减少公共资金的支出,以保证资源的优化配置为主要目标。其二,就总体趋势看,有两方面的干预在增强:一是公法对私法;二是行政权对司法权。立法目标上的选择即是多方利益博弈的过程,需要在维系金融体系稳健运行和保护权利人的利益之间寻求一个最佳的平衡点。金融机构风险处置制度的建立使人们的各自利益明确化,使相互的利益达到最优化,并正确地处理破产过程中各个主体之间的利益关系,并以此增进整个破产程序的效率。

二、金融机构风险处置制度所应遵循的基本原则

金融机构风险处置的基本原则对于金融机构整个市场退出安排和构架设计具有提纲挈领的指导作用,对于金融机构风险处置法律责任分配亦应遵循。金融机构风险处置责任的特殊性同时也来源于金融机构处置原则的特殊性,因其不同的价值考量,金融机构风险处置也有着不同于一般企业破产的基本原则。

(一)最低成本原则

最低成本原则(least possible cost resolution requirement)最早来源于美国1991年《联邦存款保险公司改进法案》。该法案要求美国联邦保险公司在处置破产银行过程中对存款保险基金的损耗成本最小化。最低成本原则要求主管当局在综合考虑各种金融机构处置方案时,应进行严格的成本效益分析,以此确定危机处置的最低成本方案。这些不同处置措施的成本很大程度上取决于对处置交易有关事项的估算,这不仅包括处置措施本身产生的财务上的费用支出,也包括金融机构倒闭破产产生的经济影响。对于最低成本原则的例外如系统性例

① 陈金钊主编:《法理学——本体与方法》,法律出版社1996年版,第229页。

外,法律应作出严格限定,必须是出于该系统性原因并遵循一定程序要求,以避免对例外本身的滥用。

最低成本原则直接影响金融监管当局对危机处理方案的选择,如果金融机构直接赔付债务的成本大于重整,监管机关将选择重整程序,即不同的处置方案对应着不同的责任配置。金融机构风险处置法律责任分配原则也必须以此为圭臬,通过责任分担、责任前置的方式尽可能降低和控制金融机构的危机处置成本。

(二)风险处置损失合理分担原则

与普通企业相比,金融机构市场退出会产生较大的风险和损失。在尚未建立存款保险制度的国家里,更倾向于采用公共资金救助的方式帮助其渡过难关。这样,金融机构风险处置中所发生的风险和各种损失也就通过各种显形或隐形形式最终转嫁给国家财政,事实上也就是每个纳税人身上,由此极易引发道德风险,扭曲市场竞争机制。因此,建立合理的损失和风险分担原则是优化金融机构风险处置制度、稳定金融秩序的关键环节。综合各国的通行做法,金融机构风险处置的损失往往首先由控股股东承担,其余通过存款保险机制、同业救助、私人主体参与购买和债务承担、债权人利益让渡、清算资产等形式分摊给投资者、金融机构本身、债权人、市场中介机构、政府等主体。

(三)适当干预原则

正因为金融机构风险处置引发负面效应,使金融机构风险处置必须依靠政府的监管力量,通过宏观调控抑制其负外部性。金融监管是指"各国政府或其代理机构对金融机构实施的各种监督和管理,包括对金融机构市场准入、业务范围、市场退出等方面的限制性规定,对金融机构内部组织结构、风险管理和控制等方面的合规性、达标性要求,以及一系列相关的立法和执法体系和过程"。①金融机构风险处置的社会性决定了其需要公共资源和公权力的有效介入,这也突破了传统破产法内部私权利义务的界限,给予了金融机构将其责任进行合理分摊的理论支撑。同时,为了增进效率和维护秩序,金融监管当局对金融机构风险处置实施监管必须要有明确的法律依据。换言之,无论是金融监管机构的主体资格,还是金融机构监管机关的干预方式,都必须有明确的法律规定。否则,公权力的过度干预及滥用有可能引发市场调节失灵,滋生腐败和道德风险问题。

此外,为避免程序上的拖延和发生权力滥用的情形,金融机构整个处置规则

---

① 陈雨露、汪昌云主编:《金融学文献通论·宏观金融卷》,中国人民大学出版社2006年版,第571页。

应当具有充分的透明度,使市场参与主体能够对自己的行为后果有明确的预期,进而对金融机构的行为构成规则约束。并且,通过有效的方式向社会公众准确表达金融机构破产的原因、相应的处置方式、人员机构和相关的措施安排,使权利人可以及时行使权利,采取相应的救济措施,提起异议程序,也为相关主体的责任追究夯实基础,保证了程序的公正性。

三、金融机构风险处置制度的利益平衡机制

与一般企业相比,金融机构所涉及的利益关联方更为多元、复杂,其责任主体不仅涉及金融机构股东、董事、高管及监事,还包括债权人、中介服务机构、监管者等。

(一)金融机构风险处置制度的责任主体

金融机构的责任主体主要包括股东、董事、高管及监事、债权人、市场中介机构和监管者。以股东、董事和高管及监事为直接责任人;以债权人、市场中介机构、监管机构为主的间接责任人。

1. 股东

在金融领域,破产金融机构的股东所要承担的责任远远超出一般企业破产责任的范畴。金融机构风险处置中股东加重责任由来已久。如在存款保险制度出台之前,加拿大、美国和法国都存在着银行股东承担无限责任的规定。这种无限责任使股东在银行破产时所承担的责任不是以其出资份额为限,而是以股票市值为限。双重责任规则意在将股东从增加企业风险以攫取更大化利益的投资人转变为因减少企业风险而获利的投资人,①通过这种加重股东责任的方式降低金融机构整体面临风险的可能。存款保险制度出台后,股东无限责任逐渐消弭,但金融机构股东还是面临着相比于一般企业股东更重的责任。欧盟就规定如果银行的大股东(shareholder with qualifying holdings)“有可能会破坏该机构审慎、稳健的经营,则银行监管机构有权对其采取限制措施”。瑞士《银行法》也规定,“在股东不顾银行的财务问题,仍然参与作出银行继续营业决定时,其也需要承担股东个人责任”。② 德国在《银行法》《信贷机构重整法案》中规定,当信贷机构资本不足时,监管机构有权要求其制定持续恢复自由资金的重整计

---

① See Jonathan R. Macey & Geoffrey P. Miller, *Double Liability of Bank Shareholder: History and Implications* (1992), Wake Forest Law Review, p. 33.

② SWE Banking Companies Act Chapter 10 § 3. 转引自[瑞士]艾娃·胡普凯斯:《比较视野中的银行破产法律制度》,季立刚译,法律出版社 2006 年版,第 46、48 页。

划。[①] 欧盟于2014年出台《银行恢复与处置指令》，明确提出金融集团成员机构陷入流动性危机时，金融集团成员机构的初始股东、母公司或金融控股公司，以及其他金融集团成员机构的救助制度。[②] 日本2001年《银行法修正案》第52条规定，当银行出现经营危机，资本不能达到法定要求时，持股超过50%以上的大股东应该通过向银行增资，以及采取其他措施帮助银行改变资本状况。美国金融监管实践中，突破了股东责任有限性的公司法一般原理，通过资本维持承诺、力量源泉原则、交叉担保条款、及时改正措施等对金融控股公司施以特殊加重责任，积极防范可能产生的道德风险。

2. 董事和高管及监事

董事和高管在金融机构的实际经营管理中扮演着受托人的角色，有义务以金融机构及股东的利益为重履行自身职责。实践证明，金融机构破产的主要原因就是由于董事和高管职权滥用、经营不善所致。正因为董事和高管经营权力之大，作为金融机构职责受托人的董事和高管在某种程度上掌握着金融机构的命运，隐含着更高的道德风险。为了应对这种风险，以美国为代表，在公司治理中引入董事和管理层的加重责任。美国联邦存款保险公司（Federal Deposit Insurance Company，FDIC）和美国资产重组托管公司（Resolution Trust Corporation，RTC）建立了专业责任计划（professional liability program），该计划的建立与金融机构管理和其公共信用建立有着密切关联，意在强化金融机构董事和高管对于其错误经营而导致金融机构危机所应承担的责任。[③] 同时，1989年的美国《金融机构改革、恢复和执行法案》对存款机构董事和高管设定了更为严格的过错责任标准——重大过失；最高联邦法院通过判例确认："重大过失"仅仅是最低标准，并不妨碍其他州法设定更高、更严格的适用标准。[④]

监事本身作为公司治理的有机组成部分，也同时受到忠实、勤勉义务的规制。相比董事和高管侧重审查经营管理行为，监事侧重的是审查监督和尽职行为。虽然董事和监事都应当尽到善管义务，但是董事及高管面临的压力和困难明显比监事要高，相应的责任标准应当适当放宽，以保证经营决策的自主性。

---

① 参见李曙光、邓志斌主编：《公司重整法律评论》，法律出版社2013年版，第323页。

② 参见欧盟2014年《银行恢复与处置指令》第19.5(a)(b)条。

③ 执行专业责任计划的方式即由FDIC和RTC提起诉讼，但基于最小成本原则，FDIC和RTC提起诉讼应作相应的考量：先就相关问题进行调解；需要对被起诉董事、高管的清偿能力进行调查，包括考量其责任保险及个人资产的情况，最终确定提起该诉讼的成本价值。See Andrew Gilbert, with contributions by James P. Clark, Ashley Doherty, and Chapter 11: *Professional Liability Claims*, *Managing the Crisis: The FDIC and RTC Experience* 1980–1994 (1998), p. 266.

④ See Jonathan R. Macey & Maureen O'hara, *the Corporate Governance of Banks*, FRBNY Economic Policy Reviews, 2003(9).

3. 市场中介机构

市场中介机构之所以被称为“看门人”，原因就在于其主要作用是截断不合格金融机构的进入通道和制止金融机构的不规范行为。通过以自身的信誉和经验积累为金融机构提供服务和产品的中介，但其与金融机构的关系并非简单的顾客与受托人的关系，它们在为金融机构提供服务的同时还有着更高阶的服务对象，即金融消费者整体和社会公众利益。从表面上看，市场中介机构仅是为了金融机构的利益，但事实上其也旨在通过信息披露、产品评价及分析等手段让金融消费者可以对金融机构的产品或服务进行甄别和选择。从这个角度来看，看门人理应承担防范并监督金融机构不良行为的义务。当然，看门人制度的存在不可能完全制止金融机构违规行为的发生，但其大大增加了违法行为的成本，使得旨在通过看门人进入特定市场或从事特定行为而获取不法利益的企业碍于看门人的监督而打消念头。鉴于金融领域的特殊性及其承载的社会责任，通过加重看门人责任防范金融机构固有的道德风险，事实上是对市场主体信息不对称以及市场主体强弱势对比的一种修正。如果仅仅寄希望于监管者的事后救济或追责，将会耗费更大的经济成本。市场中介机构加重责任，究其本质是一种事前的损失分担机制，蕴含监管价值。

4. 债权人

一般破产法中的债权人通常作为受益人身份出现，不存在破产责任承担问题。法律甚至鼓励企业在危机处置中本着债权人的利益行事，通过将控股股东作为事实董事或影子董事的责任、公司破产时控股股东求偿权的衡平居次原则以及揭开公司面纱制度等制度用以帮助债权人获得更多的求偿机会。然而，金融机构陷入破产困境时，其效率及公平的价值追求远远超出了“同一顺位债权人应获得同等受偿”的平等价值。而且，债权人对于企业来说，既是合约的相对方，但同时“如果公司违背了付款义务，其债权人有权获得公司资产并将其变卖。在这种情况下，债权人的角色发生了变化：他们成为了某种意义上的公司资产所有者”。[①] 在这种情况下，为了满足更高位阶的公共利益价值，债权人可能要让渡其作为公司资产所有者的部分利益。因此，债权人承担金融机构的破产责任主要体现为其求偿权利的受限。一方面，其在金融机构进入破产程序后，对金融机构破产的启动权和控制权受到了限制，毕竟金融机构的债权人众多，如果完全放任其对金融机构破产进行完全掌控将会严重阻滞金融机构危机处置效率。另一方面，债权人还可能以其所掌握的金融资产对金融机构破产承担责

① ［美］莱纳·克拉克曼、亨利·汉斯曼等：《公司法剖析：比较与功能的视角》，罗培新译，法律出版社 2012 年版，第 119 页。

任，主要表现为债权人的利益让渡——自救计划，即债权人的债权在金融机构陷入困境或危机时自动减记或转化为股权，不仅增强了问题金融机构的自我吸损能力，而且在更大程度上保障了金融消费者权益。

5. 监管者

对金融机构破产采取监管措施（作为）或不采取措施（不作为）的监管机关因其监管权力滥用或监管容忍而应承担责任。毕竟，监管机构对金融机构负有审慎监管的义务，同时其所采取的监管措施或干预行为很有可能会对金融机构的经营产生负面影响，甚至可能直接导致金融机构的终结。但是，基于监管职权行使的复杂性、专业性等，大多数国家的监管机构承担的仍然是有限责任，仅仅对重大过失或恶意追究其责。换言之，法律上往往通过提高责任认定标准、明确责任主体范围等进行监管者责任豁免，以便更好地保障其履行监管职责。但有限责任不等于绝对豁免，通常情形下存款人、投资者或其他利益相关方有权针对监管者提起诉讼，由法院根据个案进行审慎裁量。

（二）不同主体的责任性质分析

金融机构的破产责任主体主要分为两大类，一类是需要承担责任的直接主体，即控股股东、董事、高管和监事；另一类则是间接主体，即市场中介机构、债权人和监管者。

1. 加重责任——直接主体

一般企业破产程序中，其控股股东、董事、高管及监事也需要承担相应的破产法律责任。所不同的是，金融机构濒临破产时，控股股东及管理层的责任会更重。

鉴于金融机构在利益考量中还存在公共利益和公共秩序，上述因素会给金融机构危机处置造成附加义务的累积。而控股股东、管理层属于公司的内部控制人，是传统意义上的承担附加义务的主体。运用一般的公司治理措施难以达到有效制约金融机构管理层的目的，金融机构较之其他企业更容易发生内部人滥用和欺诈问题，因此有必要强化作为金融机构所有人和管理人的控股股东、董事、高管及监事的责任。再加之，金融机构管理层的道德风险是其破产风险产生的重要原因之一。无论是存款保险抑或政府援助等传统的金融机构危机处置办法，都旨在从金融机构外部监管入手抑或事后入手，舒缓金融机构破产引发的不利影响。而直接主体加重责任的安排，则是从源头把握，尽可能减少直接主体发生道德风险的可能性，从内部及事前预防的角度出发，降低金融机构的破产风险，这一安排亦符合权利义务对等性和一致性的法理精神。

2. 责任共担——间接主体

相比控股股东和管理层等直接责任承担主体，作为金融机构破产责任的间接主体，市场中介机构、债权人和监管者更多承担的是公平责任。除了监管机关理应承担其决策错误导致的行政责任之外，市场中介机构、债权人和监管者通常并不具备破产责任承担的义务基础。然而，金融机构破产制度因公平、效率等更高阶价值本位的必然需求，最终将市场中介机构、债权人和监管者纳入责任主体框架范围之内。监管机关因其决策失误，对金融机构的破产还需承担私法责任。每次金融危机中都有大量金融机构破产，也折射出金融监管者确实存在监管疏漏。让监管者承担适度的私法责任，不仅能够树立有责任的监管者形象，降低监管层面的道德风险，更重要的是能够及时发现监管体系内存在的问题和漏洞，以便及时进行修正。因此，监管者责任可以视为金融机构破产责任共担、基于公平价值考量的要求。这种责任共担在债权人作为金融机构破产责任主体上表现得更加明显。参与自救计划的债权人，通过债权在特定情形发生时的自动减记或转化为核心资本等自救安排间接承担了金融机构的经营损失，借此强化债权人对金融机构经营活动的外部监督，从而加强市场约束力量。而加重市场中介机构的监督义务，则能够大大增加违法行为的成本，防范金融机构固有的道德风险，也是对金融市场信息不对称以及市场主体强弱势对比的实质性矫正。这里需要注意的是，对于以公平责任为基础的责任共担，必须要把握好责任限度，否则很可能会冲淡前述直接主体加重责任的效果，甚至形成反向激励。

(三) 责任主体之间利益博弈特征

控股股东、董事、高管及监事、市场中介机构、债权人、监管者彼此之间存在着利益博弈，才出现了责任上的此消彼长。

1. 保护特殊群体

一般破产法所保护的群体为债权人群体，金融机构破产制度因其公共利益的考量，对债权人的保护退居次要地位。从债权人群体外部来看，增加了以纳税人为代表的公众利益作为新的保护主体。在纳税人的反对浪潮下，以美国为代表的金融监管制度开始致力于增强金融机构的自救能力，而尽量减少公共资本援助资金的参与。[①] 公共资本过度参与到金融实体运行中很可能造成道德风险，扭曲市场竞争秩序，带来新的不公平。因此，需要在金融机构内部各个主体间重新调整责任分配，以减轻政府及纳税人的压力。原本受普通破产程序保护

---

① See Gillian G. H. Garcia, Rosa M. Lastra & Maria J. Nieto, *Bankruptcy and Reorganization Procedures for Cross-border Banks in the EU: Towards an Integrated Approach to the Reform of the EU Safety Net* (2009), Journal of Financial Regulation and Compliance, p. 247.

的债权人群体，在金融机构自救计划中将让渡部分自身利益以保障其危机处置程序的顺利进行。从债权人群体内部来看，金融机构对债权人的保护不再完全遵循债权人同等受偿原则（Pari passu principle），相比一般无担保债权，存款债权特别是自然人存款债权受到特殊保护。这主要是因为存款人置于金融机构的资金将面临更大风险以及委托代理中利益冲突的可能，因此，对包括存款人在内的金融消费者保护是金融服务规制中最为重要的动因和理由。① 这一理论延续到金融机构风险处置制度中具有同样的影响力，金融消费者的利益一旦被过度剥削，就可能导致市场对金融业信心的逐步瓦解，这对于金融市场的发展而言无异于灭顶之灾。要对金融消费者实施特殊保护，就意味着其他主体包括债权人中的其他群体，都会相应地承担责任。换言之，在债权人群体外部，金融机构风险处置责任主体呈现扩大化趋势，而在债权人群体内部，金融机构风险处置责任主体呈现进一步分化趋势。

2. 公权力干预

金融机构风险处置责任分配所要达成的主要目标就在于促进金融稳定、维护安全有序的金融秩序、保护金融消费者。立法目标上的选择即是多方利益博弈的过程，需要在维系金融系统稳健运行与保护金融消费者之间寻求平衡点。而公权力则是平衡公共利益与金融机构自身利益的杠杆，过分剥削任何一方的利益都有可能造成金融体系甚至整个社会秩序的动荡。② 另外，公权力干预还有一个非常重要的动因，就是要提升金融机构风险处置效率。面对金融机构的危机处置，监管机构可以采取两种管制性措施，一是管制性控制措施（regulatory taking control of the management）和控制银行资产（taking control of the bank's assets），尽管这两种方式在实际操作中存在不同，但有一点是共通的，那就是金融机构的所有权力和职能被或临时或永久地转移给了监管机构指定的临时管理人。③ 这不仅是因为监管机构需要考量社会利益，也是因为金融机构的债权人过于分散，很难在短时间内对问题金融机构实施有效的处置措施。事实上，金融机构的这种责任分配机制并不是牺牲部分主体的利益，而是通过公权力干预制

① See Lorna Fox O'Mahony, Christian Twigg-Flesner and Folarin Akinbami, *Conceptualizing the Consumer of Financial Services: A New Approach?* (2015), Springer Science & Business Media New York, p. 112.

② See Gillian G. H. Garcia, Rosa M. Lastra & Maria J. Nieto, *Bankruptcy and Reorganization Procedures for Cross-border Banks in the EU: Towards an Integrated Approach to the Reform of the EU Safety Net* (2009), Journal of Financial Regulation and Compliance, p. 242.

③ 参见［瑞士］艾娃·胡普凯斯：《比较视野中的银行破产法律制度》，季立刚译，法律出版社 2006 年版，第 66 页。

定出最为有效且成本最小化的危机处理方案，将风险处置损失在股东、董事、高管及监事、市场中介机构、债权人、监管者之间进行合理分配。只有如此，金融机构破产资产在处置过程中才能得以保全，债权人及其他权利主体均能受益，最基本的公平得以维系。

四、金融稳定法视域下金融机构风险处置责任配置

金融机构的风险处置责任作为金融稳定法的核心内容，是金融稳定法框架下金融风险处置机制的重要组成部分。换言之，确定金融机构风险处置责任是明晰与确保金融风险处置机制得以高效运行的必要前提。对此，我国《金融稳定法》相关草案进行了相应规定。事实上，我国金融稳定法的制定历经了多次调整变化，包括2022年4月6日《中华人民共和国金融稳定法（草案征求意见稿）》、2022年12月30日《中华人民共和国金融稳定法（草案）》初次审议稿以及2024年6月28日《金融稳定法（草案二次审议稿）》。这其中就涉及对金融机构风险处置规定的表述调整，以便于与其他关于金融机构风险处置的规定相衔接。

《金融稳定法（草案二次审议稿）》在第24条至第26条规定中确认了“被处置的金融机构自救——存款保险基金管理机构与行业保障基金管理机构依法对金融机构进行市场化处置——国务院金融管理部门或省、自治区、直辖市人民政府牵头处置”的金融风险处置顺序，着重强调了对金融机构的风险处置必须遵循市场规律、强化市场纪律。被依法处置的金融机构及其股东必须首先承担因自身经营管理产生的各项损失，努力采取各种自救措施自行化解金融风险或借助市场力量出清；当自救失败且有可能向外引发风险扩散时，存款保险基金机构、行业保障基金机构应当及时发挥市场化法治化处置问题金融机构的作用，依责依规履行促成收购承接、出资等风险处置职责；只有当金融风险仍然难以化解时，政府才应出手化解被认定为系统性的重大金融风险，做好相应的处置工作。在这一过程中，立法者重申了约束市场纪律的重要性，政府非必要不介入金融市场，不得滥用公共资源拯救问题金融机构，动用公共资源必须依法遵循相应的条件与标准；压实相关政府部门处置金融风险的主体责任，中国人民银行再贷款为金融稳定保障基金提供流动性支持，国务院财政部门为保障金融稳定提供资金支持；当符合相应的条件与标准时，中央金融管理部门、地方政府及其设立的地方金融监管部门应当把握时度效，按照法定职责及时处置问题金融机构，扎实稳妥化解金融风险，依法追责问责。①

---

① 参见中共中央党史和文献研究院：《习近平关于金融工作论述摘编》，中央文献出版社2024年版，第97页。

《金融稳定法(草案二次审议稿)》明确了国务院金融管理部门对问题金融机构的处置职权,具体包括以下7种处置措施:其一,促成重组,即敦促并推动问题金融机构通过股权转让、企业并购、债务重组等方式实现市场出清。① 其二,整顿,即国务院金融管理部门选派金融专业人员并指定该金融机构有关人员共同组成整顿组,负责对公司的日常业务进行整顿,整顿组有权决定公司停止部分原有业务、停止接受新业务,以及根据实际经营管理情况调整公司资金的运用。② 在这一过程中,国务院金融管理部门有权要求系统重要性金融机构所属集团的境内外机构提供必要支持以维持关键金融服务和功能不中断,以及依法对金融机构实施股权、债权减记或者债转股的权力。其三,接管、托管,即国务院金融管理部门派遣相关专业人员与问题金融机构相关人员组成接管组或托管组,直接接手或者委托其他企业代理行使企业全部的经营管理权,以避免或处置已经或者可能发生的偿付能力危机,敦促金融机构恢复正常的经营能力。③ 其四,撤销,即国务院金融管理部门对该问题金融机构作出撤销营业执照、解散并终止其经营活动的决定。④ 其五,申请破产,即国务院金融管理部门按照《企业破产法》的相关规定,在作为企业法人的金融机构确实无法清偿到期债务且资不抵债或明显缺乏清偿能力的情况下向法院提请破产清算。⑤ 其六,更换被处置的金融机构董事、监事、高级管理人员以及相关责任人员,并追回其绩效薪酬,必要时通知移民管理机构对相关人员依法采取限制出境措施。其七,按照规定调回被处置的金融机构的境外资产。《金融稳定法(草案二次审议稿)》还明确了省级政府所享有的地方金融风险处置权限,包括牵头制定风险处置方案、组织清产核资、挽回损失、协调处置资金、追责问责、维护社会稳定等内容。

---

① 《金融稳定法(草案二次审议稿)》第30条规定:"国务院金融管理部门促成金融机构重组或者对其进行接管、托管的,应当予以公告,并依照法律、行政法规的规定区别情形采取下列处置措施:……(二)促成第三方机构或者设立特定机构承接被处置金融机构的部分或者全部业务、资产和负债。"

② 目前规定了整顿措施的金融法律有《商业银行法》《银行业监督管理法》《证券法》《证券投资基金法》《保险法》《期货和衍生品法》

③ 以《商业银行法》第64条为例,该规定的具体内容是"商业银行已经或者可能发生信用危机,严重影响存款人的利益时,国务院银行业监督管理机构可以对该银行实行接管。接管的目的是对被接管的商业银行采取必要措施,以保护存款人的利益,恢复商业银行的正常经营能力。被接管的商业银行的债权债务关系不因接管而变化"。

④ 《金融机构撤销条例》第2条第2款规定:"本条例所称撤销,是指中国人民银行对经其批准设立的具有法人资格的金融机构依法采取行政强制措施,终止其经营活动,并予以解散。"

⑤ 《企业破产法》第134条第1款规定:"商业银行、证券公司、保险公司等金融机构有本法第二条规定情形的,国务院金融监督管理机构可以向人民法院提出对该金融机构进行重整或者破产清算的申请。国务院金融监督管理机构依法对出现重大经营风险的金融机构采取接管、托管等措施的,可以向人民法院申请中止以该金融机构为被告或者被执行人的民事诉讼程序或者执行程序。"

除此之外,《金融稳定法(草案二次审议稿)》还在第 26 条进一步细分了中央与地方对金融机构的风险处置责任。首先,《金融稳定法(草案二次审议稿)》明确了中央牵头处置全国性金融机构的金融风险,调整了过去一审稿中关于“国务院金融管理部门负责处置所监督管理行业、机构、业务、市场的金融风险”的模糊表述,而改用国务院金融管理部门负责对“全国性银行、证券基金期货经营机构、中央金融企业及其控股金融机构的风险处置”的详细表述。其次,《金融稳定法(草案二次审议稿)》规定了地方政府牵头处置的情形,调整了过去一审稿当中地方政府“负责处置辖区内农村合作金融机构”以及“牵头处置统筹协调机制指定处置的其他金融风险”,变更为“地方中小金融机构、农村金融机构的风险处置,由其注册地所在省、自治区、直辖市人民政府牵头组织实施”。最后,《金融稳定法(草案二次审议稿)》还确定了央地共同处置金融风险的情形。除上述金融机构以外,其他金融机构、私募基金管理机构的金融风险处置,由其注册地所在省、自治区、直辖市人民政府会同国务院金融管理部门组织实施;非金融机构涉及的金融风险由国务院有关部门或者省、自治区、直辖市人民政府按照职责分工承担处置责任;金融市场的风险由国务院金融管理部门按照职责分工牵头应对。

第二节　金融消费者保护与金融机构风险处置责任

金融市场的不断繁荣与发展,为普通社会大众提供了更广泛的金融投资机会,但在享受投资收益的同时风险也如影随形。毕竟金融消费者不同于成熟、专业的机构投资者,普通金融消费者在金融交易活动中并不专业和理性,他们大多时候存在某些固有偏见,招致其投资资产甚至家庭财产的损害,进而带来整个金融市场乃至社会秩序的紊乱。2008 年肇始于美国的次贷危机席卷全球,重创实体经济,此次危机国际社会达成的共识之一就是:金融消费者对维护金融稳定意义重大,金融消费者保护理应成为金融监管体制重建中的关键要素。美、英等国纷纷出台相应法律法规对各自的监管体制进行了改革。2010 年美国《多德—弗兰克法案》创设了一个独立的联邦金融监管机构——金融消费者保护局,以此强化对金融消费者的保护,重塑消费者对金融市场的信心。同年,英国议会批准了 2010 年《金融服务法》,在英格兰银行中设立一个新的审慎管理局和消费者保护与市场管理局,强化了对金融消费者的保护职能。

现有的金融消费者保护机制都十分强调金融机构经营过程中保护机制的构

建,包括设立专门的消费者保护机构、金融消费者的权利保障及金融机构的义务履行。然而,事实上特别是当金融机构陷入经营困境、濒临破产时,由于金融消费者所处的弱势地位和信息不对称,其保护的需求相比其他主体更为迫切和强烈。为了保护存款人利益,大多数国家都设立了存款保险制度,当金融机构陷入破产境地时,由存款保险机构代为赔付,以此提振包括存款人在内的金融消费者对整个金融体系的信心。作为金融机构破产制度的重要一环,金融消费者保护直接影响到金融破产责任的分配。

一、金融消费者保护机制概述

在金融领域,由于信息不对称、金融交易的复杂性、高风险性,金融消费者相比普通消费者面临着更大更复杂的交易风险,金融机构与消费者之间的权利义务关系难以通过私法自治、契约自由达到实质正义,因此需要在立法上加以适度干预、精巧设计使之实现利益平衡,以此保障消费者对整个金融体系的信心,从而维护金融业的稳定发展。金融业所具有的特殊影响力使之不同于其他行业,监管必然成为其贯穿始终的主题,在金融监管领域重新审视消费者权益保护的价值,对其整体制度建设具有积极意义。

(一)金融消费者的概念

1. 域外金融消费者的概念界定

相关国家对金融消费和金融消费者的概念并不一致。2000 年英国《金融服务与市场法》将“金融消费者”界定为:[①](1)那些正在使用、已经使用,或者正考虑使用受监管金融服务的人。这里所指的金融服务是“经授权人(authorized persons)或者其委任代表(appointed representatives)所从事的受监管的金融活动”。(2)那些在受监管金融服务中拥有权利和利益的人,或者是拥有因其他人使用这种金融服务而产生权利和利益的人。(3)那些在使用金融服务(由授权人或其代理人提供的)时权利和利益会受到不利影响的人。在英国金融服务管理局(FSA)的《监管手册》中,进一步将受保护的金融消费者界定为“并非出于贸易、商业或职业目的行事的自然人”。根据《2012 年金融服务法案》成立的金融行为局对“消费者”的界定更为宽泛,涵盖金融零售客户(以自己名义购买金融服务的客户,包括投资股票、债券及在交易所交易基金等金融产品的投资者)和金融批发客户(代理销售保险产品的银行机构、代理证券投资的基金公司,对冲基金的投资者等)。

---

① Financial Services and Markets Act 2000, Part I. 5 (3), 10(7), 14(5), 138 (7).

2010年美国《华尔街改革法案》将受保护的金融消费者界定为"消费金融产品和服务的自然人或者代表该自然人的经纪人、受托人或代理人"。① 其中，消费金融产品主要是指消费者为个人、家人或家庭目的使用金融产品或服务。

日本2001年4月实施的《金融商品交易法》明确将金融消费者界定为"资讯弱势的一方当事人，即在金融商品交易之际，相对于金融机构的专业知识，一般无论是自然人或法人，基本上属于资讯弱势一方当事人"。该法不仅适用于自然人，更将受保护的消费者的外延扩大至"不具备金融专业知识"的法人。该规定突破了自然人作为金融消费者的界定，将金融消费者的保护延伸至机构投资者。

由此可见，不同国家对"金融消费者"的内涵及外延界定均呈现出一定的差异性。

2. 我国金融消费者的概念界定

与上述国家相比，我国关于金融消费者保护的法律框架建设尚处于初步探索阶段，没有相对统一的金融消费者界定。1993年《消费者权益保护法》第2条，将适用该法的"消费者"界定为"为生活需要购买、使用商品或接受服务"。然而，何为"为生活需要"而购买、使用的商品，购买证券、保险等金融投资产品是否属于生活消费的范畴，或者说在何种交易情况下应当视为生活需要的金融产品，并没有明确界定。在实践中，无论是消费者保护协会还是相关行政部门或司法机关，倘若涉及金融消费者问题，几乎很难援引该部法律得到有效保护。

我国现阶段坚持银行业、信托业、保险业、证券业的分业经营、分业管理的基本原则，相应的金融立法领域分别对应着银行法、信托法、保险法、证券法，与商业银行、信托公司、保险公司、证券公司等金融机构相对应的被称为存款人、客户、委托人、投保人及受益人、投资者等。因此，在我国金融领域的基本法律中，如《中国人民银行法》《银行业监督管理法》《商业银行法》《证券法》《保险法》等在立法宗旨的表述基本上采用为了保护"存款人及其他客户""投资者""保险活动当事人"的合法权益，都未使用"消费者"或"金融消费者"的概念。2006年开始，一些部门规章及规范性文件陆续涉及"金融消费者"这一用词，但基本上都不对其本身进行相应的解释，多为宣示性的"保护金融消费者合法权益"之类的条款。例如，2006年6月银监会办公厅发布《关于商业银行开展代客

① 不难看出，该法案并未区分投资者与消费者，也未强调金融消费者只能指自然人，这与1999年《金融服务现代化法》将金融消费者定义为"主要为个人、家庭或家务目的而从金融机构获得金融产品和服务的个体"的认定基本一致。

境外理财业务有关问题的通知》;[①]12月银监会颁布的《商业银行金融创新指引》[②]等。从上述规定可以看出,这一时期保护金融消费者权益尚未成为监管当局明确的金融监管目标和指导原则。

近年来,也是在外部环境影响下,特别是在美国2010年《华尔街改革法案》、英国2010年《金融服务法案》颁布之后,开始了世界范围内针对金融消费者权益保护的金融改革运动,金融消费者保护才逐渐进入主流研究视野及官方规范性文件。相关的主管部门及地方政府陆续出台了一些金融消费者权益保护的具体办法,其中涉及"金融消费者"概念界定。例如,人民银行南京分行2011年发布的《金融消费者权益保护暂行办法》第2条第1款规定,"本办法所称金融消费者,是指在金融机构购买金融产品、接受金融服务的自然人"。可见,目前对"金融消费者"的定义,我国一些部门立法和地方立法都采取了概括说,并不限定"为生活需要"的目的,也不区分投资者和金融消费者。

2013年10月,修订后的《消费者权益保护法》增加了第28条,即"采用网络、电视、电话、邮购等方式提供商品或者服务的经营者,以及提供证券、保险、银行等金融服务的经营者,应当向消费者提供经营地址、联系方式、商品或者服务的数量和质量、价款或者费用、履行期限和方式、安全注意事项和风险警示、售后服务、民事责任等信息"。这个新增条款的文义解释,已然将证券、保险、银行等金融机构明确列入金融服务经营者范畴,那么相应地,金融消费者亦属于消费者的下位概念,理应适用《消费者权益保护法》。这一点在司法判例中亦有所体现。

2014年沈某基诉上海银行股份有限公司杨浦支行、中国人寿保险股份有限公司上海市分公司服务纠纷合同一案中,上海市杨浦区人民法院认为,"《消费者权益保护法》将证券、保险、银行等金融服务的经营者提供的产品或服务,亦纳入消费者权益保护范畴,原告沈某基至被告上海银行杨浦支行辖属临青路支行办理个人理财事务,接受该被告提供的金融服务,受该法调整"。[③] 在2014年中国太平洋财产保险股份有限公司上海分公司诉尤某财产保险合同纠纷案中,上海一中院(二审法院)认为,投保人、被保险人除系保险商事法律关系的当

---

① 银监会办公厅《关于商业银行开展代客境外理财业务有关问题的通知》第1条规定,商业银行(包括外资银行,下同)在积极开展代客境外理财业务的同时,要密切关注和管控代客境外理财业务可能产生的风险,采取切实有效的措施,保护金融消费者的合法权益。

② 《商业银行金融创新指引》第4条规定,金融创新是商业银行以客户为中心,以市场为导向,不断提高自主创新能力和风险管理能力,有效提升核心竞争力,更好地满足金融消费者和投资者日益增长的需求,实现可持续发展战略的重要组成部分。

③ 参见(2014)杨民五(商)初字第933号民事判决书。

事人外，还属接受金融服务的金融消费者，保险人除需履行保险合同的各项合同义务外，还应履行金融服务经营者的相应法定义务。[①] 也就是说，金融消费者亦属于消费者，消费者概念足以涵盖其内涵和外延。证券、银行、保险领域自然人投资者亦应属于金融消费者范畴。我国的投资者，尤其是证券市场大量的投资者（如股民、基民）其专业知识本身并不充分、风险意识也比较淡薄，风险承受能力更弱，一旦权益受损往往严重影响家庭生活，因此有必要将其纳入金融消费者概念范畴，以强化对投资者的保护力度。

（二）金融消费者权利概述

金融消费者的权利，指金融消费者在金融消费活动中享有的各项权利的总和。学界对于金融消费者权利内容的认识也不尽相同。作为消费者的下位概念，有学者将金融消费者对应《消费者权益保护法》中的权利规定认为金融消费者同样享有 9 项权利；[②]有学者提出金融消费者 8 项权利；[③]有学者认为金融消费者除了拥有消费者的一般权利外，还享有保密安全权、金融服务权等特殊权利；[④]有主张资产保密安全权、消费自由权、事先被告知应当履行之义务的权利；[⑤]另有人着眼于传统消费者的一般权利与金融业特点相结合的部分，指出以上权利中的受尊重权、自主选择权、知悉真情权、申诉意见权和隐私保护权 5 种权利应为特别强调的权利。[⑥] 也有学者从金融交易的特殊性出发，认为“最核心的权利应为知情权、隐私权以及求偿权。其中知情权为基础，求偿权为保障”。[⑦]

2015 年 11 月 4 日，国务院办公厅发布《关于加强金融消费者权益保护工作的指导意见》中指出，“银行业机构、证券业机构、保险业机构以及其他从事金融或与金融相关业务的机构（以下统称金融机构）应当遵循平等自愿、诚实守信等原则，充分尊重并自觉保障金融消费者的财产安全权、知情权、自主选择权、公平交易权、依法求偿权、受教育权、受尊重权、信息安全权等基本权利，依法、合规开展经营活动”。可以看出，上述 8 项金融消费者的核心权利在《消费者权益保护法》中均有规定。2020 年 11 月 1 日起正式施行的《中国人民银行金融消费者权

---

① 参见（2015）沪一中民六（商）终字第 16 号民事判决书。

② 参见方平：《我国金融消费者权益保护立法相关问题研究》，载《上海金融》2010 年第 7 期，第 53 页。

③ 参见王和明：《金融消费者的八大权利》，载《人民法院报》2004 年 3 月 21 日。

④ 参见赵宁：《金融消费者的特殊权利》，载《北京晚报》2001 年 6 月 19 日。

⑤ 参见韦冉、陈德敏：《论服务消费与我国消费者权益保护法的完善》，载《河北法学》2005 年第 4 期；李斌：《试论个人金融消费者的权益及其法律保护——从农业银行金穗通宝（智能）卡谈起》，载《理论观察》2006 年第 2 期，第 47 页。

⑥ 参见刘媛：《金融消费者法律保护机制的比较研究》，法律出版社 2013 年版，第 43~44 页。

⑦ 郭丹：《金融服务法研究——金融消费者保护视角》，法律出版社 2010 年版，第 72 页。

益保护实施办法》、2023年3月1日生效的《银行保险机构消费者权益保护管理办法》也对金融消费者的知情权、自主选择权、公平交易权、财产安全权、依法求偿权、受教育权和受尊重权作了细化规定，而且特别突出消费者信息安全权的保障制度建设，对以下内容均作了专章规定。

这也说明，金融消费者也属于消费者，我国《消费者权益保护法》所规定的权益内容金融消费者亦应享有，同时还需考虑到金融消费者的特殊性，其权益内容应以财产安全保障权为基础，知情权、信息安全权、公平交易权为核心，求偿权、教育权、受尊重权为权利实现之保障。此外，还需建立金融消费者适当性制度、健全金融消费者权益保护机制、金融机构的加重责任机制以及金融消费纠纷的多元化解决机制。

二、金融机构危机处置背景下的金融消费者保护

金融机构特别是商业银行负债经营的特点使其在面对市场竞争、利率与汇率波动、经济景气状况、宏观政策变动以及人为或自然因素等方面的压力时，承受能力相对比较脆弱。加之金融产品具有抽象性、无形性特征，金融产品和服务并不完全遵循市场价值规律，这使普通消费者更难把握金融交易行为的趋势，加上金融产品或服务的回报周期可能会远远长于一般商品或服务的购买，[①]金融产品的风险也更为复杂多变。金融机构的资金主要源自包括存款人在内的金融消费者，机构倒闭必然会对众多的存款人利益造成损害，引起社会的不安定和恐慌。更为严重的是，如果一家金融机构倒闭，可能会产生强烈的连锁效应，引发社会公众对其他同类金融机构的挤兑，导致国内经济和金融秩序的混乱，阻滞经济发展。因此，保护存款人利益和维持金融系统的稳定性成为建立存款保险制度的制度基础。当金融机构濒临破产或陷入经营困境时，存款保险制度将对投保存款进行赔付，以此保全存款人利益。

(一)危机背景下金融消费者特殊保护机制——存款保险制度

作为金融安全网的重要组成部分，存款保险制度的意义就在于通过保险这一手段共同抵御金融风险，当一家金融机构陷入危机时，通过存款保险机构的及时赔付，全部或部分弥补存款人的存款损失，有效阻滞存款人恐慌心理的蔓延，大大降低金融机构破产引发的负外部效应。世界上大多数国家都建立了自己的存款保险制度，而存款保险制度随着金融市场不断的成熟完善也逐渐呈现

---

① See Goodhart, *Financial Regulation: Why, How and Where Now* (1998), London: Routledge, p. 7-8.

出一些共有趋势。

1. 存款保险赔付金额不断提升

存款保险赔付范围和金额的提升大大增强了存款保险的保护水平，尤其是在新一轮全球性金融危机之后，许多国家和地区都选择通过提高存款保险的赔付金额，甚至是提供全额赔付防止挤兑风潮的发生，最大限度地维护金融市场的稳定。例如，美国2010年7月《多德—弗兰克法案》通过后，存款保险的最高赔付额由100,000美元上涨到250,000美元。英国政府也将存款账户的赔付限额由35,000英镑调整至50,000英镑。① 2009年3月11日，欧洲议会和欧盟理事会公布了《存款保险计划指令修正案》(Amending Directive 94/19/EC on Deposit-guarantee Schemes as Regards the Coverage Level and the Payout delay)。被保险的存款金额从1994年最低2万欧元提高至5万欧元，而且成员国有权在此基础上进一步提高本国相应的存款数额。到2010年12月31日，每个存款人被保险存款金额应达到10万欧元，除非委员会在2009年12月31日前向欧洲议会提交评估报告表明这种存款保护数额的增长是不适当且不可行的。

在金融危机最为严重的时期，德国、印度尼西亚、爱尔兰、马来西亚和新加坡等国家甚至选择提供全额存款保险赔付以缓解金融危机，减轻金融机构的压力。② 尽管这种全额赔付式的存款保险制度仅仅是暂时性的，但从英国、美国及欧盟等主要经济体的立法修订情况来看，存款保险赔付金额的上涨已经成为大势所趋，而且该举措的确对制止挤兑风潮起到了非常有效的作用。提高存款保险赔付金额，不仅是对存款人的强化性保护，更是旨在增强金融消费者信心，进而稳定整个金融市场的有力举措。

2. 存款保险基金从事后融资发展至事前融资

相比事后融资，事前建立存款保险基金的优点十分明显。如果投保银行濒临破产，存款保险机构可以立即动用已经储备的基金向存款人进行及时赔付。这种迅速且及时的赔付将大大增强存款人对存款保险制度正常运营的预期，有效维护存款人对整个金融体系的信心。而且，事先筹建存款保险基金，其资金池的累积有一定的时间跨度，有利于实现银行破产成本的跨期分摊，完全可以避免金融危机成本在一个时点集中释放，能够有效减缓金融危机所带来的破坏性影响。相比之下，事后融资在危机发生时或之后进行融资，一次性向金融机构征收保费以弥补破产成本，可能会延缓整个金融业的复苏进度。同时，事先筹集存款保险基金可以建立以风险为基础的差别保费制度，本身蕴含监管价值，有利于实

---

① See Kam Hon Chu, *Deposit Insurance and Banking Stability*, Cato Journal (2011), p. 99.

② See Kam Hon Chu, *Deposit Insurance and Banking Stability*, Cato Journal (2011), p. 100.

现风险管理。

而且,将金融机构的一部分事后补救责任转化为事前的保险责任,从某种程度上来说是以加重金融机构的责任的方式换取金融消费者的投资信心。换言之,事先存款保险基金是一种对金融机构未来可能出现的过错或不法经营行为而破产的预先防控措施,其实质就是要求金融机构承担存款人的破产损失,将外部损失内部化。以美国为例,FDIC 管理保险基金(FDIC-managed insurance funds)最初有两种类型,即银行保险基金(Bank Insurance Fund,BIF)和储蓄机构保险基金(Savings Association Insurance Fund,SAIF),该两种保险基金都是由投保金融机构通过支付保险费所建立的事前融资资金池,甚至有金融机构在两个基金中都分别投保以增强危机应对能力。后该两基金合并为统一的存款保险基金(Deposit Insurance Fund,DIF),两基金中投保机构的保险费也自动转入 DIF 以便于 FDIC 的管理。①

当然,事前融资的经营成本较高,有加重投保机构负担和机会成本的嫌疑。如果投保机构不将资金以保费形式投入存款保险基金而是用于自身经营,在金融机构的资产组合内会产生更好的收益率。相比之下,存款保险基金更关注基金的保值及安全性,其产生的收益率明显低于金融机构。

尽管存在对事前融资及其资金利用和来源的质疑,但金融危机可能导致的巨大负外部性使得存款保险制度意义重大。一旦金融机构面临破产,缺乏存款保险制度保护的存款人将承担全部的破产责任。建立存款保险基金事实上是金融机构与金融消费者之间利益权衡的结果,通过加重和内化金融机构本身承担的破产责任,从而尽可能减少广大存款人可能面临的经济损失,也是金融机构承担社会责任的应有之义。鉴于事前融资可能存在的资金收益率低等情况,政府也采取了相应的对策。美国 FDIC 有权根据实际情况确定指定基金比例(Designated Reserve Ratio,DRR),即 FDIC 所管理的基金与所有被保险存款的比例,当 DIF 的 DRR 超过 1.35%时,FDIC 就必须向投保金融机构支付适当的股息收益(dividends and credits),②这也从某种程度上弥补了该部分资金的收益折损。

3. 从单一费率(flat-rate premiums)到风险费率(risk-based premiums)

费率确定由单一基准向风险基准的转变过程,以美国最为典型。美国在

---

① See John L. Douglas, Romulus A. Johnson & Dwight C. Smith, Ⅲ, and Joseph Yesutis, *Deposit Insurance Reform Enacted*, Banking Law Journal (2006), p. 448, 450.

② See John L. Douglas, Romulus A. Johnson & Dwight C. Smith, Ⅲ, and Joseph Yesutis, *Deposit Insurance Reform Enacted*, Banking Law Journal (2006), p. 448.

1934年建立联邦存款保险公司时，采取单一保费；1993年1月1日开始实施风险费率，即根据投保机构的风险情况而征收不同保费。美国风险费率存在三大原则：(1)保险费率的确定应与金融机构的个体风险和系统风险相关联；(2)大型银行的每个单位存款保险的保险费率应高于小型银行；(3)每个金融机构的保险费率不完全相同，对于增加系统性危机的银行应该收取比平均保险费标准更高的费率。① 芬兰、法国、葡萄牙、罗马尼亚、斯洛文尼亚、瑞典以及意大利的银行间存款保护基金②和德国的德国公司制银行国立组织存款保护基金③也都采取风险费率方式作为保险费计算标准。④

单一费率虽然具有经营成本低、操作简单等优点，但不以风险为基础，相当于存款保险机构对高风险投保人进行了变相补贴，无疑是“劫富济贫”，形成反向激励机制。投保银行在单一费率下无法获得风险增加的成本信号，使管理层在进行风险收益权衡决策时有冒险行为的冲动，道德风险陡增。

相较而言，差别风险费率将根据投保存款机构的风险变化确定保费的征收标准。风险较高的投保机构将承担更高的保费成本，经营良好、风险较低的投保机构仅需缴纳较低的保费，这种差别费率促使投保机构尽可能从事低风险投资、更加审慎经营，由此形成投保机构降低风险的正向激励，消除了单一费率下存在的交叉补贴问题，彰显公平价值。从成本效率角度考量，风险差别费率增加了风险较高的投保机构的运营成本，建立了有效的信息传递制度，相当于加重了这类投保机构所承担的义务，与破产责任分配理念具有异曲同工之妙。

我国《存款保险条例》即采用风险差别费率模式，存款保险基金管理机构根据投保机构的经营状况和风险状况确定各个投保机构适用的费率。

(二)危机处置背景下金融消费者的一般保护机制

所谓一般保护机制，即指在普通企业破产程序中就存在的救济制度，金融消

---

① See Viral Acharya, *Systemic Risk and Deposit Insurance Premiums* (2009), http://www.voxeu.org/article/systemic-risk-and-deposit-insurance-premiums.

② 意大利存款保险基金有两种，即银行间存款保护基金(Interbank Deposit Protection Fund)和公司制银行存款保险基金(Deposit Guarantee Fund of Cooperative Banks)，其中前者采取风险费率，后者采取单一费率。

③ 德国的存款保险基金有两类，即德国公司制银行国家组织存款保护体系(Deposit Protection Fund of National Association of German Cooperative Banks)和德国私人商业银行存款保护基金(The Deposit Fund of the German Private Commercial Banks)，其中前者采取风险费率，后者采取单一费率。

④ Pilar Gómez-Fernández-Aguado, Antonio Partal-Ureña, Antonio Trujillo-Ponce, *Moving toward risk-based deposit insurance premiums in the European Union: the case of Spain*, https://www.researchgate.net/publication/260398762_Moving_toward_risk-based_deposit_insurance_premiums_in_the_European_Union_the_case_of_Spain.

费者可为自身损失求偿的保护机制。

1. 请求清算人或破产管理人保护

倘若存款人的损失超出了存款保险制度的最高限额，超出部分在存款保险制度范围内无法获得清偿。在这种情况下，最有效也是最为直接的方式就是向清算人或破产管理人主张债权，如《荷兰破产法》第 110 条、[①]我国《企业破产法》第 48 条就有类似规定。在理论上，这种债权主张应该可以作为金融消费者获得补偿的一种途径，然而事实上作为普通债权人身份通过此种方式弥补自身损失的可能性极低。因为普通债权顺位之前还存在优先债权人，包括担保权人、社会保险机构、税收机关、破产企业职工债权等及破产费用等，只有在所有这些在先债权都得到满足之后，破产财产才能偿付普通债权人的债权。然而，在现实中，普通债权人通过这种破产程序几乎不可能获得完全清偿。[②] 根据苏州市吴江区人民法院《2021 年度破产审判报告》，普通债权在破产程序中的平均清偿率仅为 1.97%。[③] 而且，相比金融机构破产特殊程序，通过普通破产程序进行资产清算的周期，也远远超过金融机构破产特殊程序，直接导致时间成本增加，不利于存款人的损失求偿。

2. 侵权法保护

金融消费者还可以主张侵权法项下的请求权，要求破产金融机构、股东、董事、高管、金融监管者或政府承担责任。事实上，针对金融机构和政府的诉讼胜诉概率比较低。目前，金融监管者的责任仍然处于争议之中，一些国家通过免责条款防止金融监管机构被诉，而另一些国家则持相反观点，主张金融监管主体应该履行一般侵权责任。[④] 监管者责任将以专章形式进行讨论，这里就不再赘述了。

对于其董事和高管的诉讼尽管在理论上可行，但要证明他们存在失职且已经达到需要追究法律责任的标准仍然非常困难，仅仅凭借金融机构破产的事实以及义务履行的不完整并不能推断出管理层存在的不当行为。即便能够完成上述侵权举证责任，但面对如此庞大的金融消费者群体和债权额，尽管存在职业责

---

① See Robert J. Dijkstra & Michael G. Faure, *Compensatng Victims of Bankrupted Financial Institutions: A Law and Economic Analysis*, Journal of Financial Regulation and Compliance (2011), p. 160.

② See Couwenberg O. & DeJong A., *It Takes Two to Tango: An Empirical Tale of Distressed Firms and Assisting Banks*, International Review of Law & Economics (2006), p. 429.

③ 参见苏州市吴江区人民法院《2021 年度破产审判报告》，https://m.thepaper.cn/newsDetail_forward_17623321，访问日期：2023 年 5 月 26 日。

④ See Dijkstra R. J., *Liability of Financial Regulators: Defensive Conduct or Careful Supervision?*, Journal of Banking Regulation (2009), p. 269.

任保险制度,但管理层能否足额弥补债权人损失仍然是个未知数。

与存款人保险制度相比,侵权法项下的请求权不受固定赔偿数额的限制,为受损失的金融消费者提供了全额求偿的可能。但通过侵权法求偿可能会耗费数年时间,且结果也还不确定,不能形成稳定的预期。

综上,存款保险、破产程序中的请求权以及侵权法下请求权相比较而言,存款保险对金融消费者的特殊保护,在补偿的实际效益上更加突出,优势明显。三种保护制度比较见表1-2①。

表1-2　三种金融消费者保护机制对比

	补偿程度	补偿周期	成功率/%
存款保险制度	保险额度范围内	<3个月	100
申请清算人或破产管理人保护	全额	通常需耗费数年时间	<100
侵权法保护	全额	通常需耗费数年时间	<100

(三)存款保险制度对金融机构风险处置责任主体之影响

1. 对存款人的影响

据统计,在欧洲范围内近80%的存款都被存款人保险制度覆盖,②且随着金融业监管趋势的加重,这种高覆盖率将成为一种普遍现象。虽然高覆盖率能够更好地保障存款人利益,但也造成了负面影响。存款人等金融消费者在其存款资金得到稳定保障的预期影响下,必然会降低对金融机构行为的监督动力,引发道德风险,这也成为存款保险制度备受诟病的原因之一。这里,需要注意的是,如果投保的金融机构与受存款保险制度保护的存款人之间达成默契,将其应该承担的责任推向社会大众,这不仅会造成整个金融业的信用度下降,还可能造成整个经济秩序的混乱。

2. 对金融机构内部控制人的影响

如前所述,存款保险制度大大降低了以存款人为代表的债权人群体的外部监督力量,再加上“太大而不能倒”产生的政府救助预期,会促使金融机构股东、管理层冒险从事高风险投资,这就是我们常常提及的道德风险(moral hazard)。即金融机构及其管理层会因为冒险行为而获益,但其可能产生的风险损失成本

---

① See Robert J. Dijkstra & Michael G. Faure, *Compensating Victims of Bankrupted Financial Institutions: A Law and Economic Analysis*, Journal of Financial Regulation and Compliance (2011), p. 161.

② See Robert J. Dijkstra & Michael G. Faure, *Compensatng Victims of Bankrupted Financial Institutions: A Law and Economic Analysis*, Journal of Financial Regulation and Compliance (2011), p. 163.

事实上被转嫁到了存款人、监管人和纳税人身上。[①] 前文所述，正是为了尽可能地降低道德风险，以美国为代表的国家采用事先筹集存款保险基金模式，并适用差别风险费率。在欧洲境内已经有 8 个国家采取了风险基准的费率计算方法，费率从标准量的 75%至 140%不等。[②]

3. 对金融监管者的影响

存款保险制度，对金融监管者责任的影响巨大。金融机构破产时，社会大众自然将目光投向金融监管者，其监管范围内所采取的一系列监管措施包括早期介入、接管、救助、并购、清算等及监管行动将会受到存款人群体的严格审查及质疑，金融机构很可能将为这种职责履行过错在侵权法项下承担责任。[③] 然而，随着存款保险制度对投保存款的及时偿付，这种严格审视和监督必然减少，大大降低了监管者承担责任的可能性。而且，存款保险制度覆盖面越广、赔偿额度越高，存款人要求金融监管机构承担责任的风险也就越小。

三、金融消费者保护机制的不足与修正

金融消费者保护是金融机构承担社会责任的重要内容，但这种特殊保护必须适度，并与其他制度互相配合，尤其是金融机构破产责任机制，即在明确各方权利义务责任的基础上，以此实现对金融消费者倾斜性保护的立法初衷，降低负面影响。

金融消费者保护机制更多地表现为政府从宏观层面对金融机构倒闭带来的负外部性实施控制，本质上是一种公权力介入。然而，任何事物都有两面性，这种来自政府的有形之手，在稳定金融市场信心的同时，也是对市场自主调配资源的严重干扰，因此“度”的掌握异常重要。

作为金融消费者特殊保护机制的存款保险制度的确能够稳定市场信心，但其弊端也十分突出。如前所述，当金融消费者能够得到一定程度的清偿之时，会加剧金融机构股东、董事和高管冒险投资行为的概率。这就会使本来旨在平衡金融消费者与金融机构之间强弱力量对比、保护金融消费者的存款保险制度转

---

① See Mullineux A. W. & Murinde V., *Handbook of International Banking*, *Edward Elgar* (2003), Cheltenham.

② See Robert J. Dijkstra & Michael G. Faure, *Compensatng Victims of Bankrupted Financial Institutions: A Law and Economic Analysis*, Journal of Financial Regulation and Compliance (2011), p. 162.

③ See Schich S., *Financial Turbulence: Some Lessons Regarding Deposit Insurance*, Financial Market Trends (2008), p. 47-70.

而成为为金融机构冒险行为买单、诱发金融危机爆发的原因之一。[①]

而且,存款保险制度的内在运作细节偏差也可能导致道德危机加剧。在存款基金的收取上,尽管各国都从比例和收取方式等方面不断改进,以最大限度地减少道德危机产生的可能性。但仍然存在着广泛的争议,尤其是在金融全球化浪潮席卷的今天。在欧洲,有学者认为存款保险基金是依据一定金融资源的目标比例(standard level)确定的,但该一定金融资源究竟是指"适格存款"还是"所有覆盖存款"仍然存在争议。另外,欧洲1.5%的目标比例明显高于美国等非欧洲国家,因此必须采取循序渐进方式,否则过快的覆盖率增长可能会造成不利影响。[②] 同时,存款保险制度大部分只保障商业银行的存款人利益,其保护范围仍然有限。

金融消费者保护机制存在的弊端不能依靠缩小保护范围或是取消保护来完成,而应与其他制度相配合,金融机构风险处置责任就是其中重要的制约机制,以达到彼此之间的利益制衡。

从根源上来看,建立金融消费者特殊保护机制的目的就是扭转金融消费者与金融机构之间事实上的不平等地位,是市场对整个社会秩序和公平原则的让步。从权利义务对等性原则出发,对金融消费者的倾斜性保护,意味着金融机构及其包括股东、管理层、中介机构、监管者等相关利益方的加重义务和责任。

金融机构风险处置责任在利益相关方之间的合理配置,不仅扩大了对金融消费者补偿责任人的范围,即将金融消费者的保护主体不仅仅限于金融机构、股东管理层,还拓展至中介机构、存款人以外的债权人,甚至是监管者及政府,让这些群体对弱势金融消费者进行一定程度的利益让渡。而且,金融机构风险处置责任分配还能够有效简化流程,强化消费者保护力度。金融消费者通过一般破产程序难以请求或是无法保证的债权,将会由专门的监管机构统一进行考量。例如,在美国有序清算程序中,FDIC在危机处置中将完全掌控问题金融机构的营业和整个接管程序,继承金融机构及其财产的所有权利,以及金融机构股东、董事等的权利,[③] FDIC承继了原本管理层的权力,同时可以以监管者身份加速处置程序,保护消费者的群体利益。

---

① 有学者采用卖方期权方法对存款保险对新兴市场银行危机影响进行了估值,认为"存款保险占到泰国银行存款总额的10%以上,银行股权的40%乃至58%,极大地激励了泰国银行承担高风险,从而导致1997年的泰国银行危机"。参加尹杞月:《国外银行存款保险制度的道德风险问题研究》,载《保险研究》2012年第2期。

② See Nikoletta Kleftourt, *Rethinking UK and EU Bank Deposit Insurance*, EBLR (2013), p. 122.

③ See Dodd-Frank Wall Street Reform and Consumer Protectio Act, S 210(a)(1)(A).

第二章　金融机构风险处置相关利益方的责任机制

肇始于美国的次贷危机让无数怀揣理想和激情的金融从业者铩羽而归，甚至由于资金链断裂或欺诈而锒铛入狱；大量企业倒闭，很多实业家损失惨重；失业率迅猛上升，社会经济普遍萧条，让公众在虚假的繁荣后遭受财富缩水、失业和社会动荡的一重又一重创伤。人们普遍对未来经济的悲观预期使得区域内货币币值大幅度缩水、市场上流通证券的流动性大大降低，恐慌的情绪像肆虐的瘟疫一样四处蔓延，直接拉高了各类经济制度的运行成本，降低了各类经济活动的运作效率，最终导致经济总量和经济规模的不断衰退。经济基础的动荡甚至可能进一步扩大影响，引起社会动荡甚至政治动荡，从单纯的财产安全直逼人民的安定生活，对社会整体福祉和人民生活水平造成深远的不利影响。

这一次金融危机暴露出金融市场的诸多特点、金融系统的固有缺陷以及金融监管制度的力不从心。很多人抨击金融机构为非作歹、肆意妄为，利用巨大的杠杆和有限的责任谋求投机的巨大利益和金钱博弈的快感，却忽视了投机行为的外部性，并且存在利用制度漏洞谋取私利的道德风险。金融市场有时就像一个赌场，赌徒们在欲望的蒙蔽下往往暴露出人性的弱点，传染性的贪婪会促使谎言和风险一步步蚕食金融市场。① 似乎所有的不公平和不理性都可以归结到人类最根本的人性弱点：贪婪和恐惧，在金融领域尤为如此。

① See Frank Partnoy, Infectious Greed, *How Deceit and Risk Corrupted the Financial Markets*, Times Books, 2003(2-5).

遍观全球金融制度，往往拘泥于对恐惧的克服：安全的支付体系、完善的公司治理、标准的会计准则、细致的信用制度、缜密的反洗钱规则、中央银行最后贷款人的职能设计、投资者保护制度和金融审慎监管所组成的金融安全网。这些制度往往倾向于控制恐惧，却对贪婪无法做到真正的治愈，因为制度是由人设计而限于人的智识，没有万无一失的制度。

在金融领域，人性的贪婪难道没有办法治愈吗？或者说，是否至少可以通过强有力的制度设计进行有效控制？对此，法律应当有所为，通过法律规则的恰当构建以及义务规范的强化，从而达到震慑贪婪和维护公平正义的价值诉求。在金融领域，虽然四处可见对冲基金、私募基金、投资银行等载体张牙舞爪地以敏锐的嗅觉奔向金币，并不断作出创新试图达到监管套利的目的；但是，这些机构的背后都是形形色色分工明确的人：作出决策的董事、负责维护制度的管理者、负责具体执行的员工，以及提供相关法律、资信、财务、审计等服务的中介机构从业人员，每一个公司或载体的行为都是多个自然人行为的复合，每一个看似拟制的主体其实都可以追溯到人性的本源。如果说，公司制度是现代社会最伟大的发明，那么在金融领域，便是因果报应吞噬自身之时——无穷的欲望在充满铜臭之处被无限放大，制度的存在似乎正是为它的大行其道而提供方便。此时此刻，我们必须看破虚妄，抓住问题的根源——在金融领域，如何克制人的私欲，从而最大限度地发挥公司制度的优势，同时又尽可能地抑制其缺陷呢？[①]

很显然，最有效率的克欲方式便是责任承担的震慑。刑事责任的制裁性让人们不敢无视法律的威严，行政责任和国家机器的强有力让人们愿意接受秩序和管理，民事责任对利益的平衡让机会主义者束手束脚。金融危机爆发所暴露出来的诸多问题，正是反映了现行立法对金融机构或金融从业人员责任规制的不力。

法律犹如双面神耶努斯的头颅一样，对一方展现出一副面貌，对另一方又展现出另一番面貌，于是每个人所得到的对法律的印象都不相同。[②] 应当合理创设金融特殊责任，从而使得金融法对不同的人采取不同的规则思路和规则策略：对公众展现的是亲和、保护的态度，附之以投资者保护制度、中央银行制度、存款保险制度等或粗或细的制度体系；对金融从业人员或股东展现的是审慎、严苛的态度，附之以反洗钱制度、金融监管制度和完善的责任体系。金融机构各个利益方彼此间的博弈选择以及金融机构所承载的社会责任，都迫切要求股东、董事、

---

① 参见张继红：《论金融机构董事之民事责任》，载《中国政法大学学报》2018年第3期。

② See Rudolf von Jhering, Der Kampf ums Recht. 转引自王泽鉴：《民法总则》，北京大学出版社2009年版，第2页。

高管及其他相关利益方承担更多的责任。事实上，对股东、董事及其他利益相关方的特殊责任安排使金融机构对破产损失的分担更加公平、合理。

基于金融领域固有的道德风险问题，金融机构的控股股东往往作出对自身最有力的决定并往往施加于管理层，倾向于给董事、高管以股权作为激励手段，从而捆绑利益形成合作博弈。再加上董事、高管基于专业程度往往自身也愿意以自有财产投机于金融，多种因素促成了金融领域大量存在的控股股东、董事和高管身份重合现象，然而控股股东、董事、高管及其他相关利益方之特殊责任仍然应当分别设计，从而达到对症下药、精准规制的效果。

第一节　金融机构控股股东的特殊责任

一、金融机构控股股东治理的特殊性

在公司内部治理结构上，以银行为代表的金融机构与其他企业有着很大的不同。在一国经济中，银行业往往处于整个金融体系甚至整个市场经济的中心环节，由于存在着信息的不对称性和不完全竞争，因此它面临着比一般行业更大的风险。银行业的不稳定又会给整个经济带来不稳定，从而会在金融市场上产生一种负外部性，这也就成为政府对其实施监管的主要理由和依据。同时，银行又是高负债企业，其资金主要来源于外部，持有以存款形式为主的高流动性负债，储户一旦提出支付要求，银行必须立即付款。在资产方面，银行持有一些长期的资产组合，很难在短期内出售或回收，这种以借短放长的期限变换为杠杆，使得银行股东更有超越普通企业之强烈的风险偏好：不仅能获得金融企业发展的投资红利、股本转让后的溢价，还可以通过银行吸收存款向股东的关联企业发放更多贷款，公司法中的有限责任制度则使其免于承担更高的责任风险。银行股东特别是控股股东通过控制权追求自身经济利益甚至政治利益（如将银行贷款用于政治上偏好的项目）的最大化，必然导致腐败和内部人滥用问题频发，由此损害银行、存款人等债权人利益，进而影响整个金融秩序的稳定。

我国金融机构控股股东滥用权问题，主要表现在两个方面：一是不当的关联交易；二是从事高风险业务。

关联交易本身是中性的，可以发挥不同金融机构主体优势和资源的互补效应，具有规模经济、范围经济、降低成本、提高收益及市场竞争力等功能，特别是

在金融分业经营的大背景下，关联交易很大程度上促进了金融企业间的合作。[①]随着民营资本进入银行业等金融领域，由此带来的关联贷款、拆借等业务会大量存在。但过度及不当的关联交易，往往成为关联各方进行“暗箱操作”、利益输送的工具，由此造成风险剧增，产生信用风险甚至导致个别金融机构陷入破产危机。近些年来，特别是我国城市商业银行，频发因为股东从事关联贷款交易而陷入困境的案例。[②]

金融机构的业务经营一向都属于公司的内部事务，虽然金融监管当局对金融机构都规定了审慎经营的一系列监管措施，但事实上外部行政力量的监管很难有效监控金融机构的营业活动。而我国政府对银行业特别是国有银行存款资金的隐形担保，使得公众存款人根本不用担心存款的风险，因此也没有内在动力监督银行的经营状况。对于银行及股东而言，一方面政府担保、最后贷款人制度的存在能够让其将资金用于高风险业务而不必担心由此引发的倒闭可能，另一方面如果高风险业务获得盈利，则其收益加倍，即便银行因此出现亏损甚至破产倒闭，公司法中的有限责任制度也可以有效地保全股东利益。上述两种因素叠加形成了反向激励，使金融机构的股东更倾向于从事高风险业务，由此加大了金融机构的经营风险，从而进一步损害了金融消费者的合法权益，并危及整个金融市场的稳健运营。

二、金融机构控股股东的加重责任

在控股股东道德风险普遍存在的情形下，完全通过市场机制难以解决金融机构控股股东所引发的不当关联交易、高风险经营行为等控制权滥用行为。因此，主要发达国家在法律上对金融机构的股东规定了比一般公司更严格的责任标准和要求，其中以美国银行监管体制最为典型。为了控制银行股东的道德风险和过度的冒险行为，美国监管当局施加于银行股东更重的法律责任。

第一，“股东派缴额外股款”(Shareholder Assessment)条款。在美国包括联

---

① 参见洪正：《商业银行公司治理特殊性研究》，中国金融出版社 2010 年版，第 245 页。

② 2002 年 10 月成都市商业银行引入第二大股东东北大方正集团，在 2003 年 6 月便曝出向该股东提供超额贴现的严重违规事件，两次票据贴现数额高达 9.8 亿元，占该行净资产(11 亿元)的 90%，造成该行巨大的信用风险。在一些经济发达地区，如广州市商业银行、珠海市商业银行、佛山市商业银行都曾因严重关联贷款问题而陷入困境。此外，更为典型的是德隆集团，其利用拆借、关联贷款和委托理财等方式从其控股及参股的金融机构(高达 21 家，涉及商业银行、证券公司、信托公司、租赁公司、保险公司等)转移大量资金。至 2004 年危机爆发时，德隆集团控股及参股 4 家商业银行，分别是昆明市商业银行(49.23%)、南昌市商业银行(31.63%)、株洲市商业银行(41.05%)、长沙市商业银行(14.15%)。这些商业银行成为其重要的资金来源，这些违规资金以贷款或拆借形式离开当地，经由德隆控制的信托公司转手，直接进入股市，购买已被德隆拉高的股票。

邦及许多州的银行法规定，银行监管当局可以要求股东出资弥补银行资本不足的问题，若股东拒绝额外派缴股款的要求，则董事会可以被授权出售该股东的股票以筹集新的资本，这就是“股东派缴额外股款”（shareholder assessment）条款（12 USC § 55）。股东缴纳额外股款的数额仅限于银行股份的票面价值。该条款提供了一种私人投资者增加银行资本的方法。

第二，“股东双重责任”条款。① 从 19 世纪前半期开始，美国许多州的法律规定，银行股东在银行破产时还需要支付与他们初始投资 1 倍或 2 倍的投资。1863 年的美国《银行法》规定，每位股东在其已经投入资本之外，还需承担与其所持有股份面值相应的责任。在制定法中明确建立银行股东双重责任条款的目的在于提供额外的资金保护银行存款人的债权，同时激励股东提高监督银行管理层的积极性。这也是美国早期银行破产制度的特殊规则之一。1933 年美国建立了存款保险制度，存款保险的存在消除了股东对存款人提供额外资金的需要。加之，双重责任制度使得一些并未参与银行管理的股东破产，严重打击了投资者对银行业的信心。一些批评者指出，虽然施行了股东双重责任但并未阻止大量银行倒闭的结果，该制度并未实现保护存款人及公共利益的目的。② 因此，银行股东重回传统公司法规定的有限责任制度，即每一股东的责任仅限于其出资金额。例如，1933 年银行法停止了新发行的股份继续适用股东双重责任条款。到 1953 年，国民银行的“股东双重责任”被完全废止。同样地，州法律也开始废止双重责任。到 1944 年，31 个州废止了该条款。1944 年，联邦最高法院全面否定了股东的双重责任制度。

第三，金融控股公司的加重责任（expanding obligations）。随着金融业的发展，金融控股公司已经成为美国金融业的主要组织制度形式。金融控股公司通过其控制下的从事存款贷款、保险、证券和其他金融业务的子公司实行多样化的金融混业经营战略。由于金融控股公司在金融业中除了具有“控股公司”的法律属性外，更具有特殊的“金融混业”的经济属性，这两种属性的叠加使得金融控股公司中母子公司、兄弟公司、姊妹银行等之间的法律和经济关系错综复杂，美国金融监管制度中逐步改变了对金融机构中具有控制性利益的金融控股公司的法律待遇，通过一系列的监管制度创新，对金融控股公司施加了一些特殊法律责任，突破了传统公司法中的有限责任制度。这就是逐渐发展的金融控股

---

① 需要注意的是，“股东派缴额外股款”条款与“股东双重责任”条款有着明显的区别。前者用于银行重整过程中股东对银行的重新注资；而后者则是指银行在破产之后，股东对债权人损失承担的补偿责任。

② See Jonathan R. Macey & Maureen O'hara, *the Corporate Governance of Banks*, FRBNY Economic Policy Reviews, 2003(9).

公司的加重责任制度。这些监管制度的创新最初是针对银行和储蓄机构而施加的法律责任，它逐步扩展到保险控股公司等其他金融性的控股公司。[①] 加重责任制度的主要内容是，要求金融控股公司完全或部分地保证其所管理的子公司的清偿能力，要求金融控股公司向其不能清偿债务的子公司重新注入资金，或向政府机构赔偿因子公司经营失败而给存款人造成的损失，或赔偿联邦存款保险公司的公共资金。加重责任制度的发展进一步表明了美国金融监管制度的变革，在传统的公司有限责任制度的框架内，股东仅对其出资额或持有的股份为限承担责任，而加重责任制度的引入使股东有限责任理论被新的监管理念所取代，在金融领域金融控股公司逐步实行无限责任或者说是扩大化的有限责任。

美国金融控股公司加重责任主要采取了资本维持承诺（capital maintenance commitments）、力量源泉原则（source of strength doctrine）、交叉担保条款（cross guarantee provisions）、及时改正措施（prompt corrective action）等方式。

1.资本维持承诺

资本维持承诺制度产生的背景是20世纪70~80年代的储贷危机。金融危机促使监管机构采取新的监管措施，避免清算陷入财务危机的存款机构，其目的是保护联邦存款保险资金免受损失。从20世纪70年代中期开始，在批准储贷控股公司收购新的储蓄机构时，联邦储蓄管理机构实行了一种新措施，要求控股公司的收购者明确保证其意图兼并的储蓄机构的清偿能力，否则联邦储蓄管理机构将拒绝其收购申请。这些协议被称为"资本维持承诺"。申请程序是联邦监管机构在储贷行业中推行控股公司加重责任的机制，在对参加联邦保险的储蓄机构取得控股之前，公司必须通过该申请程序[12 U.S.C. § 1467a(e)]。

早期资本维持承诺对收购投保的储蓄机构的条件是非常严格的，监管机构要求收购者必须同意维持监管所规定的储贷机构的最低资本水平。然而，随着形势的发展到了20世纪80年代后期，倒闭的储贷机构越来越多，监管机构发现想要找到愿意收购这些机构的人愈加困难。因此，在审批涉及这种资本承诺要求较为敏感的重大交易时，监管者采取了更为宽松的资本承诺制度。1988年，联邦监管机构发布声明，明确废止之前开放式的资本承诺政策。在20世纪90年代初期，由于金融行业资本和财务状况的普遍改善，监管机构已经大部分放弃了对收购公司的资本承诺要求。

关于资本维持承诺的效力，监管者一开始就认为是政府监管权力的善意扩大，是监管者与控股公司达成的合同，该承诺对其子公司和收购者都是可以执行

① 参见姜立文：《金融控股公司法律问题研究》，华东政法学院2005年博士学位论文，第68页。

的，一些法院的司法判例也支持了此种权力扩大的观点。例如 Kaneb Servs.，Inc. v. Federal Savings & Loan Ins. Corp①案。

然而，随着储贷机构的大量倒闭，监管当局所要求的资本维持承诺的合法性引发越来越多的质疑，一些法院开始抵制该制度的执行。如在 Wachtel v. Office of Thrift Supervision②案中，哥伦比亚巡回法庭对政府的行政执行措施采取了相当怀疑的态度，即它们不能被认为是正式的协议。只有政府证明控股公司的签字者疏忽大意或者为了获得不当得利，这些承诺协议才是可被执行的。如果没有上述证据，则该协议不具有执行力。

2. "力量源泉"原则

为了应对 20 世纪 80 年代的银行业危机，1984 年美国联邦储备委员修改了 Y 项监管规则，创立"力量源泉"原则。根据 Y 项监管规则第 225. 4(a)条规定，银行控股公司应成为旗下附属银行财务和管理之力量源泉，禁止银行控股公司采用不安全、不稳健的经营行为。由于该原则是由 FRB 首先创设并适用的，因此"力量源泉"原则一般仅针对银行控股公司的经营行为。

1987 年，美联储向 Hawkeye Bancorp of Iowa 发出禁止令，认为该银行控股公司正在从事不安全的经营行为，原因在于 Hawkeye 没有向其附属子银行提供财务支持。美联储因此采取惩罚性的监管措施。几个月后，美联储发布了一项政策声明，清晰阐释了"力量源泉"原则：当附属银行处于财务困境时，银行控股公司应随时准备提供充足的资金并应保持其财务的流动性、增加资本以帮助其附属银行。若银行控股公司在附属银行经营失败或陷入困境时不提供财务支持，将被视为是不安全、不稳健的经营行为，即违反了 Y 项监管规则并将受到美联储的行政执行、停止命令、民事赔偿以及其他惩罚性监管措施的处罚。

在该项政策声明中，美联储认为"力量源泉"原则由两个部分组成：①银行控股公司应该有充分的管理和财务资源，以便在其附属银行陷入困境时给予协助；②银行控股公司应该切实利用这些资源协助任何陷入困境中的附属银行机构。③

早在美联储发表政策声明阐述"力量源泉"原则之前，在 1978 年 Board of Governors v. First Lincolnwood Corp 案件的判决中，联邦最高法院支持该原则作为美联储行使监管权力的组成部分，认为控股公司应该是其附属金融机构的实

① 650 F. 2d 78, 82 (5th Cir. 1981)。该案判决认为，对金融控股公司施加的限制红利分配的条件具有法律上的执行力，因为议会授予监管机构广泛的监管权力，这些权力包括限制红利分配的自由裁量权。

② 982 F. 2d 581 (D. C. Cir. 1993).

③ 参见[美]哈威尔·E. 杰克逊、小爱德华·L. 西蒙斯编著：《金融监管》，吴志攀等译，中国政法大学出版社 2003 年版，第 289 页。

力来源。

但"力量源泉"原则的法律效力一直存在争论。这方面比较典型的案例是MCorp Financial, Inc. v. Board of Governors（MCorp）。[①] MCorp 公司当时在得克萨斯州经营着最大的银行子公司网络。该公司的25家附属银行中的20家倒闭并由银行监管机构宣布进入破产程序之后，美联储意图从MCorp公司中抽取4亿美元注入该公司旗下一些丧失或将要丧失清偿能力的银行子公司，以补偿破产银行资本账户的不足。迫于控股公司债权人和公司优先股股东的压力，该公司拒绝执行美联储的命令，最终根据《联邦破产法》第十一章申请破产保护。

美联储认为，施加"力量源泉"原则的监管权力默示地存在于议会所通过的诸多法律规定之中，这些法律规定的目的是保证银行控股公司的资本充足和避免过度的风险活动，以确保控股公司所控制银行之清偿能力。"力量源泉"原则是美联储监管权力的合法行使，因为它能通过要求银行控股公司持续向其银行子公司提供财务支持而实现该目的。一方面，银行控股公司基于所有权从附属银行获取了一定利益，当附属银行遇到财务困境时理应提供相应支持；另一方面，"力量源泉"原则提高了公众对银行业的信心，减少了对联邦存款保险基金的损耗，成为银行控股公司的新的安全性和稳健性标准。

MCorp 公司质疑"力量源泉"原则的主要观点是：无论议会对监管银行控股公司的目的如何，议会所确定的监管措施应被限定为确保银行控股公司本身的资本充足和审慎管理。也就是说，监管措施应将控股公司的清偿能力独立于其子公司的经营能力，而"力量源泉"原则的根本缺陷在于它使控股公司的利益屈从于其子公司的需要，迫使控股公司为即将倒闭的附属子公司浪费宝贵的公司资产。美联储唯一的合法目的就是保持控股公司的清偿能力，它对附属子银行并无全面管辖权，因此FRB没有任何权力为了子银行的利益而损害控股公司的利益。[②]

MCorp 案对"力量源泉"原则是否属于联邦监管当局监管权力的范畴提供了全面审查机会，对该原则法律效力的争议焦点即是对FRB法定权力的理解。作为审理MCorp案关于"力量源泉"原则性质的联邦法院，第五巡回法院认为：美联储可以通过与银行控股公司签订可转让资本保持协定规范银行控股公司对附属机构的义务。FRB要求MCorp公司向子公司注资以适用"力量源泉"原则的做法很难被当作"普遍接受的审慎性经营标准"。这种做法显然无视控股公

---

① 900 F. 2d 852 (5th Cir. 1990).

② See Jonathan R. Macey & Geoffrey P. Miller, *Double Liability of Bank Shareholders*, 27 Wake Forest L. Rev. 31, 36-39 (1992).

司的独立法人地位，违反了其对公司股东所负的义务并浪费控股公司的资产，明显不符合银行控股公司法将银行业和其他业务分离的基本目的。换言之，“力量源泉”原则超出了 FRB 的监管职权，因而无效。① 随后，第五巡回法院发布了两项禁令，宣告 FRB 针对 MCorp 公司的行政性监管措施自动中止。

FRB 提起上诉，该案最终诉至联邦最高法院。最高法院认为：FRB 对 MCorp 公司所采取的行动，恰好落入破产法典中的“自动中止”条款(11 USC §362)之例外条款 11 USC §362(b)(4)中，即其性质上属于“执行政府机构政策或监管权限”，从而明确排除了自动中止条款的适用。因此，地区法院无权对上述任何一项监管行动发布禁令。②

虽然 FRB 继续坚持“力量源泉”原则的合法性，但是业内专家和学者对美联储的观点仍存在质疑。③ 直到 1992 年 6 月该案私下了结，该公司与美联储一直就“力量源泉”原则的有效性以及美联储行政执行程序与联邦破产法之间的关系争论不休。

美国于 1999 年通过的《金融服务现代化法》肯定了“力量源泉”原则，但同时作出了一定限制。该法第 730 条规定，在银行或储蓄机构资本金不足时，根据有关补充资本金的规定并按照正当程序向该机构转让资产者，不能就该资产转移事项对联邦银行监管机构(包括监管机构担任倒闭银行的财产管理人和接管人)提起诉讼。该条的标题是“澄清力量源泉原则”，表明该法肯定了“力量源泉”原则的法律效力。但该法第 112 条对美联储命令控股公司向财务状况不佳的银行子公司提供救助资金的能力作出了相应的限制。FRB 在该法的实施条例中明确规定，不能作为其银行、储蓄子公司的力量源泉的银行控股公司将在开展新的收购活动和扩展新业务方面受到一定限制。

2009 年 2 月 24 日，美联储发布了一项有关银行控股公司红利分配、股票赎回和回购的监管声明。在这个声明中的资本充实环节，FRB 重申了与 Y 项监管规则一致的“力量源泉”原则。FRB 特别指出，银行控股公司在分配股息红利、股票赎回或回购之前，应当考虑自身作为其附属银行财务和管理之力量源泉的能力。在此之前的监管规则规定，如果银行控股公司资本充足、管理良好，并且不存在任何尚未解决的监管问题则不需要在分配股息之前取得 FRB 的同意。

---

① See MCorp. Fin., Inc., v. Board of Governors, 900 F. 2d 852, 864 (5th Cir. 1990), *Rev'd on Jurisdiction Grounds*, 112 S. Ct. 459, 463-466 (1991).

② 参见[美]哈威尔·E. 杰克逊、小爱德华·L. 西蒙斯编著：《金融监管》，吴志攀等译，中国政法大学出版社 2003 年版，第 359~365 页。

③ See Kieran J. Fallon, Note, *Source of Strength or Source of Weakness? A Critique of the "Source-of-Strength" Doctrine in Banking Reform*, 66 N. Y. U. L. Rev. 1344, 1365-1372 (1991).

而新的监管声明对此作了较大的改变，指出：无论银行控股公司的资本是否充足，都应当将股份回购等事项事先告知FRB。在此次新的监管声明中，FRB特别强调银行控股公司应采取一种积极主动的、全面的资本充足计划。而且，在涉及公司资本结构的变化方面，银行控股公司应增强与FRB的协商和咨询。原本资本计划安排属于银行控股公司董事会的决定事项，现有的监管声明明确指出FRB有权介入并干预银行控股公司的资本安排和管理。同时，在近期的股权交易监管中，FRB要求银行控股公司提交所有新股东（股东为组织且持有银行控股公司10%的股份）管理文件的复印件。该监管指令旨在为FRB实施“力量源泉”规则提供有效信息。① 从上述FRB监管态度的变化可以看出，次贷危机之后美国金融监管当局实质上强化了对银行资本充足率的监管，其中最主要的体现就是对“力量源泉”规则的重视和肯定。

2009年3月18日，时任美国总统奥巴马针对AIG高管薪酬发表演说，指出他正在寻求一个解决方案，建立一个机构拥有类似于FDIC的强大监管权，以确保积极应对并消除系统性风险，将坏账剥离并处理那些不适当的合同。同时，奥巴马政府公开承认FRB监管权力上存在一定的限制和制约，建议FRB针对银行控股公司应当享有更多、更强有力的监管权。随后，时任美国财政部长盖特纳发表声明说，正寻求在立法上建立一个确认并防范系统性风险的规则。他的改革方案包括建立一个独立的监管机构，其监管对象是涉及系统性风险的重要公司包括银行和非银行的控股公司。该监管机构拥有类似于FDIC的执行权力，针对涉及系统性风险的超大公司出现的资本不足问题可以启动及时矫正措施。②

2010年美国《华尔街改革法案》建立了新的系统风险监管框架，将所有涉及系统性风险的重要银行和非银行机构均纳入FRB的监管之下。这也就意味着FRB在法律上取得了更大的监管权力，有权适用“力量源泉”原则要求超大金融控股公司运用银行及非银行资源救助其附属的失败银行，以此保护消费者的合法权益。如果该控股公司不采取援助措施，将会面临更加严厉的监管处罚措施。而且，FRB还会采取其他监管措施以阻止金融控股公司向股东和债权人分配股息红利、股权回购等。也就是说，“力量源泉”规则不仅施加责任于控股母公司本身，还对控股公司的债权人和股东都产生一定影响，当其附属银行出现财务困

---

① See Derek W. McGee, *Return of the Source-of-Strength Saga*, Banking Law Journal, 2009 (6), p. 649-650.

② See Derek W. McGee, *Return of the Source-of-Strength Saga*, Banking Law Journal, 2009 (6), p. 651.

难时，其损失应由控股公司的债权人和股东共同承担。

3. 资本担保责任

1991年的《联邦保险公司改进法》(FDICIA)明确规定了控股公司的资本担保责任[12 USC § 1831o(e)(2)(C)]。如果附属银行被发现不能满足最低资本充足要求时，它必须向联邦监管当局提交资本恢复计划(capital restoration plan)。FDIC接受该计划的条件之一就是该计划得到其控股公司的担保，即保证该附属银行在随后的4个连续季度内履行计划直至资本达到既定标准。这里需要注意的是，该法并未要求控股公司必须提供此项担保。只不过控股公司提供担保，会增加该计划被FDIC同意的可能性。如果FDIC不接受该项计划，则该附属银行的经营活动会受到一系列的限制，如限制资产增长、开设分支机构、增加新的业务项目等。如果控股公司同意向附属银行提供资本恢复计划担保，其担保责任的限额为：恢复附属银行所需的资本充足额或者该附属银行总资产的5%，按照二者中的较少者计算[12 USC § 1831o(e)(2)(E)]。一旦控股公司进入普通破产法规定的破产程序，则FDIC基于此项担保所拥有的请求权优于其他一般债权人[11 USC § 507(a)(8)]。而且，11 USC 365(o)要求普通破产法中的破产受托人在进入破产程序时，必须承担并履行其先前债务人对FDIC所做的资本维持承诺，且违反该项义务而形成的请求权具有优先性，从而进一步保证投保银行的资本水平。

4. 交叉担保条款

1989年美国《金融机构改革、复兴与实施法案》(FIRREA)，进一步扩大了联邦存款保险公司处理问题银行的权限，其中就包括交叉担保条款。即联邦存款保险公司有权要求控股公司旗下其他经营正常的投保“姊妹银行”(sibling institution)承担被关闭银行所造成的保险金损失责任[12 USC § 1815(e)]。也就是说，金融控股公司旗下的其他有清偿能力的姊妹银行发挥着类似担保人的作用。但交叉担保条款并未影响到金融控股公司投资于非银行附属机构或其自身的资源。①

与之前金融控股公司的加重责任条款不同，交叉担保条款实现了同一控股公司下银行倒闭时更有力的横向联合措施。虽然交叉担保条款并不涉及金融控股公司的自身资产和其他非银行的附属机构，但联邦存款保险公司有权力在附属银行倒闭时直接向姊妹银行请求赔偿，事实上间接消耗了金融控股公司的资

---

① 参见[美]哈威尔·E.杰克逊、小爱德华·L.西蒙斯编著：《金融监管》，吴志攀等译，中国政法大学出版社2003年版，第290页。

产，加重责任之本意显而易见。①

其他国家和地区的监管当局也有权采取的类似措施向股东施加一定的影响以加重其责任，但并不像美国那样在立法上对股东特殊责任作出强制性规定。例如，法国《银行法》第52条规定，在适当情形下，法兰西银行行长作为银行委员会主席可以“邀请”股东对银行提供帮助，如重新注入新的银行资本或担保银行的债务偿付或承担银行的债务。但这项邀请不是强制性的，股东当然可以拒绝并且无须承担任何责任。如果银行股东拒绝邀请的话，法兰西银行行长还可以邀请其他银行采取必要措施帮助该银行摆脱困境。即在法律无强制性规定的情况下，银行监管当局可以通过各种方式影响股东的决定，从而促使其积极参与银行危机救助活动，如发挥个人威信激励股东参与重组，或者协助银行寻找合适的购买者或合并方。

三、美国控股股东特殊责任的理论分析

由于美国股东的特殊责任特别是金融控股公司的加重责任制度极大地突破了传统公司法的股东有限责任理论，对金融机构的控股股东影响重大。

（一）不同学说

监管当局运用行政手段推行特殊责任需要一定的理论支持，由此美国理论界提出以下几种学说，以论证特殊责任的必要性。

第一，饿狼假设。金融控股公司更倾向于通过榨取过高的股息红利、收取更多的管理费以及其他不正当手段剥削其所控制的子公司，而普通的公司监管规则不能解决上述问题，因此特殊加重责任是抵销控股股东欺诈行为所必须的。②饿狼假设的理论基础直指金融控股公司组织结构中存在的缺陷。该说认为，金融控股公司的组织结构较其他公司的风险更大，如非商业性转移、掠夺性业务活动和冲突、联合安排的可能性等。③

第二，监管衰退假设。该学说将监管机构难以建立监管所有金融机构（而无论该金融机构是否隶属于控股公司）的有效监管制度作为其理论立足点。也

① 交叉担保条款本身的效力也存在一定的争议。在 Branch exrel. Maine National Bank v. United States 案中，由于 FDIC 要求适用交叉担保条款，该姊妹银行因此而倒闭。联邦法院认为，交叉担保条款的适用违反了《宪法第五修正案》。而联邦上诉巡回法庭则反对该观点，支持了 FDIC 的请求。该案是 FDIC 第一次适用交叉担保条款关闭经营正常的银行，也验证了交叉担保条款的法律效力。

② See Robert C. Clark, *The Regulation of Financial Holding Companies*, 92 HARV. L. REV. 787, 802-813(1979).

③ See James R. Smoot, *Striking Camp and Moving to Higher Ground: The Hazardous Subtleties of "Subtle Hazards" in Bank Regulation*, 4 Geo. Mason L. Rev. 21, 38-40 (1995).

就是说,控股公司的加重责任并不是为了纠正金融控股公司自身所特有的不足,而是为了弥补监管当局对附属金融机构监管能力的退化。

自20世纪40~80年代中期,美国储贷机构的实际资本储备逐年下降,实际资本储备越低,其道德风险就越严重,愈加刺激部分银行和储贷机构的股东从事高风险业务。① 随着金融监管的放松,储贷机构所从事的业务活动范围一直在扩大,储贷机构有权限扩大其资产组合的风险,使其追求高风险战略成为可能,而传统的监管手段已经难以对其实施有效监管。② 因此,通过特殊加重责任制度设计将金融控股公司高风险成本由其自身承担,从而至少可以从理论上解决金融机构的道德风险问题。

第三,成本补偿假设。该学说认为,存款保险基金为子公司提供了保险,而金融控股公司从中受益,加重责任的引入就是为了从公共税收之外的渠道收回那些被消耗的保险基金。换言之,存款保险公司给予投保机构的存款保护,使投保机构及其母公司获得不公平利益或补贴利益,③因此通过对控股公司施加特殊责任以收回其相应的受益补贴。

第四,市场约束假设。该学说认为,传统的预防性监管措施难以遏制银行管理层冒险经营,对控股公司加重责任就是对银行管理者施以市场约束的有效手段。④ 控股股东作为金融机构剩余财产的获得者,更愿意选择具有相对高收益(自然也高风险)的活动和资产,而债权人则偏好风险较低(更为稳健)的活动,以确保其债权的安全性。对于股东与债权人之间的利益冲突,银行管理层作为股东利益的集中代表,有强烈的偏好进行"资产替换",即用可能带来高收益的资产取代低收益低风险资产。⑤ 市场约束假设通过在控股公司层面加重责任以便积极监督银行管理层的冒险行为。

(二)对特殊责任的质疑

上述理论学说从不同角度诠释了金融机构控股股东特殊责任的主要原因,但也遭到不同程度的质疑。饿狼假设的批评者指出,金融控股公司的组织结

---

① See Michael C. Keeley, *Deposit Insurance, Risk, and Market Power in Banking*, 80 AM. Econ. Rev. 1183, 1184-1186 (1990).

② See Franklin Savings Ass'n v. Director of the Office of Thrift Supervision, 742 F. Supp. 1089, 1099-1124 (D. Kan. 1990), *rev'd*, 934 F. 2d 1127 (10th Cir. 1991), *cert. denied*, 112 S. Ct. 1475 (1992).

③ See David G. Oedel, *Puzzling Banking Law: Its Effects and Purposes*, 67 U. Colo. L. Rev. 477, 479 (1996).

④ See Howell E. Jackson, *The Expanding Obligations of Financial Holding Companies*, 107 Harv. L. Rev. 509, 570 (1994).

⑤ See William W. Bratton, Jr., *Corporate Debt Relationships: Legal Theory in a Time of Restructuring*, Duke Law Review, 1989.

构要比其他公司风险更大的理由没有得到更清晰的解释，附属金融子公司存在的交易风险在其他公司也存在，且所有金融机构的股东都存在道德风险问题。[①]已有研究表明，缺乏证据证明控股公司对子公司的剥削达到"恶狼假设"所担忧的程度。[②] 成本补偿假说也受到批判，反对的观点指出，如果说控股公司从存款保险基金中获益，其他受益人包括债权人、存款人以及银行员工，没有被要求承担额外的责任会产生新的不公正；而且投保银行已经对存款保险付出了相应成本。[③] 市场约束学说的反对者则认为，银行管理层的义务也受到商业判断规则的约束，经营银行可能需要高度注意，但并不意味着银行董事需要承担更高的义务。[④]

综上，美国控股股东特殊责任理论从一开始就遭到了诸多抵制，认为该制度存在的主要问题包括：其一，特殊责任增加了控股公司的融资成本。[⑤] 以资本维持承诺为例，其从表面上看似乎增强了被收购子公司的资本实力，但非常不利于收购者，甚至对其信用等级产生不利影响。其二，特殊责任产生了一定的差别待遇，引发新的不公正。控股公司加重责任造成同样都是股东而其承担的责任不同，显然属于歧视性待遇，一些金融机构因此可能选择规避策略，从规模大且实力雄厚的控股公司转向普通型公司。控股公司在地域范围、产品服务以及规模等方面具有不可比拟的优势，而加重责任事实上起到了逆推作用，使得金融机构脱离控股公司转向低效率形式的组织，属于组织机构上的严重倒退。

（三）评析

综上，美国金融控股公司特殊责任的主要方式是控股公司对其银行子公司资本状况担保或承担倒闭损失，以减轻对存款保险基金的损耗。按照不同的规定或行政措施，控股公司对其子公司所应承担的加重责任范围也有所不同。相较而言，资本维持承诺要求收购方对作为被收购者的储贷银行作出开放式的财务承诺，其目的是保证该储贷银行持续的清偿能力；"力量源泉"原则要求金融

① See Robert C. Clark, *The Regulation of Financial Holding Companies*, 92 Harv. L. Rev. 787, 790 (1979).

② See Howell E. Jackson, *The Expanding Obligations of Financial Holding Companies*, 107 Harv. L. Rev. 509, 573-576 (1994).

③ See Eric J. gouvin, *Hungry Wolves and Horizontal Conflicts: Rethinking the Justification for Bank Holding Company Liability*, U. Ill. L. Rev. 949, 955 (1999).

④ See Patricia A. McCoy, *A Political Economy of the Business Judgment Rule in Banking: Implications for Corporate Law*, 47 Case W. Res. L. Rev. 1, 10-12 (1996).

⑤ See Julie L. Williams, Kevin A. Corcoran, Kevin L. Petrasic & Stuart E. Feldstein, *FHLBB's New Approach to Regulatory Capital Maintenance Obligations of Acquirors of S&Ls*, 52 Banking Rep. (BNA) 233, 233 (Jan. 30, 1989).

控股公司成为其子公司持续的财务源泉，当子公司出现财务困难时施以援手；交叉担保则要求控股公司旗下的“姊妹银行”承担其他倒闭储贷机构的损失。显而易见，上述特殊责任制度中控股公司对子公司承担的责任范围并不确定，尤其是资本维持承诺，这里的开放式的财务承诺远远超出了控股公司为股东所应承担的有限责任范围，[①]甚至在某种程度上可以称之为无限责任。

从美国金融监管体制发展的演变来看，之所以产生控股公司的特殊责任制度，与其本身的组织机构、制度文化背景等因素紧密相关。

首先，控股公司具有不同于普通企业的复杂的组织结构，使其决策及管理程序具有特殊性。虽然控股公司允许子公司进行一定限度内的自我管理和自我约束，但母公司仍保留了充分的监控权力。若单纯适用传统公司法语境下的股东有限责任制度，势必产生母公司擅自在子公司金融机构间转移资产进行冒险经营并最大限度地降低母公司的损失等行为冲动，由此加大了在控股公司内部某些子金融机构的运营风险。子公司的倒闭又可能会危及整个控股公司的运营安全，大型金融控股公司倒闭会产生系统性风险，必将削弱公众对整体经济的信心。特殊责任机制的引入，从某种意义上说，能够有效督促银行控股母公司积极监督子银行的冒险经营行为，充分调动了控股股东的约束与控制资源，形成带有约定性的制度安排，从而有助于维系公众信心，强化市场约束行为。通过赋予监管当局要求母公司或者其姊妹银行提供资金支持的强制性监管措施，有效地防止了金融机构倒闭引发的系统性风险，能够最大限度地降低金融机构倒闭所引发的社会震动。[②]

其次，美国联邦存款保险公司对存款人提供了存款保险，使银行倒闭时存款人的利益得以保全，而存款保险基金可能因此而遭到损失。如果银行经过重整重回正常经营轨道，则股东是最大的获益者，如果银行的经营状况恶化，存款保险基金将承担银行失败的损失。特殊责任的引入恰好抵销了母公司可能从存款保险基金所获得的收益。加之，一些超大型金融机构的倒闭可能引发系统性金融风险，一旦其清偿能力恶化，国家往往采取直接注资、接管、并购等救助措施挽救其营业，这就是所谓的“太大而不能倒”问题，进一步加剧了金融机构股东的道德风险问题。同时，20 世纪 80 年代储贷危机之后联邦存款保险公司对控股公司施以加重责任也部分迎合了当时美国公众舆论的心理，成为政治博弈的产物。[③]

---

① 参见姜立文：《美国金融控股公司加重责任制度研究与启示》，载《环球法律评论》2006 年第 6 期。

② 参见张继红、姜立文：《论美国银行控股公司“力量源泉”原则——兼析美国金融监管改革新动向》，载《江苏商论》2011 年第 2 期。

③ See Daniel A. Farber & Philip P. *Frickey*, *Law and Public Choice*: *A Critical Introduction* 21 – 33 (1991).

再次,特殊责任制度显然属于事前预防性监管措施,比事后的处罚与制裁更能保护包括存款人在内的金融消费者的合法权益,能够有效地防止和控制金融风险的产生及传播。而且,特殊责任对传统有限责任制度的突破,在一定程度上弥补了股东有限责任约束机制存在的固有缺陷。毕竟,对于股东而言,金融机构一旦倒闭,按照有限责任制度其所损失的也仅仅是出资额或持有的股份比例,金融机构任何新的损失增加都不会扩大股东的亏损,因此传统的公司治理机制很难对股东的冒险行为进行有效的制约。

最后,美国的金融实践也证明了控股公司特殊责任制度的施行的确对子金融机构的良好运营产生的积极作用。Jackson 教授对 175 家参加联邦存款保险的储贷机构自 1986~1990 年的经营状况进行了调查。通过对全部经营业绩的对比,研究发现大型控股公司中的储贷机构相比其他机构经营业绩更加出色。①与个人股东所有或其他控股公司所有的储贷机构相比,大型金融控股公司的子金融机构较少倒闭,而且倒闭时较少花费政府财力及公共支出。② 将之前对银行的表现与控股公司附属机构之间的关系研究相比较,特殊责任产生了潜在的经济效益,即控股公司的资金注入对阻止子储贷机构的倒闭具有明显的救助效力。

归根结底,特殊责任的法理精神是基于权利义务的对等性和一致性,对控股股东施以加重责任与其对子公司的控制管理权的扩大相对应,再加之金融业的特殊属性及存款保险制度所产生的道德风险,使美国的金融监管当局采取了特殊的监管措施和手段,是一种监管实践中的制度创新。

四、我国金融机构控股股东特殊责任的完善

(一)我国金融机构控股股东立法规制现状分析

就我国目前银行法规范来看,基本形成了以《商业银行法》《证券法》《保险法》为主体的法律法规体系,主要包括:在银行法领域,有《商业银行法》《银行业监督管理法》《商业银行金融创新指引》《商业银行风险监管核心指标(试行)》《银行控股股东监管办法(征求意见稿)》《银行保险机构公司治理准则》等;在证券法领域,有《证券法》《证券公司监督管理条例》《证券公司治理准则》等;在保

① See Howell E. Jackson, *The Superior Performance of Savings and Loan Associations With Substantial Holding Companies*, 22 J. Legal Stud. 410-411(1993). 当然也有反对者认为,究竟是控股公司加重责任的存在还是大型金融控股公司的商誉及联合效应导致了其附属子储贷机构的出色表现仍然需要进一步论证。

② 参见姜立文:《美国金融控股公司加重责任制度研究与启示》,载《环球法律评论》2006 年第 6 期。

险法领域,有《保险法》《保险公司控股股东管理办法》等。

银行法领域,《商业银行法》作为银行业的基本法,规定了商业银行的组织形式、组织机构适用《公司法》的规定。第28条规定,任何单位和个人购买商业银行股份总额5%以上的,应当事先经国务院银行业监督管理机构批准。《银行业监督管理法》规定,对股份总额达到规定比例以上的股东,银监会应当对股东的资金来源、财务状况、资本补充能力和诚信状况进行审查。同时规定,银行业金融机构应严格遵守审慎经营规则。审慎经营规则包括风险管理、内部控制、资本充足率、资产质量、损失准备金、风险集中、关联交易、资产流动性等内容。

事实上,早在2003年立法部门起草《银行业监督管理法》时,有关部门就曾专门向全国人大负责立法工作的机构提出,应突破银行股东有限责任原则,赋予银行业监督管理机构责令银行股东追加资本的权力,但该提议并未获得采纳。[①]最终出台的正式文本第37条第1款规定:"银行业金融机构违反审慎经营规则的,国务院银行业监督管理机构或者其省一级派出机构应当责令限期改正;逾期未改正的,或者其行为严重危及该银行业金融机构的稳健运行、损害存款人和其他客户合法权益的,经国务院银行业监督管理机构或者其省一级派出机构负责人批准,可以区别情形,采取下列措施:……(四)责令控股股东转让股权或者限制有关股东的权利;(五)责令调整董事、高级管理人员或者限制其权利……"由此可见,《商业银行法》《银行业监督管理法》都没有明确股东在资本补充方面的责任。

2008年原银监会发布《银行控股股东监管办法(征求意见稿)》对控股股东的监管规则作了较为详尽的规定。该办法第3条明确了"银行控股股东"的界定标准,即银行控股股东,是指通过下列方式直接或间接控制银行的企业法人:(1)直接或间接拥有该银行25%以上表决权股份;(2)根据章程或协议,有权控制该银行的财务和经营决策;(3)有权任免该银行董事会或同类机构的多数成员;(4)在该银行董事会或同类机构占多数表决权;(5)经银监会认定的可对该银行直接或间接地施加控制性影响的其他情形。关联机构通过本条第1款第1项至第4项的方式控制银行的,均视为银行控股股东。此条将银行控股股东仅限于企业法人,而将自然人、政府、事业单位排除在外,显然界定过于狭窄,不利于对上述主体作为股东控制银行的行为进行相应规范。

该办法第二章规定了"取得银行控制权的条件和程序",明确了境内金融机构、境内非金融机构、境外金融机构取得境内中资银行的控制权的条件和程

---

① 参见杨勇:《金融集团法律问题研究》,北京大学出版社2004年版,第257页。

序,同时应当经银监会审查并决定。其中,对银行控股股东的董事和高级管理人员作了一定要求,即应当诚实守信,具有良好的职业操守,不得有犯罪记录。在银行控股股东监督管理方面,该办法规定了银行控股股东的信息披露义务,须向银监会报送财务报表、资产负债表、利润表及其其他资料,同时定期向银监会提交其控股股东或大股东财务和风险状况报告。值得特别关注的是,该办法第21条规定:"申请取得银行控制权的机构,应当书面承诺在必要时向被控股银行及时补充资本金,并在取得控制权后通过被控股银行每年向银监会报告资本补充能力。"该条规定与美国资本维持承诺类似,是一个开放式的资本补充承诺,事实上加重了试图取得银行控制权机构的责任。该办法还特别强调了银行控股股东应建立有效的风险隔离机制,防止银行控股股东、被控股银行和被控股银行的其他关联机构之间的风险转移。

上述规定虽然对银行控股股东作了一定规制,但从监管内容上看也仅仅是原则性的规定,尚缺乏明确的可操作性的条款。就资本维持承诺及风险隔离机制本身,也并无具体的规定,甚至连相应的罚则都还是空白。加之,该办法仅为征求意见稿,到目前还未出台正式文本,使银行控股股东的监管还游离于常规监管之外。

2021年6月,原银保监会公布的《银行保险机构公司治理准则》(银保监发〔2021〕14号)对银行保险机构治理机制作了详尽规定。第16条规定,股东及其控股股东、实际控制人不得滥用股东权利或者利用关联关系,损害银行保险机构、其他股东及利益相关者的合法权益,不得干预董事会、高级管理层根据公司章程享有的决策权和管理权,不得越过董事会、高级管理层直接干预银行保险机构经营管理。第6条规定,银行保险机构应当在公司章程中规定,主要股东应当以书面形式向银行保险机构作出在必要时向其补充资本的长期承诺,作为银行保险机构资本规划的一部分,并在公司章程中规定公司制定审慎利润分配方案时需要考虑的主要因素。应该说,该指引明确了主要股东的资本补充承诺,但遗憾的是并未规定违反该承诺的股东其应承担何种法律责任。因此,其也仅仅是起到示范指引作用,没有配套的罚则体系,股东的特殊责任难以落到实处。

原保监会2012年发布了《保险公司控股股东管理办法》(2012年10月1日施行),第3条规定:"本办法所称保险公司控股股东,是指其出资额占保险公司资本总额百分之五十以上或者其持有的股份占保险公司股本总额百分之五十以上的股东;出资额或者持有股份的比例虽然不足百分之五十,但依其出资额或者持有的股份所享有的表决权已足以对股东会、股东大会的决议产生重大影响的股东。"与前述银行业相比,这里将控股的界定定位在"百分之五十"但并不受限于企业法人，包括了达到法定控股比例的所有股东，显然在控股主体上并无特别限制，且50%的控股比例也与《公司法》(2013年修正)第216条规定一致。① 该办法特别强调了保险公司控股股东应当“善意”行使对保险公司的控制权，依法对保险公司实施有效监督，防范保险公司的经营风险，不得利用控制权损害保险公司、投保人、被保险人和受益人的合法权益。为了防止和约束控股股东滥用控制权，该办法规定：保险公司控股股东应当确保与保险公司进行交易的透明性和公允性，不得利用关联交易、利润分配、资产重组、对外投资等任何方式损害保险公司的合法权益；不得利用其对保险公司的控制地位，谋取属于保险公司的商业机会；不得向保险公司出售其非公开发行的债券等。

在“资本协助”方面，该办法规定：保险公司控股股东应当恪守对保险公司作出的资本协助承诺，不得擅自变更或者解除。保险公司控股股东应当保持财务状况良好稳定，具有较强的资本实力和持续的出资能力。对偿付能力不足的保险公司，保监会依法责令其增加资本金时，保险公司控股股东应当积极协调保险公司其他股东或者采取其他有效措施，促使保险公司的资本金达到保险监管的要求。保险公司控股股东不得接受其控制的保险公司以及该保险公司控制的子公司的投资入股。上述规定明显具有倡导性而非强制性，控股股东对保险公司出现偿付能力不足的情形，仅仅是负有积极协调的义务。显然，该办法并未强制性要求保险公司控股公司在资本充实及偿付能力补足上承担更重的义务与责任。也就是说，并不承认控股股东的加重责任。

2012年证监会发布《证券公司治理准则》(2013年1月1日施行)，规定：证券公司的控股股东、实际控制人不得利用其控制地位或者滥用权利损害证券公司、公司其他股东和公司客户的合法权益；不得超越股东会、董事会任免证券公司的董事、监事和高级管理人员；不得违反法律、行政法规和公司章程的规定干预证券公司的经营管理活动。证券公司与其股东、实际控制人或者其他关联方应当在业务、机构、资产、财务、办公场所等方面严格分开，各自独立经营、独立核算、独立承担责任和风险。该准则仅就控股股东和实际控制人滥用控制权行为作了简单的禁止性规定，尚未涉及控股股东加重责任的特别规定。

从上述三个金融监管当局出台的规定看，基本都涉及对控股股东滥用控制权的规制，更多地集中在控股股东禁止性行为、关联交易的规制以及控股股东风

---

① 我国2013年修正后的《公司法》第216条第2款规定：“控股股东，是指其出资额占有限责任公司资本总额百分之五十以上或者其持有的股份占股份有限公司股本总额百分之五十以上的股东；出资额或者持有股份的比例虽然不足百分之五十，但依其出资额或者持有的股份所享有的表决权已足以对股东会、股东大会的决议产生重大影响的股东。”

险防范措施等方面。但基本上都未明确控股股东因控制权而产生的加重责任,或者虽有规定,但仅仅是指导性而非强制性要求,也没有对不遵守资本承诺的法律后果及监管处罚措施作进一步规定,其实际执行效果被大打折扣。

(二)我国金融领域是否需要引入控股股东特殊责任制度

鉴于金融业立法尚未引入控股股东加重责任制度,而现有对于控股股东控制权的约束主要是以监管部门的行政监管措施为主。关于是否在金融领域引入特殊责任,理论界也存在一定的争议。

有学者认为,应借鉴美国经验,依靠政府监管这只"有形之手",事先优化银行股权结构、[①]事中严格关联交易管理、事后加重控股股东的责任,才能较好地解决我国银行控股股东控制权滥用问题。随着我国银行业改革的日趋深入,各种股权结构的中小银行越来越多,金融控股公司框架下进行金融混业经营已经成为共识,商业银行控股股东控制权滥用问题会日趋严重。实践中,中国人民银行在处理倒闭的光大国际信托公司时,光大集团承担了该信托公司的所有债务,使清算得以顺利进行,为我国金融控股公司承担加重责任发挥了积极作用。[②]

也有学者提出不同看法,指出虽然2002年光大集团承担了清算其旗下信托投资公司的债务,但其承担债务的资金来源是国家贷款。光大集团本身是国有股权的绝对控股,其归还贷款的责任还是由国家承担。金融控股公司的加重责任只不过是将国家财产支出变换了名目,并无实际意义。[③] 而且,加重责任制度是银行等金融机构出现财务危机或破产时适用的有限责任否认机制,从加重责任主体、时机到内容均具有特殊性,不仅与现行法规存在诸多冲突,且运行成本颇高。[④]

事实上,我国推动以金融控股公司为代表的金融业综合经营的努力已有诸多成果。同时,山东、广东、重庆、上海、天津等地纷纷尝试通过整合当地金融资源组建地方性金融控股集团的方式。但与国内金融控股公司迅猛发展的现状相对应,我国立法步伐明显滞后。在2013年两会期间,就有不少金融业代表和政协委员提出尽快出台"金融控股公司法"的建议和提案,这也在一定程度上反映了在当前金融混业经营趋势下,以立法形式规范金融控股公司发展和防范混业经营风险的重要性已经为大多数人所认同。

---

① 纯粹的控股公司结构能有效减少银行与控股股东的利益冲突,由于控股公司本身并不经营任何事业,其缺乏直接的资金需求,不存在让银行配合其业务开展的动机。参见汤欣等:《控股股东法律规制比较研究》,法律出版社2006年版,第169页。

② 参见汤欣等:《控股股东法律规制比较研究》,法律出版社2006年版,第181~182页。

③ 参见田田、龚华生:《建立中国金融控股公司的加重责任制度》,载《法学论坛》2005年第6期。

④ 参见王婉丽、刘玉娟:《金融控股公司加重责任制度探析》,载《农村经济与科技》2009年第11期。

需要注意的是，地方立法层面，《上海市地方金融监督管理条例》虽然没有强制性规定控股股东或实际控制人的加重义务，但是作了突破性规定。即在遵循《公司法》“股东有限责任”的基础上明确地方金融组织“可以建立控股股东或实际控制人承担剩余风险责任的制度安排”，即采用“自愿承担+社会公示”的方式，由控股股东或实际控制人出具书面承诺，在地方金融组织解散或者不再经营相关金融业务后，主动承担地方金融组织的未清偿债务。① 应该说，该条款在一定程度上具有积极的监管效果，不仅有利于引导控股股东主动承担剩余风险的加重责任，而且可以进一步优内部治理结构，为地方金融组织的经营活动增信。然而，该条款采用的是倡导性规制模式，而非强制性义务方式，是否承担仍取决于股东自愿，实际施行效果有限。② 同样地，《地方金融监管条例（草案）》亦明确了省级人民政府履行对地方金融组织的监管职责，督促各类股东履行补充资本的义务。③ 2024 年 6 月公布的《金融稳定法（草案二次审议稿）》第 24 条明确要求对金融风险负有责任的股东、实际控制人依法承担相应赔偿责任，按照恢复与处置计划或者监管承诺补充资本，这也是首次在法律层面明确股东及实际控制人的补充资本义务。

从总体上看，对金融机构控股股东引入加重责任制度已然成为主流观点，争议的焦点主要集中在如何引入、引入的时间表、具体责任内容等方面。

从经济学的视角看，世界范围内大公司的核心代理问题是限制控制性股东对小股东的掠夺。以银行为代表的金融机构其股权结构又具有特殊性，大股东控制下易出现侵占问题，分散股权结构下的内部人控制问题，以及国有控股中的特殊治理问题（政府所有权带来的行政干预及所有者缺位下的特殊内部人控制问题）。④ 在我国，上述三类问题基本都存在。

目前，我国的商业银行呈现出金字塔形结构：第一类，以工商银行、建设银行、中国银行、农业银行、邮政储蓄银行为主体的国有商业银行，此类银行属于国

---

① 《上海市地方金融监督管理条例》第 17 条第 2 款规定，地方金融组织可以建立控股股东或者实际控制人承担剩余风险责任的制度安排，控股股东或者实际控制人可以出具书面承诺，在地方金融组织解散或者不再经营相关金融业务后，承担地方金融组织的未清偿债务。地方金融组织可以将控股股东或者实际控制人是否承诺承担剩余风险责任的情况向社会公示。之后，《北京市地方金融监督管理条例》第 19 条、《广东省地方金融条例（征求意见稿）》第 14 条都作了类似规定，以自愿方式规定了控股股东或实际控制人在剩余风险方面的责任。

② 参见张继红、沈怡亿：《民营银行控股股东加重责任机制研究——以包商银行破产案为例》，载《上海法学研究》2021 年第 11 卷。

③ 《地方金融监管条例（征求意见稿）》第 4 条第 2 款规定，省级人民政府履行对地方金融组织的监督管理和风险处置职责，承担地方法人金融机构的风险处置属地责任，督促各类股东履行补充资本的义务，对省级行政区域内防范和处置非法集资工作负总责。

④ 参见洪正：《商业银行公司治理特殊性研究》，中国金融出版社 2010 年版，第 98 页。

家绝对控股,处于金字塔型顶端,虽数量不多但对我国金融业的影响巨大。在国有商业银行改革的过程中,国家先后通过剥离不良资产、财务重组、引进战略投资者①等一系列举措实现股权的多元化,2003 年建设银行、中国银行在中国香港及内地同时上市,2005 年工商银行完成上市,2009 年农业银行改制成为股份有限公司。2007 年成立的中国邮政储蓄银行,2012 年整体变更为股份有限公司。此类银行已经由原来的国有独资银行转变为国家绝对控股下的股权多元化股份有限公司。

第二类,以招商银行、民生银行、华夏银行、交通银行、上海浦东发展银行、深圳发展银行为代表的已经在内地或中国香港上市的全国性股份制商业银行。其共同的特点在于国家不是绝对控股股东,股权结构都比较分散,国内上市的 5 家银行第一大股东均为企业。②

第三类,以城市商业银行为代表的地方性银行,数量最多,但无论是资金实力还是分支机构都无法与上述两类银行相比拟。此类银行中,地方政府往往是最大的股东,但也不是绝对控股股东,股份多为地方财政局或国有资产管理公司持有,一般其大股东的持股比例在 50%以下。除了政府股东之外,其他股东包括法人、民营企业、个体工商户以及自然人等。同时,还有一部分城市商业银行引入国外战略投资者,如国际金融公司(IFC)从 1999 年开始先后入股了上海、南京、西安、北京、德阳等地的城市商业银行;澳洲联邦银行入股杭州银行、齐鲁银行;韩亚银行入股吉林银行;渣打银行入股渤海银行;汇丰银行入股上海银行等。虽然不存在政府股东绝对控股的情形,但股权结构较为集中,多为地方政府和非金融企业法人持有。③

针对三类不同的银行类型,其股权治理机制也完全不同。第二类银行,主要是公开上市的股份制商业银行,本身股权较为分散,具有明显的公众公司的特征,市场化程度较高。在第一类银行中,国家属于绝对控股,往往对国有银行实施广泛的干预,如对管理层的人事任免,更多的是通过行政委任程序而非市场化规则。显然从目前的情况看,国家作为控股股东更多的是充当全力扶持之手,而非掠夺之手。第三类银行,地方政府对其公司治理的影响更为复杂,一方面,地方政府作为出资方委任管理层,对银行经营决策直接进行参与和监督,为地方企业和经济发展提供信贷支持;另一方面,地方政府在银行风险应对上大都扮演着

---

① 例如,美国银行、淡马锡入股建设银行;苏格兰皇家银行、淡马锡入股中国银行;高盛集团、安联集团和美国运通集团入股工商银行等。

② 对于在香港上市的交通银行而言,财政部代表国家作为第一大股东,但其所持有的股份也仅占 21.78%,第二大股东则为汇丰银行,持有 19.9%的股份。

③ 参见洪正:《商业银行公司治理特殊性研究》,中国金融出版社 2010 年版,第 244 页。

救火者的角色。为了防范化解危机,地方政府往往成为地方性商业银行直接的利益输送者。

对于第二类银行,存在控股股东滥用控制权损害子银行机构利益的情形,对该类银行控股股东施以加重责任意义重大;对于第一类及第三类银行,在国有或地方政府控股的情形下,引入加重责任似乎是加重了国家及地方财政的负担,从一个口袋换到另一个口袋,看似并无实质差异。但针对不同主体股东控股金融机构都施以加重责任,对深化我国金融体制改革、转变监管思路、规范救助行为具有重要意义。如前所述,国有或地方政府控股的银行等金融机构,存在比较严重的行政干预和内部人控制问题,即政府通过人事任免、经营方针及决策、资源统筹配置等干预机制替代市场运营环境下的公司内部治理机制,这也是我国金融业发展面临的体制性障碍。对控股股东施以加重责任则可以较好地解决这一问题,将加重责任与主要负责人的行政责任相挂钩,不仅可以强化控股股东特别是国家及地方政府的责任意识,还可以完善并有效发挥金融机构内部治理机制作用、优化风险控制制度,纠正在目前国有金融机构人事任免方面存在的不合理现象,并通过明确的法律条文规范以往国家及地方政府参与危机救助的随意性问题。

此外,国务院办公厅于 2013 年 7 月下发了《关于金融支持经济结构调整和转型升级的指导意见》(被称为金融“国十条”),明确提出了“扩大民间资本进入金融业”“尝试由民间资本发起设立自担风险的民营银行、金融租赁公司和消费金融公司等金融机构”。银监会主席也在 2014 年 3 月 5 日表示,民资进入银行业在法律上没有任何障碍。银监会将继续拓宽民间资本进入银行业的渠道和方式,一方面引导民间资本参与现有银行业金融机构的重组改制,另一方面试办由纯民资发起设立自担风险的银行业金融机构。2014 年 9 月,深圳前海微众银行、上海华瑞银行、温州民商银行、天津金城银行、浙江网商银行等 5 家民营银行正式获准筹建,目前已经全部开业且整体运营平稳。民间资本正式进入金融市场,对于动员社会资金进入实体经济,促进金融机构股权结构多元化,激发金融机构市场活力具有重要意义。与此同时,投资主体的多元化必然带来更大的金融风险,为了防范道德风险以及保护金融消费者权益,促进金融业稳健运营,在当前立法中适时引入控股股东加重责任的现实意义愈加重大。

从总体上看,在金融机构股东特殊责任方面,我国还基本处于立法初期状态,在这方面还需要适当借鉴别国的先进经验。但在法律移植之前,立法者还需对相关规则划定一个清晰的范围,以避免因为法律规定的不明确而带来实务操作中的混乱,从而减损该规则的实际使用效果。至于如何确定上述规则适用范围的界定因素，应当考虑我国金融监管的实际需要。责任过重容易伤及投资者的投资热情，不利于金融业的繁荣；责任过轻又难以达到防范金融风险、保护消费者和公共利益的目的。

（三）我国金融机构控股股东特殊责任的完善建议

商业银行股东加重责任能够促使银行大股东积极履行职责，实现问题银行的救助和市场退出成本最小化，但对这种规制方式的滥用容易导致对股东权的侵害，与公司法保护股东权利的本位思想不符，法律制度应当明确商业银行股东加重责任的法定或约定适用方式。

1. 适用条件

（1）法定适用条件。为了实现商事基本法与银行监管法的有效衔接，避免立法中的不必要重复，我国可以在《公司法》《企业破产法》等法律中规定转介条款。明确权责机关转介适用处置等权力，规定在问题银行救助和市场退出情形下，将适用银行监管法律制度的规定，使股东承担的责任突破有限责任的限制。这种具有明确指引的转介条款将为法官判断加重责任的合法性和合理性提供明确的指引，也将为监管机构、处置机构、股东等相关方适用加重责任提供指引。我国可以在商事法和银行监管法中分别规定转介条款的具体类别，前一类条款在商事规范中转介到银行监管法律，后一类条款则将转介到其他有关联的商事法或监管法律。目前，我国有关商业银行股东加重责任的转介条款仅见于相关部门规章中的个别条文，①尚未明确规定问题银行在不同情形下如何适用加重责任，应当在未来完善法律制度中考虑。

（2）约定适用条件。股东与相关者还可以以协议方式，约定加重责任的适用条件，分为股东自治、行政审查和行政合同等类型。第一，股东自治式。发起人协议主要适用于民营银行或中小型银行，由发起人股东承诺维持银行资本，支持制订补充资本计划，明确约定补充资本的触发条件、履行方式等内容。② 股东在公司章程中明确约定在必要时救助银行，制订资本补充计划。第二，行政审查式。恢复与处置计划一般适用于系统重要性银行、民营银行，虽然是大股东、董事、高管等相关者自主协商的结果，但也需要经过监管机构的审核与批准、按要

① 《商业银行股权管理暂行办法》第19条规定，主要股东应按监管规定作出补充银行资本的书面承诺。这里的“监管规定”属于缺乏明确指引的转介条款。第47条则明确规定监管机关强制股东转让股份的法律依据，属于具有明确指引的转介条款。转介条款应当具有明确指引，尽可能缩限公权力的自由裁量权，否则将会为公权力的强势干预预留空间。

② 在我国目前成立的民营银行中，其发起人均在发起协议中规定了股东承担剩余风险、限制权利等加重责任。

求定期更新，必须符合银行监管法的强制适用规范。[①] 第三，行政合同式。处置协议适用于问题银行行政干预的情形，实质上属于权责机关以行政合同方式约定股东应当承担的加重责任，这种协议具有一定的灵活性。

2. 适用时间

过早的适用会挫伤股东救助银行的积极性，过晚的适用又会贻误银行救助的最佳时机，因而法律应当严格限定加重责任的适用时间。结合国内外经验，原则上应当将适用加重责任的时间条件限定为问题银行处置阶段。在早期纠正阶段，当银行资本问题较为严重时，为确保处置的及时性和有效性，监管机构当然可以要求股东承担加重责任；在市场救助或行政干预阶段，加重责任的适用时机需要对多种因素进行判断。可以选取资本监管指标作为判断适用加重责任的量化标准，还需考虑维护关键金融服务和公共利益的紧迫性、救助银行的危急性、银行危机的严重性等多种因素。我国应当在银行监管法中规定确定适用加重责任的各项因素，有效地规制权责机关的自由裁量权，避免适用时间裁量中的失误。

3. 适用方式

无论是采取权利调整或限制、增设义务、承担额外责任方式，加重责任都直接作用于股东财产权，要求股东为问题银行注入资本，并采取一切可能方式补充银行资本，放弃股利分配等资产收益权。其他股东权规制措施主要作用于股东治理权，针对股东财产权的规制要重于其他权利规制方式。如果不明确界定不同加重责任规则的适用范围，容易导致滥用股东权规制行为。因此，我国应当在相关法律中明确规定。

在早期纠正阶段，对股东适用加重责任应当限定于银行资本严重不足等情形。在市场救助阶段，采取优先股、应急资本、自救债补充银行资本时，以减记或转股方式核销股份，兼采限制股东治理权等措施，加重责任是减记或转股方式的补充。适用外部救助手段时，股东根据法定或约定情形承担相应的加重责任，与其他股东权规制措施并行不悖。在行政干预阶段，股东应当承担注资外的救助义务。权责机关可以根据自由裁量权，决定股东是否适用加重责任及其具体方式。当问题银行进入市场退出阶段时，要根据具体措施确定是否适用加重责任。在银行并购重组中，股东的法律地位和权利发生重大变动，一般不用承担加重责任。在问题银行的破产清算、撤销关闭等措施中，股东几乎丧失了一切权利，还应当承担赔付存款人或保险基金等加重责任。

---

① 系统重要性银行、民营银行都需遵守监管要求，制订符合要求的恢复与处置计划。

第二节 金融机构董事和高管的特殊责任

一、金融机构董事和高管责任概述

根据我国《商业银行法》《证券法》《保险法》的相关规定,商业银行、证券公司、保险公司的组织形式和组织机构适用《公司法》的一般性规定。也就是说,金融机构的内部治理机制必然遵循公司治理的一般性原则。

(一)公司董事和高管的忠实、勤勉义务

公司董事和高管,是指按照法律规定被任命或选举产生,经营或管理公司事务的人。董事义务和高管义务是董事责任和高管责任产生的前提基础,探究董事和高管责任应先对董事和高管义务有所了解。大陆法系国家将董事义务称为委任义务(或善良管理人之注意义务),而英美法系则称之为信义义务,并引申至高管。尽管不同法系的表述有所差异,但义务规定大体相同,都涵盖了忠实义务和勤勉义务。忠实义务强调董事和高管行为的正确性以及公司利益的最大化原则,要求董事和高管在履行管理职责时,应将公司利益放在首位;勤勉义务则强调其决策过程是否谨慎、合理,是否尽到应有的注意义务。我国修订后的2023年《公司法》明确了董事、监事、高级管理人员对公司负有忠实义务和勤勉义务。①

(二)董事和高管责任

董事和高管违反了法定的忠实、勤勉义务,需对谁承担法律责任,或者说董事和高管所组成的公司管理层应当服务于谁的利益,对此存在一定争议。虽然包括我国在内的其他国家公司法均规定了,董事和高管为公司利益服务,对公司承担赔偿责任,但问题是谁代表公司利益,股东、公司员工还是其他利益主体?目前,绝大多数国家放弃了传统股东利益最大化模式,英国、日本公司法认可职

---

① 《公司法》第180条规定:"董事、监事、高级管理人员对公司负有忠实义务,应当采取措施避免自身利益与公司利益冲突,不得利用职权牟取不正当利益。董事、监事、高级管理人员对公司负有勤勉义务,执行职务应当为公司的最大利益尽到管理者通常应有的合理注意。公司的控股股东、实际控制人不担任公司董事但实际执行公司事务的,适用前两款规定。"第181条规定:"董事、监事、高级管理人员不得有下列行为:(一)侵占公司财产、挪用公司资金;(二)将公司资金以其个人名义或者以其他个人名义开立账户存储;(三)利用职权贿赂或者收受其他非法收入;(四)接受他人与公司交易的佣金归为己有;(五)擅自披露公司秘密;(六)违反对公司忠实义务的其他行为。"

工利益、债权人利益；美国州立法允许董事会在进行重大决策时，考虑其他利益相关者利益。[①]

关于董事和高管违反法定信义义务而承担责任的性质，也经历观念上的更替。早期许多国家认为董事和高管违反义务给公司造成损害，应负债务不履行之责。英美国家认为，公司章程是董事和高管与公司之间的契约，董事和高管违反义务导致了违约之责。之后，理论界开始承认董事和高管责任的侵权性质。我国有学者认为，董事和高管致公司损害并不限于受任人不履行债务这一种行为，有时董事和高管也可以因其侵权行为而使公司蒙受损失，这样，董事和高管赔偿责任的单一性质就被多元性质所取代。[②] 无论是违约责任还是侵权责任，董事和高管违反信义义务主要通过股东或公司诉讼的方式，其责任形式为民事赔偿责任，这也是普通公司董事和高管应当承担的民事责任。

针对金融机构，包括存款人、投资者、投保人在内的金融消费者广泛存在，使得金融机构的公司治理更需要采纳“利益相关者共同治理”的模式，要求金融机构管理层不仅服务于股东、公司本身，还要服务于金融消费者以及以金融监管机构为代表的公共利益。因此，金融机构的董事和高管责任也呈现出不同于一般企业的特殊性，信义义务的评判标准明显高于一般企业，这样意味着其更易承担民事赔偿责任。同时，金融机构董事和高管的信义义务不仅针对股东、公司，还包括存款人、投保人、投资人在内的金融消费者，还需要承担完善金融机构内部管理控制、合规经营等监管性责任。

（三）董事和高管责任的特殊性

由于商事领域当事人的权利义务相比民事领域而言较为复杂、信息不对称现象也相比一般民事法律关系更加严重，并且商事关系也难以利用一般的社会成本和熟人社会内生的约束机制，因此各国对商事行为和商事主体会课以相比民事而言更加严格的责任。这种“严格责任”理念[③]（也有学者使用“严格责任主义”[④]和“责任的加重”[⑤]等措辞）所指都是归责原则，鉴于商法具有加重商事行为实施主体的责任和义务的特点，而这种加重且从严规定的制度特点和归责原

① 参见王红一：《银行公司治理研究》，法律出版社 2008 年版，第 115~116 页。

② 参见王保树：《股份有限公司的董事和董事会》，载《外国法译评》1994 年第 1 期。

③ 参见范建、王建文：《商法的价值、源流及本体》（第 2 版），中国人民大学出版社 2007 年版，第 43 页。

④ 参见赵中孚主编：《商法总论》（第 3 版），中国人民大学出版社 2007 年版，第 44 页；任先行主编：《商法总论》，北京大学出版社、中国林业出版社 2007 年版，第 35 页。

⑤ 参见王保树：《商法总论》，清华大学出版社 2007 年版，第 75 页。

则的“严格责任”又不尽相同,这里采用“加重责任”的概念涵摄该制度特点和规则原则,一方面体现金融领域和公司法领域的特殊之处并与一般“严格责任”相区分,另一方面也从原则层面落实到制度层面,从而以务实的态度解决现实紧迫的金融问题。

结合商事领域商事关系不平等、信息不对称、社会成本约束机制失灵等特点,商事行为实施主体的“加重责任”设置的合理性主要体现在两个方面。一方面,经过登记注册的商事主体在实施商事行为之前具备完善的商业模式(至少具备营利能力),同时也基于其资源整合能力具备较强的尽职调查能力和投资能力,因此其强势的商事地位决定了法律在行为监管中应对其附加较强的责任和注意义务;另一方面,商事行为一般具有营利的特点,商法的一大特点就是保护私有产权、保护营利,但这种保护应当基于公平原则,适当地对商事行为实施主体课以更加严格的法律义务和责任。

1. 商法理念的严格责任

民法具有个人本位法的性质,尊重个人的自由和利益,在民事责任承担的方式上,往往倾向于个人责任和补充责任。就个人责任而言,以民法中的无权代理为例。除了从未授予代理权情形外,在授权行为无效或被撤销、逾越代理权的范围、代理权消灭的三种情形中,本人与无权代理人都有着或者有过一定的联系,但本人只要未对无权代理人以本人名义所为的法律行为予以承认,则法律后果不由本人最终承担(但有可能直接承担),由无权代理人对第三人承担损害赔偿责任。这充分体现了民事责任个人责任的特点。就补充责任而言,以民法中监护人对被监护人的监护义务为例。监护人如果未尽到监护义务导致被监护人侵犯第三人利益时,按照我国民法的相关规定,[①]虽然监护人承担民事责任,但被监护人有财产的,首先应以被监护人的财产予以赔偿,监护人承担补充责任。这表明了民事责任倾向于补充责任而非连带责任的特点。

然而作为商法理念下的严格责任,区别于一般民事责任而存在。与民事责任倾向于个人责任、补充责任不同,商法严格责任应具有连带性、严格性的特点。总体而言,商法严格责任理念的相关规定主要集中于:组织体内成员之间、组织体内成员与外部债权人之间、实施相联系商行为的主体之间。

第一种情形表现为组织体内成员对组织体负有的连带责任,如为了保证公司资本充足,各国公司法都要求股东连带补充公司设立时实际出资财产与公司

---

① 原《民法通则》第133条第2款规定:“有财产的无民事行为能力人、限制民事行为能力人造成他人损害的,从本人财产中支付赔偿费用。不足部分,由监护人适当赔偿,但单位担任监护人的除外。”

注册资本之间的差额，并打破一般民事责任中“行为人只对自己行为及后果负责而不应对他人行为及后果负责”的个人责任原则。在前文中金融机构股东之加重责任已详细述及。

第二种情形表现为法人人格否认制度。当出现公司资本显著不足、公司和股东人格混同、公司形骸化等可以适用法人人格否认制度的事实时，公司债权人可以要求“背后”的股东承担责任，此时股东与公司之间的相互绝缘关系被消灭，股东将承担无限连带责任并且不以公司资产不足为清偿债务的前置条件，股东也无权依照民法的一般原理向公司追偿。除了股东的严格责任外，公司高管也存在对外部人的赔偿责任，并大量出现在金融领域，例如根据证券领域的最高人民法院司法解释，[①]董事及高管对上市公司因虚假陈述给投资者造成损失的承担连带赔偿责任等情形。

第三种情形具体表现在消费领域，在产品质量致人损害的案件中，消费者既可以选择生产商也可以选择销售商承担责任，即便其中一方对产品的质量问题不存在过错。根据行为的关联性，实施商行为的主体不仅因自己的过错而向利益受损者承担责任，有时还会对别人行为的后果负责。

2. 金融机构董事和高管加重责任之合理性分析

第一，金融市场和金融规制的缺陷使得加重责任成为紧迫需要。一旦金融机构破产，政府处于稳定需要而施以援手，这种对公共资金救助的预期对金融系统的健康发展有着严重的侵蚀作用。不仅削弱了私有资本对金融机构经营风险进行市场约束的激励机制，使其对风险的监督和评估缺乏动力，直接导致金融机构的政策设定由公权部门掌管，欠缺多种机制对其复合约束效果。而且，政府介入所导致的隐性担保严重干扰了金融市场公平有序的竞争秩序进而妨碍金融市场效率的提升。事实上，政府救助是牺牲大部分人的利益保护受金融风险危害的小部分投资者和存款者，对金融债权的刚性保护牺牲的是整个社会的福利。金融危机中，公司有限责任的限制和政府救助的预期使得金融机构的董事和高管缺乏自律动机，滋生了道德风险，更进一步推高了社会成本，其传导机制如图2-1所示。

---

① 参见最高人民法院：《关于审理证券市场因虚假陈述引发的民事赔偿案件的若干规定》第21条至第35条的“归责与免责事由”、“共同侵权责任”和“损失认定”部分的规定。

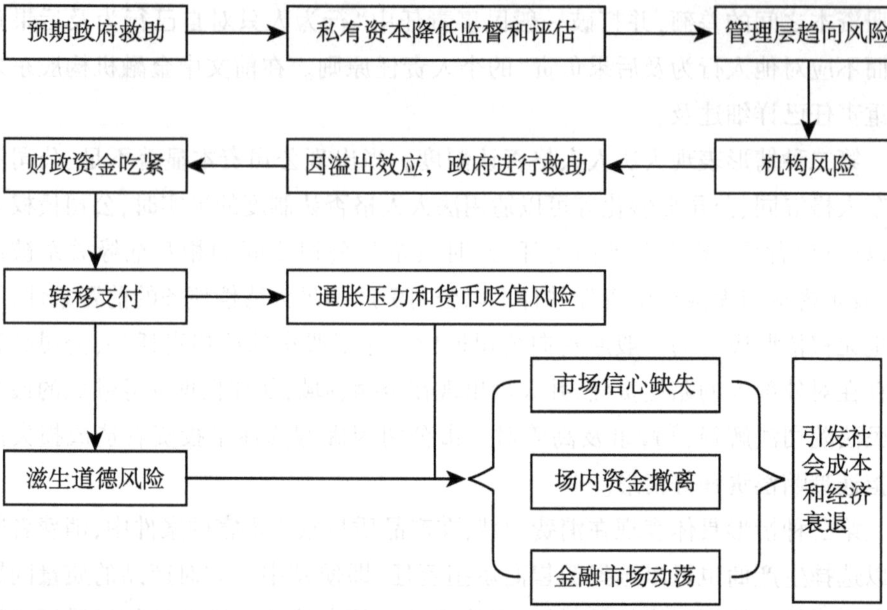

图 2-1　政府救助的传导机制

故而，解决金融机构的治理困境必须依赖两个方面的努力：重整和有序清算制度的深层次改革；设计合理的个人责任机制以约束经营决策者金融管理层的经营行为。

第二，金融机构董事和高管的加重责任并非作为一种独立的责任类型而并列于高管的民事责任、刑事责任和行政责任而存在。按照其性质，应属于民事责任范畴，与一般民事责任规则共同构成董事和高管的民事责任体系。面对董事和高管重大经营决策失误民事责任体系化、系统化的使命，就不能回避加重责任的问题。① 在诸多因公司董事和高管重大经营决策失误或投机于金融市场而给公司带来严重经济损失的案件中，董事和高管个人鲜有被追究民事责任。即便高管被诉诸法院，也很少有法官有勇气判决高管就公司的损失承担大部分或绝大部分责任。过低的违法成本不能制约并警醒高管在决策过程中时刻保持谨慎。因此，构建金融机构董事和高管加重责任机制，并形成相应的裁判规则，可以有效督促其更加谨慎地履行职责。

（四）金融机构董事和高管之加重责任

从经济学视角看，公司治理机制的目的是解决股东与董事和高管的合同不完备性问题。“法律体系所创制的信托义务是用以填补股东在意外情形下不确

① 参见王建文等：《公司高管重大经营决策失误民事责任研究》，法律出版社 2012 年版，第 111 页。

定条款的机制。”①信义义务(fiduciary duties)就是要求董事和高管尽可能地忠实勤勉工作以维护股东的利益。毕竟,股东与管理层所签订的合同不可能涵盖所有可能发生的情形,仅仅依靠合同界定双方的权利义务关系会导致彼此的监督成本过高。信义义务的出现就是试图解决上述问题。因此,从某种程度上说,信义义务的出现减少了董事和高管为了自身利益从事公司经营活动的自由度,从而大大降低了代理成本。董事和高管一旦违反信义义务,将对公司和股东承担个人赔偿责任。对于金融企业而言,信义义务更凸显其重要性,因其资产负责的不透明、信息的不对称,再加上金融组织日趋复杂,传统的监管方式显然已经不能满足金融业稳健安全发展的要求。

早在2005年亚洲银行公司治理工作小组的咨询文件中就认为,“不论银行所在国的法律传统如何,银行公司治理的受托职责应比非金融企业更为重要。除了一般意义上的受托职责外,银行董事和高管还应自觉地认识到银行因吸收和管理存款而带来的受托职责,监管当局也应经常提醒董事意识到这种特殊的受托职责。除了上述受托职责外,银行董事和管理层还应具备较高的道德水平”。

金融机构利益相关者涵盖股东、金融消费者以及金融监管当局,金融机构董事和高管除了要承担公司法上的一般责任(违背忠实、勤勉义务引发的公司赔偿诉讼)外,对金融消费者还需承担特殊民事责任,同时其违法经营行为还需对金融监管机构负有行政责任。

金融机构董事和高管负有更多信义责任的原因如下。

第一,金融机构的特殊性。金融行业本身具备的特殊属性,如银行、保险、证券等提供的是一种具有准公共产品特征的服务,涉及的利益群体即金融消费者数量众多甚至遍及全球。以银行为例,它属于非常典型的负债经营企业,以负债的形式吸收公众存款,再将这些存款资金以一定期限贷放给借款人。存款随时取现对银行资产流动性的要求更高,使得银行必须保有流动资产。加之,银行的经营非常容易受到公众信心的影响。享有公众信心的“坏银行”可以继续开张经营,任何消息即使是关于银行支付能力的谣言也会引发一家“好银行”的挤兑,使其面临破产倒闭的危险。一旦个别银行倒闭将会产生多米诺骨牌效应,引发地区性金融危机,甚至危及整个国家和地区经济的安全与稳定。这也要求金融机构管理层在经营管理中,必须融入风险控制和审慎经营理念,而不仅仅是其机构自身利益的最大化。

---

① Jonathan R. Macey & Maureen O'hara, *The Corporate Governance of Banks*, FRBNY Economic Policy Revies,2003(9). 原文表述为“Fiduciary duties are the mechanism inventedby the legal system for filling in the unspecified terms ofshareholders' contingent [contracts]”。

第二,市场约束力量在金融领域因为存款保险基金或者政府隐形担保的存在而被大大削弱,难以形成有效的外部监督机制。有效的公司治理机制是建立和维护社会公众即广大金融消费者对金融业信心的基础。然而,运用一般的公司治理措施管理规制银行等金融机构,难以达到有效制约管理层之经营行为的目的,其实际运行效果将大打折扣。美国等西方市场经济国家的经验表明,要想提高金融机构公司的治理效率,必须考虑到行业的特点。鉴于管理层本身领取固定薪酬,其有内在动力降低企业的经营风险。从某种程度上讲,为了确保自身的利益,企业董事和高管要比股东更加谨慎。同时,债权人可以通过要求企业承担更高利率以此遏制管理层从事高风险的冲动,从而使公司治理的外部市场约束力量更为有效。但正是因为存款保险基金以及政府显性或隐性担保的存在,金融机构的债权人权益能够得到比较稳固的保障,这种源自债权人的外部市场约束力在金融领域被大大减弱。加之,金融机构本身存在信息更加不透明、利益相关者众多、竞争激烈等问题,因此金融机构较之其他企业更容易发生内部人滥用和欺诈现象,因此有必要强化董事和高管义务,加重其所承担的法律责任,以弥补外部市场约束力的不足。

第三,金融消费者保护在金融领域的重要作用。以银行为代表的金融机构在整个金融体系中具有重要的支付作用,而以存款人、投保人及投资人为代表的金融消费者对于金融机构资产的意义要比股东更为重要。金融机构的特殊性使其经营风险更容易通过内部交易转移给消费者及纳税人。换言之,金融消费者因金融机构董事和高管的冒险经营行为遭受利益损失的可能性较一般企业更大。毕竟,普通企业一旦出现经营困难,债权人很容易发现并及时采取措施以保全其债权;而金融机构即便已经到了资不抵债的边界,仍可通过不断吸收资金以掩盖其问题,再加上金融机构本身业务的不透明性及信息的不对称加剧了债权人利益损失的可能性。这也就要求金融机构董事和高管有必要对金融消费者承担更重的责任。

二、美国金融机构董事之加重责任

在对银行股东适用特殊加重责任的同时,美国金融监管当局亦对存款机构董事采用了比一般公司更高、更严的勤勉义务标准以抑制其冒险的经营行为,并以此维护金融业的稳定与安全。

根据美国公司法的一般规定,公司或者股东有权选择向法院起诉公司董事成员违背忠实义务。在起诉董事成员违背对银行机构忠实义务的案件中有很多是私人提起诉讼,起诉银行董事成员违背忠实义务。无论银行是在联邦注册还是在州注册，确定银行董事忠实义务的标准均适用州法律。而且，法院认为，银行董事在注意义务上与一般公司董事相同，并无加重义务。也就是说，早期美国法院认为银行董事注意义务的标准及相应法律责任与其他非银行公司董事并无太大区别。① 1891 年的 Briggs v. Spaulding 案首次确立了投保银行董事注意义务的联邦法律标准。Briggs 是 First National Bank of Buffalo 的总裁，因为给他自己、家族成员以及缺乏信用的第三方提供贷款，致使该银行破产。银行的董事没有对银行的管理尽心，只是依赖总裁执行和管理银行事务，董事及高管的行为没有“忠实而勤勉地履行他们的职责”给银行带来损失，因此他们被起诉。在确定银行董事的勤勉标准上，美国联邦最高法院认为，“银行董事在管理事务中必须具有一般的注意和审慎”，这要求“远远超过作为一个象征性首脑所负的责任”“银行董事根据有关法律将特定的银行事务委托给其他人员，但这并不免除他们的合理监督责任，如果他们由于严重疏忽而批准了被授权人员的行为，不得免除其责”。从 Briggs 案件开始，银行董事注意义务标准呈现出阶段性特点：每当大量银行破产时，法院则提高银行董事的注意义务标准，并有意削减商业判断规则（the business judgment rule）②对银行董事的保护。以 1930 年经济大萧条时期为例，随着银行的大面积倒闭以及存款保险制度的产生、股东双重责任制度的解除，法院认定银行董事的注意义务标准明显高于其他普通企业。③

在后危机时期，银行公司治理加强的一个显著特征就是仍然保留了经济危机时代对银行董事适用较高的注意义务标准。其中，以 20 世纪 40 年代发生的 Litwin v. Allen 案最为典型。该案的焦点集中在银行与 Alleghany 公司进行的一系列回购交易中，银行董事是否违反了注意义务。法院认为，银行董事的注意义务相比其他普通公司更为严格，因为银行服务于公共利益，而不仅仅是股东利

---

① 1829 年路易斯安那州 Percy v. Millaudon 案中，因银行的经理和秘书利用职务之便挪用银行款项，银行董事被诉违反谨慎职责。路易斯安那州最高法院认为，对董事履行职责的判断，不能建立在不现实的基础上，必须认识到，人都是有缺陷的。所以，董事履行职责应以普通的认知程度为判断依据。在该案中，法院还是以普通人的审慎标准判定银行董事注意标准。转引自丁丁：《商业判断规则研究》，吉林人民出版社 2005 年版，第 11 页。

② 为了避免对董事的商业判断进行随意的司法干预，美国公司法中引入商业判断规则以保护公司董事。所谓商业判断规则，是指如果公司董事作出某些决议，是基于合理信息的合理行为，那么即便这个结果给公司带来损失，法院也不对该商业决策进行二次审查，董事也不必为公司的损失承担法律责任。商业判断规则在很大程度上降低了董事因简单的经营错误决策而承担风险的可能性。商业判断规则一般适用于注意义务案件，而非忠实义务案件，主要因为法官缺少管理公司的专业知识、经验和技能，很难对公司董事的业务判断作出正确评价。因此，除非原告能够证明在决策过程中公司董事的行为严重疏忽，或者完全是非理性的，否则法院将尊重董事的商业判断。

③ 法官提高银行董事注意义务的标准，其主要理由在于保护银行的股东。法院认为银行股东所承受诸如双重责任的损失风险明显高于其他企业股东。

益。法官还特别指出,银行董事履行其注意义务应如同一个"合理谨慎的银行家"(reasonably prudent bankers)。法院认定,此项交易如此的危险、不寻常、不必要及浪费,以至于根本违背了审慎经营的基本理念,由此判定银行董事会负有个人责任。① 而在经济繁荣时期,法院则有着明显放松银行董事注意义务标准的倾向。例如,在"二战"之后,银行董事从事的有问题借贷经营行为,诸如对拖欠贷款的借款人的续贷行为、贷款标准以及内部控制风险的缺失都会被法院认定为适用商业判断规则的情形。

20 世纪 80 年代中期发生的储贷危机,使得针对银行董事注意义务的司法审查标准重回严格注意义务时期。在这一阶段,美国超过 700 家储贷机构及 300 家银行倒闭,联邦存款保险公司和清算信托公司(RTC)针对失败银行及储贷机构的董事和管理层向法院提起诉讼。超过 1300 人被起诉,监管当局认为储贷机构董事及管理层违反注意义务从事不安全的贷款经营行为,其中大部分董事被指控存在与储贷机构倒闭相关的犯罪行为。②

从美国的监管实践看,每当金融机构大量倒闭时,为了维护金融消费者利益、稳定金融体系的信心,法院更倾向于提高金融机构管理层的注意标准,严格限定商业判断规则的适用。虽然在普通公司董事可以以商业判断规则作为自己的抗辩事由,但是为了保护债权人的利益、避免金融业可能产生的风险,法院通常不会给予银行董事同样的豁免关注,在更多的案例中对银行董事的决策进行二次审查。

与联邦政府试图加重金融机构董事责任相反,一些州政府通过立法明确规定,董事仅在故意情形下承担责任,旨在减轻金融机构董事的个人责任。这也在实践中造成了州与联邦政府在金融董事责任适用标准上的冲突与矛盾。

为了加强针对存款机构及存款人欺诈行为的民事制裁和刑事处罚力度,增强联邦监管当局对存款机构的监管执行权力,国会于 1989 年通过了《金融机构改革、恢复和执行法案》(FIRREA)。该法案对存款机构董事设定了更为严格的重大过失标准,即在 FDIC 投保的金融机构的董事适用"重大过失"(gross negligenc)标准。③ 这个条款被解释为取代先前的州法律中规定的故意标准

① See Jonathan R. Macey & Maureen O'hara, *The Corporate Governance of Banks*, FRBNY Economic Policy Revies,2003(9).

② See Jonathan R. Macey & Maureen O'hara, *The Corporate Governance of Banks*, FRBNY Economic Policy Revies, 2003(9).

③ 其中规定:在存款保险公司提起的民事诉讼或刑事控诉中,投保金融机构的董事或管理层可能会因重大过失给存款机构造成的损失承担个人赔偿责任。重大过失包括任何近似或更为严重的用以证明董事违反注意义务的行为,如故意行为等在州法中进行界定的类似行为等。本项规定不会影响或削弱联邦存款保险公司在其他法律中的任何权利。

(willful or wanton or intentional),施加于投保机构董事更高的注意义务,即超越州法律规定的"故意",而适用"重大过失"。尽管国会意图澄清投保机构董事适用的注意义务标准,但法院并不都认同该法案确立了联邦标准。不同的州法院针对州立存款机构确立了本州的董事注意义务标准,而联邦最高法院则设定了联邦银行董事的注意义务标准。1997 年在 Atherton v. FDIC 案中,联邦最高法院最终确立了银行董事相比普通公司负有更高注意义务标准。联邦最高法院认为,联邦普通法并不存在投保机构董事的注意义务标准;法案规定的"重大过失"标准仅仅是最低标准,以确保董事及管理层至少按重大过失承担责任,这并不妨碍其他州法针对投保机构董事制定更为严格、更高的适用标准。①

同时,美国《联邦存款保险法》第 8 条明确规定了监管当局有权制定针对银行机构关联方(institution-affiliated parties)②的一系列强制措施,包括民事罚金、永久终止令、临时终止令、财产冻结及扣押、解职令、禁止令等。银行机构关联方所涵盖的主要人员就是银行的董事与高管。

第一,民事罚金。美国银行监管者一项有力的监管措施就是向违反法律规定、违反终止令、违反忠实义务以及从事不安全、不稳健的经营行为的银行机构关联方主张民事赔偿。

按照银行机构关联方的违法行为及其过错程度的不同,民事罚金分为三个等级。第一等级包括所有违反法律、违反终止令、违反书面命令以及违反与银行监管者签署的书面协议等行为。该等级允许监管者征收每天 7500 美元的罚金。第二等级包括:(1)导致第一等级罚金的任何不当行为;(2)冒险的、不安全且不稳健的行为;(3)违反忠实义务。这一等级的违法行为还需要达到附加的要求,即这些行为①必须是不当行为的一部分,②已经造成或者可能造成银行较大损失,或者③导致银行机构关联方获取一定的金钱利益。达到第二等级,银行监管当局可以征收每天 37,500 美元的罚金。第三等级:只要监管者能够证明机构关联方,明确知悉自己采取了可能导致第二等级罚金的不当行为,以及该机构关

---

① 这个标准具体包括:存款机构董事应负有法定义务考量其决策对机构安全稳健运营的影响,特别是某个决策会损害金融机构的偿债能力;或实质性增加银行风险,或减少金融机构的资本充足水平。See Jonathan R. Macey & Maureen O'hara, *The Corporate Governance of Banks*, FRBNY Economic Policy Revies, 2003(9).

② "机构关联方"在美国银行法中是一个很重要的概念。根据 12 USC § 1821(u)中的定义,机构关联方主要包括以下主体:①存保机构的董事、官员、雇员或控股股东(银行控股公司除外);②股东、咨询人、共同合伙人,以及其他被监管当局认为参与存保机构事务的人;③任何独立的合同方,包括律师、评估师和会计师,只要其故意或轻率地(recklessly)参与以下行为:第一,任何违反法律或者法规的行为;第二,违反诚信义务(fiduciary duty)的行为;第三,从事任何不安全或不稳健的经营行为,已经给或者可能给投保机构造成较大损失,或重大不利影响。

联方故意或过失地给银行机构造成重大损失，或者这些行为会使自己从中获取巨大利益，则监管者可以向该银行机构关联方征收每天高达 1,375,000 美元的罚金。显然，监管者要按照第二等级、第三等级向银行董事征收相应的罚金，相比第一等级需要掌握更多的证据事实。因此，银行董事更易被处以第一等级的罚金，包括那些并未直接参与违法行为的外部董事，发生在 2003 年的 Cornerstone Community Bank 案恰好说明即便是外部董事也可能存在承担一定的责任风险。换言之，即便处于不知情或者被其他银行董事欺骗的情形下，外部董事都有可能因为没有适当地执行银行的内部控制制度或者因忽视执行这些内部控制制度而面临严厉的处罚。①

对于银行董事及高管，若被处以民事罚金，特别是第三等级的罚金意味着该董事将要背负沉重的债务，而且此种罚金不得以责任保险的形式给予补偿。通常情况下，产生于监管强制措施的罚金可以通过董事责任保险制度加以补偿，但针对银行机构则不得以责任保险的形式分散风险，更加凸显了银行董事所承受的是较一般公司更重的法律责任。

第二，永久性终止令。永久性终止令是银行监管当局的又一项监管权力。当监管当局发现银行机构的关联方正在从事不安全、不稳健的经营行为，违反相关的法律规定，违反与监管者之间的书面协议时，可以向其发出永久性终止令。终止令除了禁止银行机构的关联方从事违法行为、不安全和不稳健的行为之外，还可以要求银行机构的关联方采取有力措施纠正这些违法行为并就银行的损失作出赔偿或者提供相应担保。与前述民事罚金不同的是，此类赔偿可以通过董事责任保险的方式加以补偿。进行赔偿的目的是使银行的资产损失降至最低，而民事罚金则属于阻止银行从事某些行为的惩罚性措施，直接支付给银行监管当局。

永久性终止令在要求金融机构关联方支付赔偿金的同时辅之以其他监管措施，如停止某些经营行为、实施民事罚金及禁止令等。例如，2006 年 OCC（货币监

---

① 在此之前，FDIC 已经发现 Cornerstone Community Bank 与其控股公司之间的某些交易超出了《美国联邦储备法》第 23A 条和第 23B 条所限定和允许的范围。法官认可了该银行外部董事的辩解，即在收到 FDIC 检查人员的书面通知之前，她并不知道这些违法行为，并且作为外部董事，其事实上也不可能阻止这些违法行为的发生。然而，为了坚持对该银行外部董事的处罚，FDIC 解释说只要能证明被监管者违法就可以向其征收第一等级的罚金，并不需要对被征收者知道或者故意追求这种违法行为的主观方面作任何证明。FDIC 同时强调这个事实，即 FDIC 检查人员已多次指出并批评该银行没有执行内部审计制度，并且如果该银行的审计委员会已经建立了合理的审计程序和内部控制体系，其外部董事就会在 FDIC 检查人员发现这些违法行为之前知悉问题并且采取相应措施进行修正和补救。

理署)对 Terrabank 的董事长兼首席执行官启动了终止令、禁止令和罚金程序。①

第三,临时终止令、财产冻结和扣押。如果监管当局认为银行董事已经从事某些违法行为,正在进行不安全、不稳健的行为,或者在完成永久性终止令程序之前针对银行的损害后果就可能发生的情形下,监管者可以在银行董事参加听证会之前采取临时终止令,以此冻结银行董事的财产。临时终止令还可以要求银行机构的关联方在保留一个月合理生活费的前提下提供足够的财产担保,并可禁止机构关联方出售或抵押任何个人财产。

第四,解职、中止令和禁止令。银行监管当局有权向银行董事发出解除或中止其职务的命令,并且可以禁止银行董事今后参与任何银行事务。

三、美国金融机构高管之加重责任

金融危机以来,各国普遍有很多质疑政府的声音:“为什么不去追究董事和高管的刑事甚至民事责任?”②毕竟美国次贷危机引发的金融海啸给全世界的金融市场带来了深远的负面影响,而其中以董事和高管为代表的管理层难辞其咎。尽管金融机构被追究责任的案例数不胜数,但鲜有高管个人承担责任的案例。事实上,金融机构被追究民事责任甚至被追究行政责任(如对问题金融机构的行政罚款③),但是往往受损的是股东和债权人。倘若金融机构因经营失败而破产及清算,系统性风波和“多米诺骨牌”效应会使一系列相关方乃至公众的利益受损,唯独高管逃此一劫——毕竟高管薪酬已经稳稳收入囊中。

有批评意见指出,正是因为华尔街复杂的利益冲突、高风险借贷、监管失灵和信用等级的虚高,导致大量有毒金融产品流入市场,损害了美国金融系统以及

---

① 之后,该董事长与 OCC 达成协议。根据该协议,(1)如果后续监管决定涉及银行作出的不安全的担保,他必须承担银行一半的损失;(2)补偿银行因从事该项担保而发生的高达 10 万美元的专业服务费;(3)额外赔偿银行 406,927 美元作出银行冲销债务的损失;(4)支付 10 万美元的民事罚金;(5)不再参与银行任何事务或者不再作为任何银行的机构关联方。

② See Final Report of the National Commission on the Causes of the Financial and Economic Crisis in the United States, The Financial Crisis Inquiry Report: Final Report of the National Commission on the Causes of the Financial and Economic Crisis in the United States [page cite] (2011), available at http://fcic-static. law. stanford. edu/cdn_media/fcic-reports/fcic_final_report_full. pdf.

③ 次贷危机中,大量与抵押贷款证券化业务相关的金融机构被课以罚款,且罚款金额数目非常大。See Richard McGregor & Aaron Stanley, Banks Pay Out $ 100bn in US Fines, FIN. TIMES, Mar. 25, 2014, at [cite], available at http://www. ft. com/cms/s/0/802ae15c-9b50-11e3-946b-00144feab7de. html #axzz3Eds2zwdl.

公众对市场的信赖,最终付出惨重的经济代价和社会代价。① 显然,为了提高金融责任的震慑力,将目标瞄准作为始作俑者的金融管理层,将是一个重要的突破口,这不仅强化了责任分配的合理性,又使责任分配更加公平。如果不当行为是显而易见的,则金融机构的破产损失不应当仅由公司股东、普通职员(公司破产毕竟会引起众人失业)承担,高管难逃其咎。而且,高管的加重责任机制将显著提升对其经营过程中不诚信行为的震慑力,以便防患于未然。

前文已述金融机构董事之加重责任问题,高管和董事相比而言,适用的责任标准大体相同。因为董事和高管的职权在性质上同样属于经营管理,只是一个侧重决策,一个侧重执行,是同一性质事务的不同表现形式。国外有学者认为,虽然高管在勤勉义务上的责任通常比董事大,高管兼任董事则承担更大的责任,但这是由于高管对公司具体事务更加熟悉的功能性后果,而不是高管和董事在义务的法律标准上不同。② 一直以来,美国司法实践中,高管义务一直淹没于董事义务之中,不存在明显差异。尽管近年来美国法院的判例专门对公司高管义务作出单独的解释,然而这些研究和讨论都没有在董事和高管之间创设出新的责任形式或义务形式,而是着重于在具体案件中细化司法审查标准。

1939 年美国特拉华州最高法院在 Guth v. Loft 案中提道,“公司的董事和高管与公司及其股东之间,存在一种信义的关系”,这是法院第一次明确表达了特拉华州公司高管与董事一样,承担对公司和股东的信义义务,该案也被视为高管信义义务的基础性判例。此后在 Lynch v. Vickers 案、In re Walt Disney Co. Derivative Litigation 案等判例中,法院并没有深究高管信义义务的准确本质,而是简单地指出“至今,高管的信义义务被认为是与董事的义务一样”,并遵从“高管负有与董事同样的信义义务”这样的理论。2009 年 Gantler v. Stephens 案中,针对董事和高管是否负有一样的信义义务,法院对该矛盾焦点提出了如下论断:“当事人并没有对公司高管负有与董事一样的信义义务这个问题产生争议。那个问题——高管负有的信义义务是否与董事相同——被认为是法院首先要解决的事情。过去,我们暗示特拉华州公司的高管像董事一样,负有注意和忠实的信义义务,而且高管的信义义务与董事的义务是相同的。现在我们明确这种主张。”③

---

① Wall Street and the Financial Crisis: Anatomy of a Financial Collapse, United States Senate Permanent Subcommittee on Investigations, Committee on Homeland Security and Governmental Affairs, Majority and Minority Staff Report Carl Levin, Chairman, Tom Coburn Ranking Minority Member (April 13, 2011) (the “Levin-Coburn Report”).

② A. Gilchrist Sparks, Ⅲ & Lawrence A. Hamermesh, *Common Law Duties of Non-Director Corporate Officers*, 48 Bus. Law. 215, 216 (1992).

③ Gander v. Stephens, 965 A. 2d (Del. 2009). p. 708-709.

美国法院之所以一直以来将高管义务和董事义务相混同是有其历史原因的。首先,公司法理论受到经济学理论的深刻影响。经济学概念里,“经理人、管理层”的概念并不是法律术语,使得管理层被统一放置于经济学的分析方法之中,而正如他们所描述的,“管理层由公司的董事会和高级管理人员组成”,[①]这使得分析方法本身并没有考虑到董事会和高级管理人员的差异性问题。此外,在金融学的概念里,金融学家将企业看成是一系列合同的联结,从这个论断出发,金融公司治理最核心的问题被总结成委托代理关系中的“代理成本”问题。[②] 这样一来,在形容委托代理关系时,能够代表公司和股东进行金融类商事活动的金融董事和高管都属于此视角下的“代理人”,并缺失了对“代理人”进行具体分类讨论的环节。

公司治理一直重点研究股东和职业经理人之间的委托代理关系,将董事和高管都当作股东的代理人无疑混淆了二者之间的区别。美国各州公司法和法院并未重视公司高管与董事的区别,有一个实践方面的原因在于,以前公司中很多董事就是高管,二者存在交叉和重叠,故公司法和法院并没有必要作这种区分。比如,美国《示范商业公司法》对高管行为标准的规定虽然是独立于董事的另外一个条文,但该标准与董事的规定基本是一致的。[③] 后来,随着公司规模的扩大、股权的分散逐步出现了不在公司内部任职、专门负责监督其他董事行为的外部董事等职位,也兴起了现代公司的“去中心化”(decentration)发展趋势,公司部门和职权不断分散和细化,这就使董事与高管的角色有了区分。

美国法院在长期的司法实践中,在前述标准之上进一步发展出高管信义义务从形式上与董事相同,但承担更严格的司法审查标准和更重的责任。例如,美国内布拉斯加州法院认为,公司高管的经营义务在法律和实践中都居于重要地位,如果高管不能以一个理性谨慎的经理人应有的注意处理企业事务时,就应当对公司或其股东为其不当管理的过失而负责,其义务应当“增加到任命他作为代理人的股东对于他的信任所产生的赋予他权利和控制的准确程度”。[④] 此外,美国最高法院曾在 Bates v. Dresser 案中认为高管在公司经营管理中由于担

---

① Adolfa Berle, JR. & Gardiner C. Means, *The Modern Corporation and Private Property* (New York: The Mac-millan Company, 1932).

② See Bernard S. Black, *Agents Watching Agents: The Promise of Institutional Investor Voice*, 39 UCLA L. REV. 811, 850, 887(1992).

③ 美国示范公司法(MBCA) § 8.42 是规范公司高管的, § 8.30 是规范公司董事的。 § 8.42 条其实是用“拥有自有裁量权的高管”替代了“董事”一词。转引自樊云慧:《公司高管义务与董事义务一致吗?——美国的司法实践及其对我国的启示》,载《环球法律评论》2014 年第 1 期。

④ Electronic Dev. Co. v. Robson, 28 N. W. 2d p. 130, 137-138(Nov. 1947).

任积极角色,而应当负有比董事更大的责任。[①] 由此可见,美国法院在司法实践中,逐步意识到董事和高管的责任区别,但这种区别并不是倾向于横向的责任形式和责任性质的区分,而是倾向于纵向的司法审查标准和责任轻重的区分。这种责任区别的司法实践依赖的并不是法律标准上的差别,而是从权力的分配、信息的获取、薪酬制度以及工作时间上加以区别。

从权力分配上来看,现代公司实质上的经营权力集中于高管手中,董事往往负责指导和监督,高管逐步成为公司的权力中心和经营中心,董事则退居幕后,因此从权利义务相统一的角度来看,高管应承担更重的责任。

从信息获取程度来看,高管比董事更容易接触到"更多和更好的信息",[②]美国《示范商业公司法》(Model Business Corporation Act)第 8.42 条的官方注释说道,"第 8.42 条规定有自由裁量权的非董事和高管必须达到 8.30 条对董事行为标准的要求,但是从他负有更多的熟悉公司事务的义务这个角度来看,他信赖(他人提供的)信息、报告、声明的程度,根据特定的情形也许比董事受到更多的限制",该法条的这个官方注释意味着"高管能接触到公司信息使高管受到更高的审查标准"。[③]

从薪酬制度来看,公司高管的薪酬要比董事高很多,按照权利利益与责任相匹配的理论,高管应当比董事承担更重的责任。2010 年美国大型公开公司 CEO 的平均薪酬接近 1200 万美元,而非管理岗位的董事的中间薪酬约为 228,540 美元。也就是说,大型公众公司 2010 年 CEO 的薪酬是董事的 50 倍。[④] 而从工作时间来看,高管一般是全职工作,而董事往往是兼职工作,并且高管的权责范围相比董事而言更加细致和宽泛。换言之,高管投入公司的工作时间一般要多于董事。

美国《联邦存款保险法》第 8 条明确规定,监管当局有权制定针对银行机构关联方的一系列强制措施,包括民事罚金、永久终止令、临时终止令、财产冻结及扣押、解职令、禁止令等,其中就包括对高级管理人员的强制措施制定权。然而在司法实践中,除了上述强制措施外,高级管理人员相比董事来说面临着更严格的责任判断标准。

---

① 在该案中,公司的前总裁和若干董事被起诉要对他们控制公司时雇员的偷盗行为造成的公司财产损失承担责任。法院认为,总裁对公司承担比与董事更重的义务。董事不必检查银行记录和账簿,而总裁手头就有存款账户因此有足够的注意以防止欺诈。后来法院判决只有总裁对公司承担责任。

② See Lyman Johnson, *Corporate Officers and the Business Judgment Rule*, 60 Bus. Law. 439, 460 (2005).

③ See A. Gilchrist Sparks, Ⅲ & Lawrence A. Hamermesh, *Common Law Duties of Non-Director Corporate Officers*, p. 218.

④ 参见樊云慧:《公司高管义务与董事义务一致吗?——美国的司法实践及其对我国的启示》,载《环球法律评论》2014 年第 1 期。

从责任标准上来看，主张公司高管信义义务区别于董事信义义务的学者一般认为公司高管的忠实义务和董事的忠实义务基本相同，二者义务的区别主要是在注意义务方面。[①] 由于忠实义务适用的是最严格的审查标准，这种标准往往是法定的，也是最低的道德基准，因此同样作为从事经营管理行为的代理人，董事和高管对公司承担的是相似甚至相同的忠实义务，并不会因为经营管理的职责分工不同而有所差异。然而在注意义务上，高管的责任标准应当高于董事，因为公司高管处于公司代理人的法律地位，因此有学者认为代理法律应当是决定公司高管责任的出发点。《美国代理法重述（三）》指出，“代理人对其委托人负有普通的注意义务”，因此公司高管对公司同样应当负有普通的注意义务，即责任标准为代理法项下的一般过失归责原则，与董事承担注意义务所适用的重大过失标准有所不同。[②]

四、美国金融机构董事及管理层加重责任原因及价值分析

美国银行监管当局在监管实践中创制的银行董事和高管的加重责任，在一定程度上使得银行董事和高管较一般公司承受更多的法定义务，施加于董事和高管一定的管制责任，其主要目的在于维护金融消费者对整个金融业的信心，防止董事和高管的积极冒险行为，为银行等金融机构设定新的安全和稳健标准，避免其从事过度的风险活动。

为了降低大量存款机构倒闭带来的负面影响，1933 年美国银行法设立了联邦存款保险公司，以保全存款人的存款资金。虽然存款保险基金的确有效阻止了银行挤兑行为，保障了存款人对金融业的信心，但也产生了被保险银行股东及管理层严重的道德风险，使其更愿意从事高风险业务——即便银行濒临倒闭，也可以通过提供无风险回报的方式继续吸引存款，存款人的存款债权在银行倒闭之后可由存款保险基金兑付。于是就产生了这样一种利益驱动模式，如果银行从事高风险业务，能够侥幸存活，最大的获利者是银行董事、高管及股东，如果银行经营状况继续恶化，则存款保险基金即全体纳税人承担损失增加的风险，而管理层及股东并不为此承受更多的损失。

而且，随着金融业务的进一步发展，金融混业的趋势愈加明显，金融机构公司结构也呈现出复杂化的特点，如金融控股公司的出现及发展。这种组织结构上的复杂化需要重新审视原有公司法的理论问题，如有限责任制度、独立法人人格理论的适用。股东及管理层更倾向于利用内部控制制度将其自身风险通过金

---

① See Lyman Johnson & Robert Ricca, *Reality Check on Officer Liability*, p. 94.

② See Lyman Johnson & David Millon, *Recalling Why Corporate Officers Are Fiduciaries*, p. 1603.

融机构转嫁给包括债权人在内的其他主体。而此时,本应有来自市场约束力量的债权人可以有效监督金融机构股东及管理层的风险转移行为,但正因为存款保险基金的存在使这种市场约束被大大削弱。金融机构董事和高管的加重责任制度直接触及金融机构内部治理机制中道德风险的本质,加重其法定责任是抵销金融机构运营过程中特有的不当动机所必需的。

同时,监管当局也试图通过一系列监管措施取代市场约束力量,即通过资本充足率、审慎经营、信息披露等要求银行管理层履行监管性责任,但其监管效果本身也备受质疑。[①]

金融机构董事和高管加重责任制度产生的深层次原因主要是基于董事和高管责任对象的多元性。与一般企业不同,以银行为代表的金融机构所提供的准公共产品的特殊性,使其管理层不仅仅是为股东和银行利益服务,其责任对象还包括债权人、雇员及其他利益方。其中,以存款人为主体的债权人对银行经营的意义重大,毕竟他们是银行资金的主要提供者,一旦其权益受损,可能会直接导致金融危机,危机整个金融体系的安全。故而,银行公司治理要求董事和高管必须对存款人在内的债权人承担责任,这也是银行社会责任的应有之义。

在金融机构公司治理中,引入董事和高管加重责任,其主要价值在于:其一,通过对金融机构董事和高管施加更重的义务标准,能够有效督促使其积极管理金融机构、防范其冒险行为。加重责任是一种监管目的的体现,毕竟管理不善是银行等金融机构濒临倒闭、产生危机的主要原因。市场约束的目的就是迫使管理者权衡利弊后作出投资决策选择,其实质是将部分或全部的高风险战略造成的成本归于金融机构管理层,否则,这些成本将由政府或存款保险基金承担。其二,对金融机构管理层提出有效的监管责任要求,防止因为其管理运营不善引发的倒闭及系统风险。加重金融机构管理层义务,严格其承担责任的标准,如商业经营规则不能得以豁免、永久性终止令等,有效制约了董事和高管的不当行为,积极调动董事和高管审慎经营、控制和约束资源,进而建立良性制约引导机制,解决了传统预防性监管方法难以遏制金融机构管理者冒险冲动的问题。

2010 年《华尔街改革法案》的正式生效,标志着美国金融监管体制的重大变革,其中对金融机构的公司治理提出了新的要求,规定了问责制和高管薪酬。主

---

① 反对政府管制的主要理由有:其一,政府管制银行的主要动机是基于财税和政治目的,即使其监管对象金融机构成为政府稳定的税收来源,同时政府会引导银行将贷款投放给那些在政治上支持当局者的借款人;其二,研究表明,对金融业监管力度越大,腐败现象就越严重。以银行为例,当监管者抬高准入门槛时,银行牌照也就越稀有,其竞争性也越差。因此,政府监管并不能强化银行的公司治理,相反还起到削弱效果。See Ross Levine, *The Corporate Governance of Banks: A Concise Discussion of Concepts and Evidence*, World Bank Policy Research Working Papers 3404, September 2004, p. 10-11.

要内容包括:第一,股东在管理层的薪酬问题上有发言权,授权证券交易委员会同意股东代理参与,即股东有权向董事会提名董事,批准“金色降落伞”计划。第二,建立独立的薪酬委员会,进行高管薪酬披露,即薪酬委员会应按照规则,要求每位发行人在发行人股东年会的委托书中对薪酬做明确的说明,内容包括实际支付的高管薪酬与发行人财务状况的关系,还要把股份价值、发行人的分红及任何形式的分派价值变动考虑进去,同时还需披露有关董事、高管的套期保值交易。第三,建立完善的薪酬结构报告,即金融监管机构应制定相应的规则和指引,要求每个金融机构向监管者披露所有的激励薪酬安排结构,以决定该薪酬结构是否存在:(1)向高管、董事或主要股东提供过高的薪酬、费用或其他福利;(2)可能导致涵盖的金融机构任何物质损失的。如果监管者认为,金融机构提交的薪酬报告所披露的信息旨在鼓励金融机构承担不适当的风险,则监管者可以禁止任何形式的激励支出安排。

从上述规定可以看出,此次金融体制的变革一方面加强了对金融业董事和高管薪酬的监管,意在将管理层的关注焦点从短期利润转移至长期的经营增长和稳定上来;另一方面亦强化了董事、股东的责风险任意识,将其经营实绩与奖励计划直接挂钩,通过建立独立的薪酬委员会避免非理性的外界干扰因素,同时辅之以严格的监管评价机制,以此进一步完善金融机构的治理机制和内控制度,达到维护整个金融业稳定与安全的目的。

五、我国金融机构董事和高管义务及责任的完善

(一)我国现行法律规定

1. 金融机构董事及高管的任职资格

《商业银行法》作为银行业的基本法,第27条对董事的任职资格作了限制:有下列情形之一的,不得担任商业银行的董事、高级管理人员:(1)因犯有贪污、贿赂、侵占财产、挪用财产罪或者破坏社会经济秩序罪,被判处刑罚,或者因犯罪被剥夺政治权利的;(2)担任因经营不善破产清算的公司、企业的董事或者厂长、经理,并对该公司、企业的破产负有个人责任的;(3)担任因违法被吊销营业执照的公司、企业的法定代表人,并负有个人责任的;(4)个人所负数额较大的债务到期未清偿的。[①] 2012年6月,原银监会通过的《银行业金融机构董事(理事)和高级管理人员任职资格管理办法》,进一步细化了银行业金融机构管理层

---

① 2020年10月公布的《商业银行法》修订草案中,增加了第(五)项“对重大金融风险或者重大金融违规行为负有个人责任,自被追究责任之日起不满五年的”。

的任职资格条件。金融机构拟任、现任董事(理事)和高级管理人员的任职资格基本条件包括:(1)具有完全民事行为能力;(2)具有良好的守法合规记录;(3)具有良好的品行、声誉;(4)具有担任金融机构董事(理事)和高级管理人员职务所需的相关知识、经验及能力;(5)具有良好的经济、金融从业记录;(6)个人及家庭财务稳健;(7)具有担任金融机构董事(理事)和高级管理人员职务所需的独立性;①(8)履行对金融机构的忠实与勤勉义务。这里,金融机构董事和高级管理人员实行任职资格核准制,即在任职前须获得银监会任职资格核准,在获得核准前不得履职。该办法除了对董事、高管人员准入条件程序等进行规定外,还规定了持续监管的内容,包括对金融机构制定的董事及高管管理制度进行评估和指导,可以通过现场检查及非现场监管等方式对董事及高管人员履职情况进行监督检查,建立和维护任职资格监管信息系统等。同时,进一步细化了银监会的监管措施,其有权根据不同情形,对董事及高管任职资格施以撤销、取消其一定年限(分为三档:1~5年;5~10年;10年以上直至终身)的任职资格限制。

2022年2月,证监会发布《证券基金经营机构董事、监事、高级管理人员及从业人员监督管理办法》(2022年4月1日施行),规定了证券基金经营机构董事、监事、高级管理人员任职的基本要求,②以及哪些人员不得任职的限制性规定。③ 同

---

① 该办法就"独立性"进行了反向规定,即如果具有以下情况,则视为不符合条件:本人及其近亲属合并持有该金融机构5%以上股份,且从该金融机构获得的授信总额明显超过其持有的该金融机构股权净值;本人及其所控股的股东单位合并持有该金融机构5%以上股份,且从该金融机构获得的授信总额明显超过其持有的该金融机构股权净值等。

② 该办法第6条规定,拟任证券基金经营机构董事、监事和高级管理人员的人员,应当符合下列基本条件:(1)正直诚实,品行良好;(2)熟悉证券基金法律法规和中国证监会的规定;(3)具备3年以上与其拟任职务相关的证券、基金、金融、法律、会计、信息技术等工作经历;(4)具有与拟任职务相适应的管理经历和经营管理能力;(5)拟任证券基金经营机构高级管理人员的,曾担任证券基金经营机构部门负责人以上职务不少于2年,或者曾担任金融机构部门负责人以上职务不少于4年,或者具有相当职位管理经历;(6)法律法规、中国证监会规定的其他条件。拟任证券基金经营机构董事长、高级管理人员以及其他从事业务管理工作的人员,还应当符合证券基金从业人员条件。拟任证券基金经营机构合规负责人、风控负责人、信息技术负责人的,还应当符合中国证监会规定的其他条件。

③ 该办法第7条规定,有下列情形之一的,不得担任证券基金经营机构董事、监事和高级管理人员:(1)存在《公司法》第一百四十六条、《证券法》第一百二十四条第二款、第一百二十五条第二款和第三款,以及《证券投资基金法》第十五条规定的情形;(2)因犯有危害国家安全、恐怖主义、贪污、贿赂、侵占财产、挪用财产、黑社会性质犯罪或者破坏社会经济秩序罪被判处刑罚,或者因犯罪被剥夺政治权利;(3)因重大违法违规行为受到金融监管部门的行政处罚或者被中国证监会采取证券市场禁入措施,执行期满未逾5年;(4)最近5年被中国证监会撤销基金从业资格或者被基金业协会取消基金从业资格;(5)担任被接管、撤销、宣告破产或吊销营业执照机构的法定代表人和经营管理的主要负责人,自该公司被接管、撤销、宣告破产或吊销营业执照之日起未逾5年,但能够证明本人对该公司被接管、撤销、宣告破产或吊销营业执照不负有个人责任的除外;(6)被中国证监会认定为不适当人选或者被行业协会采取不适合从事相关业务的纪律处分,期限尚未届满;(7)因涉嫌违法犯罪被行政机关立案调查或者被司法机关立案侦查,尚未形成最终处理意见;(8)中国证监会依法认定的其他情形。

时，该办法要求董事、监事、高级管理人员及从业人员应当保证有足够的时间和精力履行职责，不得自营或者为他人经营与所任公司同类或者存在利益冲突的业务。① 在监管措施方面，针对证券基金经营机构的违法违规行为，证监会及其派出机构可以根据情节轻重依法采取责令改正、监管谈话、出具警示函、责令定期报告、责令处分有关人员、责令更换有关人员或者限制其权利、限制向董事、监事、高级管理人员支付报酬或者提供福利、责令暂停履行职务、责令停止职权、责令解除职务、认定为不适当人选等措施（第 51 条）；违反规定且情节严重，或者拒不执行监管决定，《证券法》《证券投资基金法》《证券公司监督管理条例》等法律法规没有规定相应处理措施或者罚则的，给予警告或者通报批评，并处 20 万元以下罚款（第 54 条）。

原银保监会 2021 年发布《保险公司董事、监事和高级管理人员任职资格管理规定》，明确了保险公司董事及高级管理人员的任职要求，涵盖品行、学历、相关工作经历等。② 在罚则方面，董事、监事或者高级管理人员违背《中华人民共和国公司法》规定的忠实和勤勉义务，严重危害保险公司业务经营的，银保监会或其派出机构可以对直接负责的董事、监事或者高级管理人员出具重大风险提示函，进行监管谈话，要求其就相关事项作出说明，并可以视情形责令限期整改（第 42 条）。

应该说，在金融机构董事、监事及高管等人员任职资格的监管上，银监会制定的管理办法更为细致，其处罚力度也最大，主要问题是相关规定能否全面落实。相比之下，保监会及证券会管理办法所谓的监管谈话、限期整改更具有政策性指引倾向，而法律的震慑力就在于科学的处罚规则的设计，柔性的指导不利于实践操作，也会极大地削弱监管效果。

---

① 该办法对证券基金经营机构董监高及从业人员的忠实义务作了细化性规定。第 26 条，证券基金经营机构董事、监事、高级管理人员及从业人员不得从事下列行为：(1)利用职务之便为本人或者他人牟取不正当利益；(2)与其履行职责存在利益冲突的活动；(3)不正当交易或者利益输送；(4)挪用或者侵占公司、客户资产或者基金财产；(5)私下接受客户委托从事证券基金投资；(6)向客户违规承诺收益或者承担损失；(7)泄露因职务便利获取的未公开信息、利用该信息从事或者明示、暗示他人从事相关的交易活动；(8)违规向客户提供资金、证券或者违规为客户融资提供中介、担保或者其他便利；(9)滥用职权、玩忽职守，不按照规定履行职责；(10)法律法规和中国证监会规定禁止的其他行为。

② 该规定第 7 条，保险公司董事、监事和高级管理人员应当符合以下基本条件：(1)具有完全民事行为能力；(2)具有诚实信用的品行、良好的守法合规记录；(3)具有履行职务必需的知识、经验与能力，并具备在中国境内正常履行职务必需的时间和条件；(4)具有担任董事、监事和高级管理人员职务所需的独立性。第 8 条，保险公司董事、监事和高级管理人员应当具有大学本科以上学历或者学士以上学位。第 9 条，保险公司董事长应当具有金融工作经历 5 年以上或者经济工作经历 10 年以上（其中金融工作经历不得少于 3 年）。第 10 条，保险公司董事和监事应当具有 5 年以上与其履行职责相适应的工作经历。

2. 金融机构董事和高管的义务

关于银行保险机构董事、高管忠实、勤勉义务的规定，主要集中在《银行保险机构公司治理准则》（以下简称《银行保险机构治理准则》）。其中，《银行保险机构治理准则》第 31 条规定，银行保险机构董事职责或义务包括：（1）持续关注公司经营管理状况，有权要求高级管理层全面、及时、准确地提供反映公司经营管理情况的相关资料或就有关问题作出说明；（2）按时参加董事会会议，对董事会审议事项进行充分审查，独立、专业、客观地发表意见，在审慎判断的基础上独立作出表决；（3）对董事会决议承担责任；（4）对高级管理层执行股东大会、董事会决议情况进行监督；（5）积极参加公司和监管机构等组织的培训，了解董事的权利和义务，熟悉有关法律法规及监管规定，持续具备履行职责所需的专业知识和能力；（6）在履行职责时，对公司和全体股东负责，公平对待所有股东；（7）执行高标准的职业道德准则，并考虑利益相关者的合法权益；（8）对公司负有忠实、勤勉义务，尽职、审慎履行职责，并保证有足够的时间和精力履职；（9）遵守法律法规、监管规定和公司章程。同时，该准则细化了董事会的职权，①重申董事会职权由董事会集体行使的一般原则，应当建立并践行高标准的职业道德准则，明确董事会承担全面风险管理的最终责任。

此外，《银行保险机构治理准则》专设“独立董事”一节，对银行保险机构独立董事的任免程序、人数、任期、权限以及职责都做了详细规定。第 41 条规定，独立董事应当诚信、独立、勤勉履行职责，切实维护银行保险机构、中小股东和金融消费者的合法权益，不受股东、实际控制人、高级管理层或者其他与银行保险机构存在重大利害关系的单位或者个人的影响。

在董事、高管的忠实及勤勉义务规定上，《银行保险机构治理准则》做了进一步细化，如董事对公司负有忠实、勤勉义务，尽职、审慎履行职责，并保证有足够的时间和精力履职（第 31 条）；独立董事应当保证有足够的时间和精力有效

① 《银行保险机构治理准则》第 44 条第 2 款规定，除公司法规定的职权外，银行保险机构董事会职权至少应当包括：（1）制订公司增加或者减少注册资本、发行债券或者其他证券及上市的方案；（2）制订公司重大收购、收购本公司股份或者合并、分立、解散及变更公司形式的方案；（3）按照监管规定，聘任或者解聘高级管理人员，并决定其报酬、奖惩事项，监督高级管理层履行职责；（4）依照法律法规、监管规定及公司章程，审议批准公司对外投资、资产购置、资产处置与核销、资产抵押、关联交易、数据治理等事项；（5）制定公司发展战略并监督战略实施；（6）制定公司资本规划，承担资本或偿付能力管理最终责任；（7）制定公司风险容忍度、风险管理和内部控制政策，承担全面风险管理的最终责任；（8）负责公司信息披露，并对会计和财务报告的真实性、准确性、完整性和及时性承担最终责任；（9）定期评估并完善银行保险机构公司治理；（10）制订章程修改方案，制订股东大会议事规则、董事会议事规则，审议批准董事会专门委员会工作规则；（11）提请股东大会聘用或者解聘为公司财务报告进行定期法定审计的会计师事务所；（12）维护金融消费者和其他利益相关者合法权益；（13）建立银行保险机构与股东特别是主要股东之间利益冲突的识别、审查和管理机制；（14）承担股东事务的管理责任；（15）公司章程规定的其他职权。

履行职责，一名自然人最多同时在五家境内外企业担任独立董事，在银行保险机构担任独立董事的，相关机构应当不具有关联关系，不存在利益冲突（第37条）；银行保险机构高级管理人员应具备良好的职业操守，遵守高标准的职业道德准则，对公司负有忠实、勤勉义务，善意、尽职、审慎履行职责，并保证有足够的时间和精力履职，不得怠于履行职责或越权履职（第75条）。

比较有亮点的是，《银行保险机构治理准则》特别强调了对"利益相关者"权益的保障。这里的"利益相关者"，涵盖金融消费者、员工、供应商、债权人、社区等主体。该准则要求银行保险机构与利益相关者建立沟通交流机制，保障利益相关者能够定期、及时、充分地获得与其权益相关的可靠信息；应当为维护利益相关者合法权益提供必要的条件，当权益受到损害时，利益相关者有机会和途径依法获得救济。而且，该准则特别突出了对金融消费者权益的保护，不仅明确规定要建立并完善消费者权益保护工作机制、决策机制和监督机制，还强调了银行保险机构董事会对金融消费者合法权益负有保护义务。

《银行保险机构治理准则》亦规定了金融监管者的外部监督措施。[①] 然而，部分措施仍有管控过度之嫌。银行保险机构毕竟是自主经营、自负盈亏的企业法人，采取列席董事会、监事会等方式督促银行管理层履职尽责，这里我们暂且不论监管当局是否具备相应的监管水平，但如此繁多的介入措施未免有点行政权力过度干预银行保险机构经营权的色彩。

在证券领域，除了《证券法》《公司法》外，证监会出台的一系列部门规章就证券公司董事及管理层义务与责任进行了初步规范。其中，《证券公司治理准则》（2012年，2020年修订）（以下简称《治理准则》）最为典型。《治理准则》第28条第2款规定，董事应当保证足够的时间和精力履行职责；第33条第2款规定，独立董事未履行应尽职责的，应当承担相应的责任；第60条第2款规定，证券公司高级管理人员应当对内部控制不力、不及时处理或者改正内部控制中存在的缺陷或者问题承担相应的责任。第65条第2款规定，高级管理人员未能勤勉尽责，致使证券公司存在重大违法违规行为或者重大风险的，证券公司应当停止支付全部或者部分未支付的绩效年薪。第67条规定，证券公司高级管理人员违反法律、行政法规或者公司章程规定，损害公司或者客户合法权益的，公司董

---

① 《银行保险机构治理准则》第7条规定，中国银行保险监督管理委员会（以下简称中国银保监会）及其派出机构通过实施行政许可、现场检查、非现场监管、评估等方式，对银行保险机构公司治理实施持续监管。监管机构可以根据银行保险机构的不同类型及特点，对其公司治理开展差异化监管。监管机构可以派员列席银行保险机构股东大会、董事会、监事会等会议。银行保险机构召开上述会议，应当至少提前3个工作日通知监管机构。因特殊情况无法满足上述时间要求的，应当及时通知监管机构并说明理由。银行保险机构应当将股东大会、董事会和监事会的会议记录和决议等文件及时报送监管机构。

事会、监事会应当对其进行内部责任追究。显而易见,《治理准则》关于管理层特别是董事义务与责任的规定过于原则和笼统,这里何为"相应的责任"界限模糊。

上述法律法规虽然对金融机构公司治理、董事及高管履职问题作了一定规制,甚至部分规章已经出现了对金融消费者权益的特别关注,但普遍存在的共性问题异常突出:规定过于原则模糊、缺乏细化和制度化规范,条款呈现明显的政策痕迹,指导性规范多于强制性规范,原则性规范多于具体性规范,法律责任形式单一,包括存款人、客户在内等相关利益方权益保障缺位,监管措施及处罚不到位。

(二)我国金融机构董事和高管责任的立法完善建议

商业银行的实际运营效果也说明了我国银行业存在公司治理效率低下、内控制度不完善及监督缺位等问题。中行、建行、工行先后宣布股份制改革成功,但相关金融案件层出不穷,银行等金融机构腐败问题并未得到明显改善。深化国有金融机构改革亟待解决的根本性问题是建立真正的公司法人治理结构。公司法人治理结构的关键作用就是形成有效的内部约束机制,明确地告诉金融机构董事及管理层什么该做,什么不该做,如果违法会受到什么样的严罚。倘若能够在立法中引入董事和高管加重责任并形成长效的制约机制,那么这一规则必将成为高悬在金融机构管理层头顶之上的"达摩克利斯之剑"。此为其一。

其二,对于金融机构的董事而言,金融机构的特殊性要求其应当具备更高的任职标准和履职要求,在注意义务的认定上区别于其他普通企业。在具体义务标准的设计中,立法上应当明确:只要其从事的是不安全、不稳健的行为,就是违反了董事的忠实、勤勉义务。对于什么是"不安全、不稳健"的行为,则可授权金融监管当局以指引的方式进行解释和细化。对于董事的注意义务标准应该采用"故意""重大过失",抑或"一般过失"标准,笔者则倾向于"重大过失"标准。毕竟,我国公司法尚未建立董事和高管责任的豁免规则即商业判断规则,采用"故意"标准则加重了原告方的举证责任,难以起到制约效果;相反,如采用"一般过失"标准,注意义务又显得过重,门槛过低,引发董事的恐慌心理,反而适得其反。因此,在现阶段较宜适用"重大过失"标准,一方面可以激励董事的经营创新积极性,有效避免因经营决策错误而承担损失,引发其经营行为上的过度畏惧心理;另一方面又能起到监督和约束作用,促使其审慎经营。

此外,监管当局还应将具体的审慎经营规则与金融机构董事和高管的诚信义务相结合,将其纳入金融监管的统一体制规则中,不要将二者截然分开,从而避免法律适用上的混乱。加重董事和高管责任本身蕴含着监管理念,其实质就是维护金融业的安全稳健运营,以此保障金融消费者利益和金融安全。

其三，完善相关主体的责任追究机制。我国现行公司法仅对股东派生诉讼作了规定，并未涉及金融机构相关利益方如存款人、投资者、债权人的诉权问题，而美国银行法在“利益相关群体共同治理模式”的主导下，规定股东、债权人及其他相关利益方都有权对董事提起诉讼，监管者也可以作为当事方起诉相关的股东和董事。因此，建议增加相关利益方，如债权人、股东及金融监管当局派生诉讼的规定，针对侵害相关利益方权利、从事不安全稳健的经营行为的金融机构董事和高管，在金融机构怠于追究其责任时，相关利益主体都可以以自己的名义提起诉讼。

与此同时，立法上应当进一步细化银行董事和高管的责任承担方式，包括民事赔偿的标准、责令停职及永久禁业等，在此可以借鉴美国立法按照银行机构的关联方的违法行为及其过错程度的不同，将董事和高管的责任承担进行不同等级的具体规定，这样不仅可以体现对相关责任人的法律震慑，还可以规制监管当局的自由裁量，避免执法过程中标准不明确所带来的不公正。

(三)金融机构董事和高管责任的裁判原则

1. 金融机构董事和高管责任的归责原则

加重责任赋予金融机构董事和高管(以下简称金融董事和高管)在重大事项(特别是涉及金融产品和服务)上更高级别的注意义务，在现行制度框架下表现为董事和高管的勤勉义务。金融机构董事和高管的经营决策失误系一种违反勤勉义务的行为，而道德风险则由忠实义务所规制。对于董事和高管因违反这种义务而承担责任的归责原则，域外立法有所规定，如德国的抽象轻过失标准[①]和美国的重大过失标准。[②] 各国普遍倾向于将公司董事和高管因违反勤勉义务而承担民事责任的主观要件规定为“轻过失”以上，是源自高管对待商业机会的两难境地：一方面，高管面对稍纵即逝的商业机会，必须很快地作出经营决策，高效率的要求可以允许高管存在轻微过失，要求高效率又不允许高管细小过失的出现是不切实际的；另一方面，商业判断极其复杂，需要综合考虑多种因素，管理层作出经营决策的快速与商业判断的复杂程度难以适配，稍有不慎就可能作出失误决策。因此，为了鼓励管理层经营的积极性，法律也免除了董事和高管因轻微过失造成的责任。通过域外立法的考察可知，无论何种法系普遍采取的做法都是在董事和高管勤勉义务的承担上适用过错责任原则。

---

① 《德国股份法》第93条第1款和第2款规定：在董事履行其管理职责时对公司负一个正常的、有良知的经理那样的谨慎义务。

② 在美国司法实践中，1829年Percy v. Millaudon案的发生，将公司高管违反勤勉义务而承担民事责任的主观要件规定为“重大过失”。

国外立法与实践表明,董事和高管违反勤勉义务承担的民事责任是一种过错责任,但是我国立法并没有明确给出这一答案。根据《公司法》的规定[①]我们无法得出董事和高管对公司承担责任究竟适用何种归责原则,对于金融董事和高管的加重责任,笔者认为其作为董事和高管民事责任的一种,应当适用过错责任,具体为过错推定责任原则。

第一,关于公平责任归责原则。公平责任原则一般适用于承担责任能力较弱的民事主体之间,且其是在其他归责原则都不能满足公平正义理想时作为一种补救式的原则而适用。因此,这里就不再考虑公平责任原则。

第二,关于无过错责任归责原则。金融董事和高管在作出经营决策时,面对的金融决策环境是复杂的,商业风险与商业行为如影随形,即便董事和高管在决策过程中尽到了一个处于相同或类似职位的普通的人在相同或者相似环境下会尽到的注意义务,由于市场的多变,公司有时也无法避免损失,尤其在爆发系统性金融风险之时。如果加重责任适用无过错归责原则,要求金融董事和高管在自身并没有"可责备"原因的情况下承担公司的损失,这无疑是把无法规避的商业风险转嫁到董事和高管身上。金融董事和高管虽然在经营决策时适用加重责任,其应尽到更为严格的注意义务,但对于这样有失公平的"转嫁"并非设置加重责任的初衷。另外,金融董事和高管就公司损失适用无过错规则,也必然会挫伤管理层工作的积极性。作为理性的职业经理人,金融董事和高管为了不让自己陷入过重的赔偿责任的困境,其势必要在决策过程中趋向保守,甚至不主动决策从而推卸责任,这将影响公司的交易效率,使公司把握商业机会的能力减弱,阻碍公司的发展。

第三,关于过错责任归责原则。由于我国目前立法上勤勉义务判断标准的缺失和司法实践中的保守裁判,金融董事和高管问责难度较大,实践中董事和高管鲜有因为决策失误而承担责任的案例。过错责任归责原则虽然将行为人的主观过错作为其承担赔偿责任的基本要件,但其要求受害人举证证明行为人对损害的发生具有过错,如果不能证明,法院不会支持被害人的主张。这实际上是一种推定行为人不具有过错的归责原则。因此,若采用过错归责原则,公司将进一步承担举证责任,董事和高管问责的难度将有增无减,并不是赋予经营决策加重责任所追求的效果。

综上所述,公平责任原则、无过错归责原则、过错责任归责原则都不适合运用在金融董事和高管加重责任规制上,唯有过错推定归责原则可以克服无过错

① 《公司法》第188条规定:董事、监事、高级管理人员执行职务违反法律、行政法规或者公司章程的规定,给公司造成损失的,应当承担赔偿责任。

责任过于苛刻且有失公平、过错责任归责原则不易于问责董事和高管的不足。当金融董事和高管的经营决策给公司带来损害时,推定董事和高管存在过错,并应当就损失承担责任,但董事和高管能够举证证明自己在决策过程中不存在过错的除外。过错推定归责原则可以消除责任意识淡薄的金融董事和高管的侥幸心理,并且可以促使董事和高管在经营决策中尽职尽责,董事和高管在作出决策的过程中势必尝试留下尽到义务的痕迹,作为日后免于承担决策责任的证据,这就起到事前防范的作用。另外,若金融董事和高管确实在经营决策过程中具有过错,过错推定的归责原则也有利于有效问责,起到事后有效追究责任人的作用,体现董事和高管在决策过程中被赋予的加重责任。这种归责模式在金融领域适用对于净化我国金融市场、防控金融风险、健全金融责任机制具有重要意义。

2. 金融董事和高管加重责任模式的构成要件

(1)金融董事和高管内部责任之构成

在确立了金融董事和高管经营决策承担加重责任适用过错推定归责原则之后,关于金融董事和高管对内部责任的构成要件的问题,不妨借鉴国外立法关于董事和高管对公司民事责任构成要件的相关规定。例如,德国规定,董事责任的要件是“董事有违反义务的相关行为、董事存在推定过失、董事违反义务的行为与损害有因果关系、不属于可以免责的范畴”;①法国规定,如果董事出现管理过错,或违法违章情况且违反的是强制性规定,则由个人对外(公司和第三人)承担责任或连带承担责任。② 由此可以看出,金融董事和高管对公司责任承担的构成要件与传统侵权要件颇为相似。金融董事和高管经营决策加重责任的构成要件,可以概括为:金融董事和高管的行为违反了其应尽的义务、公司利益受到了损害、金融董事和高管主观上具有过错、金融董事和高管义务的违反与造成的损害结果之间具有因果关系。

第一,义务的违反。金融董事和高管的义务体系主要由勤勉义务和忠实义务构成。金融董事和高管重大经营决策加重责任也基本构建于这两大义务基础之上。但是勤勉义务本身是一个弹性十足的义务类型,金融董事和高管任何懈怠、马虎的行为都可能构成对勤勉义务的违反。另外,为了促使金融董事和高管更好地履行其职责并为公司付出自己最大的努力,股东会、公司章程、董事会可能会对金融董事和高管的勤勉义务进行细化规定。董事和高管违反这些规定

---

① 参见[德]托马斯·莱赛尔、吕迪格·法伊尔:《德国资合公司法》(第3版),高旭军等译,法律出版社2005年版,第164页。

② 参见[法]伊夫·居荣:《法国商法》(第1卷),罗结珍、赵海峰译,法律出版社2004年版,第506页。

时,也将视为对勤勉义务的违反。

第二,公司的损失。在追究金融董事和高管经营决策内部加重责任的过程中,公司的利益受到损失是前提条件。这里的公司损失应当从广义上理解,除了公司财产损失以外还包括公司机会的流失和公司信誉的受损等。

第三,主观过错。正如前文所述,根据过错推定归责原则,金融董事和高管承担责任的必要条件是其主观上具有过错。由于董事和高管作出经营决策时需要考虑诸多因素,甚至有时需要对庞大的信息进行处理,加上法官并不是经营者,因此法官对董事和高管主观上是否具有过错的探查很有难度,特别是在一般过失的场合,法官更是难以判断。对于这个问题,从裁判技术的角度可以转化为违反勤勉义务的问题。因为加重责任在金融董事和高管经营决策中体现为较高的注意义务,董事和高管至少要达到一般理性人的注意程度。一般理性人的注意是一种抽象的注意,未达到这一注意程度可以被称为"抽象过失"。[①] 因此,法官在判断金融董事和高管在经营决策的过程中是否具有过错时,可以依据金融董事和高管是否违反勤勉义务进行判断。金融董事和高管一旦违反了勤勉义务,主观上就可以认定为具有过错。

第四,因果关系。金融董事和高管的经营决策与公司损失之间的因果关系是指董事和高管违反义务的行为与公司损失之间的关联性。在一些案件中,作为被告的董事和高管可能会提出这样的抗辩:即便其尽了一个处于相同或类似职位的普通人在相同或相似环境下所会尽到的注意义务,公司的损失同样无法避免,损失属于正常的商业风险。因此,实际上证明董事和高管行为与公司的损失之间的因果关系是一个比较重的证明责任。为了体现董事和高管在经营决策上的加重责任,这种因果关系只要行为和损失之间有关联即可,不要求行为与损失之间具有直接对应性。具体到操作层面,可以采取相当因果关系标准,该因果关系的模式为:"若无……,则不……"。如果董事和高管在经营决策中没有违反勤勉义务,则公司的损失就不会出现,那么就认为董事和高管的行为与公司损失之间具有因果关系,董事和高管应当承担责任;反之,则董事和高管的行为与公司损失之间不具有因果关系。

(2)金融董事和高管外部责任之构成要件

公司作为团体法人,其意思的形成与实施都依赖于公司机关,公司机关的行为又由具体的人作出,因此作为公司机关的董事和高管就与公司外部第三人有了联系。公司董事和高管外部责任之构成要件主要有以下几个方面。

---

① 参见史尚宽:《债法总论》,中国政法大学出版社 2000 年版,第 116 页。

①主体要件

外部责任对应第三人的范围主要涉及债权人和股东,不包括社会公众。

第一,对债权人而言,[①]公司法和金融法诸多制度和规则的设计很大程度上是为保护债权人的利益提供依据,以此平衡只承担有限责任的股东和可能债权落空的债权人之间的关系。股东受到法人独立责任即股东有限责任的保护,其个人在没有过错和不发生身份重叠(高管兼股东)的情况下不以自身财产满足债权人的债权;而事实上,公司往往被金融董事和高管所控制,债权人的利益受损往往是金融董事和高管的经营决策导致的,如果法律不为债权人提供特别的保护,则债权人很可能会成为金融董事和高管经营决策失误的牺牲品,甚至存在道德风险的空间。因此,金融董事和高管因其义务的违反向债权人承担责任自不待言。

第二,对公司股东而言,经营权和所有权合一程度高的封闭公司,股东往往担任公司管理层职位,此时公司的经营决策实际上就是股东作出或至少在股东的指示下作出,因此投资者具有股东和管理层的重叠身份,没有适用董事和高管向股东承担民事加重责任的余地。在其他情况下,股东人格如果和公司人格分离较为彻底、相对绝缘,那么股东并没有实质参与公司经营,其对公司的了解仅限于董事和高管的汇报,其目的也仅仅希望获得公司分红,因此股东的地位相对于董事和高管而言,较为类似于债权人的地位。当拥有较大经营空间的高管给股东带来损失时,股东应当有权要求董事和高管承担加重责任。在金融领域里,往往限于专业性、复杂性和分散风险的特点,投资者和股东的关系更倾向于分离彻底的模式,即后者所讨论的情形。

第三,对社会公众而言,董事和高管承担的社会责任不应先于公司的社会责任。在公司逐渐展现其统治世界力量的法人社会里,公司作为“人”持续存在的营利目标与其作为社会的一员所应承担的社会责任始终在进行着一场博弈。博弈的结果就是使得处于前制度时期的公司社会责任被纳入公司法的成文法范围。然而,虽然实现了公司社会责任的立法化,但能否将其带入司法过程成为难以逾越的鸿沟,“社会公德、商业道德、诚实守信、社会责任”等外延甚广的弹性词汇给公司社会责任的可裁判性带来了困惑,其责任内容的模糊、责任对象的模糊和请求权主体的不确定性让社会责任条款被束之高阁而难进殿堂,或者只能通过公益诉讼的方式进入司法程序,或者仅属于倡导性道德条款不具备法律强制力。在这种公司社会责任裁判性过于弱小的现实下,董事和高管不应当也不

---

① 在金融领域,公司债权人主要是指公司债权持有人、公司买卖和交易行为的相对人。

能够在公司无法被裁判承担社会责任的情况下先于公司向社会公众承担责任。退一步而言，社会公众利益损害毕竟是由于公司的行为所导致，即便这种行为是依靠公司机关作出的，在现行制度框架下很难直接将金融董事和高管与社会公众联系起来。

②主观要件

金融董事和高管外部责任和内部责任一样，都是一种过错责任并适用于过错推定归责原则，金融董事和高管主观上具有过错是承担赔偿责任的前提条件。其外部责任与内部责任的区别就在于，金融董事和高管不应就其主观上的轻微过失向外部第三人承担责任。这是因为董事和高管就轻微过失向公司承担责任是因为，基于重大决策的失误往往会给公司带来直接、较大损失，为了促使高管更好地履行职责，轻微过失不属于免责范围实为必要。而董事和高管经营决策失误往往是给第三人带来间接损害，如果要求主观上仅具有轻微过失的董事和高管就这种间接损害承担赔偿责任的话，高管将面临公司和第三人的"双重赔偿"责任，这未免过于苛刻，容易打击董事和高管工作的积极性。我国公司法虽然未对董事和高管对第三人赔偿责任的主观要件进行规定，但国外立法一般明确了"故意或重大过失"的判断标准，例如2005年日本规定的"就执行其职务存在恶意或重大过失"、[①]瑞士规定的"故意或过失未能履行职责"。[②]

③行为要件

金融董事和高管对公司外部第三人承担责任的行为要件是董事和高管在重大经营决策过程中违反了勤勉义务，与公司内部责任的行为要件相同，因此此处不再赘述。

④结果要件

金融董事和高管因经营决策失误而向第三人承担责任的结果要件为第三人的利益受到损害，且这种损害与高管行为之间具有关联性。相对于高管经营决策失误给公司将带来直接利益损失的特点，第三人受到的损害往往以间接的形式表现出来。

（四）金融董事和高管责任的例外、限制和免除

1. 金融董事和高管责任的例外、限制和免除之法理依据

（1）公平原则

董事和高管面对成千上万的商业机会，不可能保证每一个重大经营决策都

---

① 《日本公司法典》第429条第1款。

② 《瑞士民法典》第55条。

是正确的,否则这个世界只存在赚钱的公司还不存在商业风险。股东作为公司剩余财产的所有者和公司利润的享受者,坐拥董事和高管明智决策带来的好处,而董事和高管无论其经营决策给公司带来多大的利益也只能按照既定的薪酬标准领取报酬。虽然金融领域董事和高管的权力呈现扩张态势,但是如果没有豁免的加重责任制度未免对董事和高管过于苛责,容易陷入董事和高管负有让股东只赚不赔的义务陷阱。因此,为了体现公平原则,在某些情形下应当赋予董事和高管豁免加重责任的权利。

(2)有利于人才吸引

美国历史上曾多次出现过董事和高管集体辞职、大批董事候选人放弃出任董事职位机会的事件。究其原因,实在是董事和高管惧怕承担过重的赔偿责任。如果金融董事和高管的赔偿责任没有豁免机制,则公司再难吸引优秀的人才加入。作为理性的经纪人,董事和高管并不想拿着有限的报酬却随时可能对公司损失承担无限连带责任。法律限制或允许当事人通过各种形式限制这种违反注意义务的赔偿责任,从而可以鼓励无辜的董事和高管抵制这种不恰当的负担;可以鼓励有责任感的人接受董事和高管职位;可以避免纷繁的无理由的诉讼从而避免公共资源的浪费。因此,为了吸引优秀人才的加入,并且不让现有人才流失,进一步发展公司制度,豁免制度实为必要。

(3)公司法私法性质的体现

公司法兼具组织法和行为法的性质,作为组织法,其多表现为强制性规范;作为行为法,其多表现为任意性规范。公司法中强制性规范的适用不以当事人的意志为转移,具有不可排除和变更的特点。正是由于强制性规范的这种刚性,当事人并没有作出其他安排的空间,当事人对此作出的不同规定并不能得到法律的承认。

公司法中存在一定比例的强制性规范有其正当的基础。首先,鉴于公司经营者为利益最大化(股东或公司利益)进行私法意义上的经营决策(自治)时很可能侵害公共利益或他人利益,此时为了保护第三人的利益只能依靠公司法强制性规范介入经营者的自治行为,以此对可能造成第三人利益损害的行为进行规制和纠正。其次,公司法中的强制性规范可以保证交易的效率,减少交易成本。如根据公示制度,行为人能够在较短的时间内获取交易相对人的相关信息,从而减少了缔约前的调查成本,提高了交易效率。最后,强制性规范能够保证公司内不同利益群体的利益,如董事会、监事会中必须有一定比例职工的规定,可以有效地保护职工利益群体的利益。

通过强制性规范正当性基础的调查,我们可以发现董事和高管对公司责任的限制或免除并不会侵害第三人的利益、降低交易效率或增加交易成本、损害利益相关者的利益,因此,公司是否就董事和高管责任规定豁免条款,完全可以依照当事人的意志决定。公司法虽然带有公法的色彩,但本质仍属于私法,而私法最大的特点就是鼓励私法自治。公司法自治理念的强化和推广,不应当只是在减弱政府管制主义方面有所体现,还应当体现在公司内部,鼓励公司根据自身情况作出个性化安排,并充分披露。

综上,限制和免除董事和高管责任的措施,并不违反公司法中的强制性规范;相反,其属于私法自治精神的具体体现,是值得肯定和鼓励的自治安排,当然前提是在合理和合法范围内的调整。

2. 金融董事和高管责任的例外、限制和免除之具体模式

(1)公司章程

只要在不违反公司法强制性规范和社会公众利益的前提下,所有写入公司章程里的限制和免除董事和高管责任的具体条款原则上都具有效力。因此,限制和免除董事和高管责任条款的具体内容无法穷尽,其表现形式也会随着时代的变迁而发生变化。这里,笔者重点介绍三种比较常见的免责条款,即在某种具体情形下公司董事和高管可以免责的条款、最高赔偿数额条款、股东会或董事会免除董事和高管部分责任或全部责任的条件和程序条款。

第一,董事和高管就某种具体行为可以免除部分或全部责任的条款。

这类条款的目的在于鼓励董事和高管的某种作为,消除董事和高管的后患之忧。公司之间因为营业范围、企业文化、治理结构等的不同,对某种特定行为的规定也会不同。但是,也不是任何类型的管理行为都可以作为该类免除条款的特定行为。如美国《商事公司示范法》第 2.02 条规定,公司在章程中可以规定取消或者限制董事对公司或股东责任的条款。这些责任是指董事实施或怠于实施任何行为而引起的赔偿责任,但是下列责任不得免除:①董事无权收受财产而引起的责任;②董事故意对公司或股东造成的损害;③董事违反第 8.33 条而引起的责任;④董事故意违反刑法而引起的责任。

第二,董事和高管赔偿最高数额的条款。

这种条款是指在章程中规定,董事和高管因重大经营决策失误给公司造成损失的场合,董事和高管只在最高赔偿数额范围内承担公司的损失,不对超出最高赔偿数额的部分承担责任。如公司章程中可以这样规定:董事和高管因违反勤勉义务而给公司造成损失的,董事和高管对公司损失最多赔偿 10 万元。最为典型的是韩国曾在立法中,为了促进经济活力和鼓励管理人才进入商事领域特别是公司领域,为董事(包括管理人员、执行人员、监事等)设置了高管赔偿最高

数额条款。①

第三,股东会或者董事会免除董事和高管责任的条件和程序条款。

董事和高管因其重大经营决策失误而给公司利益造成损害后,公司可以召开股东大会或者董事会决定是否免除违反义务的董事和高管的责任,当免除责任的决议得到一定比例的表决权支持时,即可免除部分或全部责任,但若不满足相关条件和程序的,则无法启动这种免责机制。

(2)公司机构决议

公司章程对董事和高管的免责条款属于事前免除,而公司机构决议的免除则为一种事后免除方式。公司机构决议免除,是指公司通过股东会、董事会、监事会的召开,对是否追认董事和高管的经营行为进行表决,当一定比例的表决权支持通过决议时,董事和高管的责任就可以部分免除或者全部免除。公司机构决议免除的法理依据在于公司的意思自治,公司作为法律上的人,有其独立的法人地位和人格,有权自由处分自己的权利。但是,正如前文所述,基于董事和高管与公司之间千丝万缕的联系和两者之间特殊的关系,公司机构的决议免除并非不受任何限制,公司法的强制性规范会对此进行干预和纠正,以防止董事和高管肆无忌惮地运用其经营权力。公司机构的决议可以根据机构的不同进行一定的区分。

股东会决议豁免董事和高管责任。股东会是由公司全体股东组成的最高权力机构,是股东表达自己意志的场所。出席股东会会议并行使表决权,对股东权的实现具有决定意义。通过股东会决议免除董事和高管对公司的赔偿责任,实际上会导致公司财产的减少,进而影响公司所有股东的利益,因此,并不是每个股东都愿意支持该决议。但基于股东同质性和资本多数决的原则,持有多数表决权的股东的意思被视为公司的意思,并对少数表决权的股东的意思产生约束力。为了保护中小股东的利益,让中小股东对于免除董事和高管责任的决议事项有更多的话语权,法律通常会规定这种决议事项须由绝对多数的表决权通过,如满足股东会2/3以上(或者3/4以上)表决权才能通过,甚至可以要求全体股东一致同意才通过。

董事会决议豁免高管责任。在一些国家的立法和实践中,董事和高管责任可以通过董事会决议的方式被豁免,例如美国《商事公司示范法》第8.31条就

① 为了发掘有能力的经营人才,并保障经营活动的积极性,韩国公司法修改案曾试图减轻董事(包含执行人员及监事)对于公司的责任,规定了董事在没有故意或重大过失的时候,可以以公司章程规定,董事对公司责任限制在其最近1年报酬额的6倍以内,对独立董事的责任额规定更低,限制在其最近1年报酬额的3倍以内。转引自[韩]郑灿亨:《韩国公司法修改的最新动向——论2006年韩国公司法修改试案》,载赵旭东主编:《公司法评论》(2006年第3辑),人民法院出版社2007年版。

规定了董事会决议豁免的情形，但是此种豁免必须以表决回避、完整说明为基础。然而董事会决议免除责任的方式也有一定缺陷，当公司的重大经营决策由董事和高管作出时，基于董事会成员之间因长期合作可能产生的情谊或对相同职位者的同情，董事们可能在表决时有所犹豫，“放过”违反勤勉义务的董事和高管也并非没有可能。

监事会许可豁免高管责任。在英美法系，由于公司的常设机构除了股东会以外仅有董事会，并不存在与董事会并列的监事会，监督功能也由公司外部的非执行董事行使，因此英美法系并不存在监事会许可免除董事和高管责任的方式。即使在大陆法系也很少有国家采用监事会免除董事和高管责任的模式，只有以德国为代表的极少数国家对此有相关规定。考虑到我国公司实践中监事会经常被虚化的现实，我国公司法赋予监事会的权力又不像德国监事会那样强大，因而我国目前并不适合采用监事会免除董事和高管责任的模式。

综上，金融董事和高管民事责任可以以公司决议的方式进行豁免，这种机构主要是指公司股东会和董事会。无论是股东会决议的方式还是董事会决议的方式都有其弊端，这就要求公司在实践中灵活运用相应模式，如对董事会成员的免责，可以采取股东会决议方式，对除了董事以外的其他高管的免责，则可以采取董事会决议模式。当然，这些都必须在公司法强制性规范项下进行，不能违背可适用的法律法规和公司章程。

(3)董事和高管责任保险

董事和高管责任保险(director and officers liability insurance)是指以董事及高级管理人员对公司或第三人(主要指股东、债权人)的民事赔偿责任及为解决此种纠纷而支付的诉讼费用为保险标的的一种保险。对于被保险人，即公司的董事和高管来说，责任保险为其提供了一种切实的事后保护。当董事和高管因经营决策失误而向公司承担赔偿责任时，责任保险使其获取了一种转移责任的途径，董事和高管不需要再向公司和第三人进行赔偿。对于公司而言，董事和高管责任保险也有可能转移了公司补偿董事和高管损失的责任，公司不必再向董事和高管提供补偿。另外，对于被赔偿权利人来说，由于董事和高管的赔偿能力有限，其财产不一定能够完全赔偿权利人受到的损失，此时董事和高管责任保险可以在一定程度上消除权利人债权得不到满足的担心。2002 年 1 月 7 日，我国通过证券监督委员会和国家经济贸易委员会联合发布《上市公司治理准则》的方式，首次引入了董事责任保险制度。《公司法》(2024 年修正)第 193 条正式规定了董事责任保险制度，即公司可以在董事任职期间为董事因执行公司职务承担的赔偿责任投保责任保险。公司为董事投保责任保险或者续保后，董事会应当向股东会报告责任保险的投保金额、承保范围及保险费率等内容。

金融领域的高风险使得这种保险的保险费率会随着具体金融细分领域的不同而有所差异,使董事和高管在进行高风险决策的同时直接为其高风险买单,而不需要等到风险真正发生时才让董事和高管警醒。这就无形中形成了外部市场监管的作用,使一个具有切身利益的保险公司通过保险费率提醒和约束董事和高管,并让董事和高管提升决策的透明度和合理性,真正实现将个人利益与公司利益乃至相关者利益相互捆绑的作用。

我国在推行董事和高管责任保险的过程中目前需要在以下几个方面进行突破:一方面,对于公司责任认定难的问题,应当回归勤勉义务判断标准的研究,以期形成相应的裁判规则,突破不确定性给保险公司带来的阻碍;另一方面,在形成董事和高管责任认定规则的基础上,结合公司章程中关于董事和高管最高赔偿额的规定,明确保险公司承保的损害赔偿责任范围。

(4)公司补偿

公司补偿条款,是指公司在公司章程中规定,在董事或者高级管理人员因职务行为被起诉时,公司支付其在诉讼中作为被告产生的费用,它还包括公司补偿其董事或高管因罚款、判决或和解所支付的金钱及费用。

在大陆法系的国家和地区,如德国、日本、韩国,虽在商事实践中也有公司通过章程条款规定,在一定条件下公司补偿董事和高管在相关诉讼中支出的费用,但各国和地区的公司法并没有对公司补偿问题作出直接规定。公司法虽然没有对公司补偿作出任何规定,但是鉴于公司法的私法属性,公司自治是公司法的内在精神,公司法如果没有禁止公司为董事和高管提供补偿,则只要不损害第三人和社会公共利益,公司就应可以向董事和高管提供补偿。然而,由于有些公司(特别是有限责任公司)的大股东在公司担任董事和高管职位,大股东为了自身利益倾向于选择由公司补偿董事和高管在相关诉讼中的损失,但这有可能在一定程度上导致大股东肆意经营,损害其他中小股东的利益。再加上公司为董事和高管提供补偿实际上就是额外地给其提供了报酬,故其应不违反公司关于薪酬管理制度的规定。易言之,公司补偿制度不能任意自治,而应当受到适当限制并满足一定条件。

具体到董事和高管的民事责任方面,由于董事和高管对勤勉义务的违反导致了公司或第三人的财产受损,因此公司补偿的条件不应当包括董事和高管在要求其赔偿的诉讼中获得实质性胜诉或者抗辩成功。公司补偿作为部分或全部豁免民事责任的方式,至少要设置以下的条件门槛。

第一,公司章程或公司内部规则对公司补偿董事和高管损失作出了明确规定，否则董事和高管要求公司提供补偿将没有任何依据。

第二，符合公司章程或内部规则设置的补偿条件和程序，不满足程序性要求的不可以获取公司补偿，否则不利于公司的有效治理。

第三，董事和高管的行为必须是善意的。如果不是善意的，公司既没有任何必要也没有任何依据补偿董事和高管，否则补偿制度无异于为虎作伥。同时，这也能有效防止出任董事和高管的大股东肆意经营行为以及侵害中小股东利益的违法行为。

第四，董事和高管有理由相信其行为是符合公司利益的，至少相信该行为不会与公司的最佳利益相冲突，这是董事和高管忠实义务和勤勉义务的最低要求。

第五，补偿需要在一定范围内进行，公司应当根据董事和高管的行为并综合考虑其在公司一贯的工作态度和效率，酌情给予赔偿。对于董事和高管和原告和解的情况，和解金如果明显高于解决类似纠纷所需要的费用时，超过的部分公司不应给予补偿，防止道德风险的滋生。

第三节 董事和高管三元问责机制的建立

一、忠实义务和勤勉义务双元规制的失灵

我国目前的董事和高管责任立法的主要依据是高管的信义义务（fiduciary duty），具体表现为《公司法》第180条规定的“忠实义务”和“勤勉义务”。在民事责任的分配上，董事和高管是否承担金融机构的破产责任，取决于其是否违反了对公司应承担的义务。在现有立法的框架下，如果要让董事和高管在破产责任分配上承担一定的民事责任，只能通过两条问责路径，一条是“忠实义务”的路径，另一条则是“勤勉义务”的路径。然而在实践中，这两条路径往往分化为两个极端，事实上难以形成对董事和高管的责任约束。也就是说，这两条路径中间成为司法上的“真空地带”，一方面有必要追究董事和高管责任，防止董事和高管滥用权力对公司及利益相关者的利益造成损害，但另一方面又无法寻求到一条合适的路径具体落实董事和高管责任，造成了尴尬的问责空隙现状。

（一）忠实义务的规制困境——对隐性利益冲突规制失灵

从忠实义务的追责路径出发，其适用的是最为严格的审查标准。规制董事和高管的法律规定系最低限度的法律义务，同时也是最低的道德基准，以我国

《公司法》第181条为例，[①]忠实义务仅仅适用于董事和高管将自身利益凌驾于公司利益之上并且有特定行为表现出来的法定情形，其构成要件一般有以下几个特点：(1)将其个人或相关人的利益凌驾于公司利益之上，如“以个人名义”“为自己或者他人”；(2)有特定的表现形式，如“侵占公司财产”“挪用公司资金”“开立账户”“利用职权贿赂”“擅自披露公司秘密”等。董事和高管侵占公司财产等情形必然与其维护公司利益的职责相冲突，采取严格的完全公平审查标准当然合理。然而这种相对明确的标准，使得法律在严格适用“忠实义务”规制路径的过程中，只能处理非常明显的利益冲突情形，无论是从归责原则(过错责任原则)还是从证据角度(原告需要证明或至少需要线索，而董事和高管却控制着公司的相关数据和资料)，都不利于落实高管忠实义务的责任规制。

此外，忠实义务也无法规制利益冲突以外的问题，因为董事和高管不仅承担对公司和对股东的义务，还需要通过决策和执行实现公司的社会责任，此时对公司有利的决策，从外观上来看即使不存在利益冲突甚至短期来看非常“睿智”的决策，或者说即使符合“忠实义务”，也存在着董事和高管需要承担责任的空间。例如，在“三鹿奶粉”案件中，三鹿集团的高管决策层并不涉及与公司的利益冲突问题，公众却仍然朴素地认为高管需要对社会、对三鹿集团的“盛极而衰”承担责任，事实上关键领导人也确实被判“生产、销售伪劣产品罪”而获无期徒刑，但从民事责任的角度，特别是对三鹿集团的衰败而言，董事和高管的责任无从谈起。具体在金融领域，金融机构的董事和高管对社会和对利益相关者的责任更重，由于金融领域的“多米诺骨牌”效应，不加周全思考甚至唯利是图的决策必然存在侵害公众利益的可能，也损害了金融机构的长远利益。

现行的忠实义务问责路径难以有效规制董事和高管的隐性利益冲突问题，必须在忠实义务问责路径的基础上另辟蹊径。

(二)勤勉义务的规制困境——商事判断规则对不诚信行为力不从心

作为忠实义务的补充，勤勉义务追究的是经营能力与身份不相适的董事和高管的责任，因此又称“注意义务”，为的是解决董事和高管在满足忠实义务要求的情况下仍然不诚信地造成了公司利益的损失。这种经营管理责任更多地表现为能力问题，如何判断高管在变幻莫测的商场中的合理表现，成为法官在具体适用勤勉义务追究责任时的困难之处。

---

① 《公司法》第181条规定：“董事、监事、高级管理人员不得有下列行为：(一)侵占公司财产、挪用公司资金；(二)将公司资金以其个人名义或者以其他个人名义开立账户存储；(三)利用职权贿赂或者收受其他非法收入；(四)接受他人与公司交易的佣金归为己有；(五)擅自披露公司秘密；(六)违反对公司忠实义务的其他行为。”

为了避免法官在复杂的经营判断中裁判失当，同时也承认商事领域经营管理的专业性和复杂性，法院在审理经营决策失误的案件中一直都显得小心翼翼，尽可能地克制对该领域的介入并表现出宽容的倾向，对公司决策和执行尽可能地持尊重态度。这样一来，勤勉义务在司法中便表现出了向董事和高管一方倾斜的趋势，最为典型的代表是起源于美国的“商业判断规则”。1829年美国路易斯安那州最高法院在“珀西案”中首次提出“商业判断规则”：“经理人是否承担责任的标准并非在于智者是否会犯该错误，而应按照一般人所具有的认知来认定；证明经理人犯该错误必须是基于重大过失，该错误对于一个有常识的人只要达到普通注意的程度都不会如此”，①其目的旨在使诚实履行义务的董事与经理人得以免除其民事责任，以鼓励其愿意担任公司董事或经理人的职位，发挥积极创新的能力从而为企业追求更大的经济利润。经过“珀西案”和“阿伦森案”为代表的发展历程，商业判断规则逐步深化为标准的推定方法，根据“阿伦森案”的法院立场，原告负担举证责任，并可以通过证明三个方面的事实推翻法院适用商业判断规则的推定：第一，经理人不是在信息充分知悉的基础上作出商业判断，存在重大过失；第二，经理人的行为并非出于善意；第三，经理人存在利益关联，非为公司最佳利益行事。②

这种对商业判断规则的普遍推崇和效仿肇始于19世纪美国社会自由主义思潮的兴盛，为了刺激经济活力赋予职业经理人更广泛的裁量权限，以促进社会经济发展具有更强的竞争力。然而，其适用却给勤勉义务的归责划出了一个巨大的避风港——甚至一些公司法专家认为这个避风港已经完全将勤勉义务挤压出去，不禁质问“注意义务还存在吗？”。③ 商业判断规则掏空勤勉义务的原因主要有三个层面：

第一，举证责任主要由原告承担。商业判断规则首先对董事就有一个证据规则的倾斜性——“可反驳的推定”（rebuttable presumption）。根据前述“阿伦森案”的法院立场，推定经理人作出的商业判断，是获得了充分信息，在没有重大过失和利益关联的前提下，合理地相信其商业判断符合公司的最佳利益。根据美国《示范公司法》，该推定可以归纳为三点：（1）董事独立且无利害关系，（2）诚信行事，（3）尽到合理注意的义务。原告的举证责任就在于如何推翻其中任何一项不成立。然而这种证明责任的第一项“独立且无利害关系”还较为客

---

① Percy v. Millaudon & AL, 8 Mart. (n. s.) 68; 1829 La.

② 参见常健、张强：《商业判断规则：发展趋势、适用限制及完善——以有限责任公司股利分配为视角》，载《法商研究》2013年第3期。

③ Stephen J. Lubben & Alana J. Darnell, Delaware's Duty of Care, 31 *Delaware Journal of Corporate Law*,591(2006).

观和具备可证明性,第二项就具有较强的主观性并且"诚信义务"(good faith)的概念非常模糊,第三项更是结合了经营管理的专业能力,使得证明难度非常大。

第二,法院的审查趋向于形式化。商业判断规则之所以大行其道,原因就是减轻了法院的负担——法院如果适用就可以作出推定,减轻和避免了繁重的实质审查工作,落得轻松。这种推定的适用往往是采取形式审查的方式:首先,法院强调信息获取的完备,既考察了经理人对公司经营管理信息获取的主观能动性,还考察了作为管理者和职业经理人,是否建立了完备的公司制度尤其是信息沟通渠道,以符合其身份要求的管理能力;其次,以公司最佳利益为出发点,法院限于专业和资源,难以结合特定语境判断商事情形,因此对这一点的审查往往采取的是消极式的审查,"不求有功,但求无过"。综合而言,勤勉义务的审查在法院司法层面沦为了商事决策过程或程序的审查,程序性事项和实质性事项发生分离,法院倾向于对程序性事项的瑕疵必较,却忽视了决策和执行内容的好坏和优劣,只要按照一般的社会观念不至于荒诞至极,则侧重于程序性的把控。换言之,经理人如果熟悉司法规则并且以例行公事的形式进行决策,在程序上保证具有良好的外观,就可以安然无恙,甚至决策和执行内容明显存在争议也能得到豁免,例如轰动一时的"迪士尼公司股东代表诉讼案"。①

第三,勤勉义务自身具有的不确定性。相比忠实义务而言,勤勉义务在司法中面临法官实质审查成本过高的问题。经营管理行为属于专业性较强的行为,况且商场如棋局,风云变化于瞬息之间,很多外在的、潜在的商业机会转瞬即逝,作为局外人很难客观、严谨地对当事人在特定商业语境下的决策和执行行为作出判断,至少这种判断的标准十分模糊。大陆法系对勤勉义务的行为标准设定为"善良管理人"标准,如德国的"正直的、有责任心的业务领导人的细心"义务、日本的"善管义务";②英美法系对勤勉义务的行为标准设定为在民法一般注意义务的基础上附加"善意、合理地相信符合公司最佳利益、合理的信赖、充分的知悉"等商事特别要求,使得董事和高管承担了比一般民事主体更高的行为责任,与此同时又用"商业判断规则"予以一定程度的保护从而达到平衡。

---

① 1995年10月,迪士尼公司董事长兼CEO艾斯纳经多方面努力如愿以偿地将其老朋友,同时也是好莱坞明星级经纪人欧维兹请入公司担任董事兼总裁。这位欧维兹先生在工作了14个月后,便决定退出公司,公司为了解除其服务合同支付了高昂的代价,即近1.4亿美元的遣散费。股东们十分震惊,提起了股东代表诉讼,然而在2005年8月收到了特拉华州衡平法院的驳回诉讼请求的判决,并得到了2006年8月特拉华州最高法院维持原判。法官认为,虽然艾斯纳一手遮天,不符合最佳公司治理要求,但聘请行为纯粹为了公司最佳利益,至于如何加盟、服务合同安排以及后续终止合同事项,都是在收集了足够信息并在多种方案中分析和选择所得,故尽到了合理注意,无须承担赔偿责任。其他高管同理。

② 陈本寒、艾围利:《董事注意义务与董事过失研究——从英美法与大陆法比较角度进行考察》,载《清华法学》2011年第2期。

概言之,只要董事和高管在形式上没有谋私,又不属于“未施加一个漫不经心的人在通常情况下也会施加的注意力”或以伦理上可指责的方式“明显和实质性地偏离了有效注意标准”,[①]则无法对其从勤勉义务路径追责,而现有勤勉义务的标准又不宜轻易变化,在忠实义务和勤勉义务的中间地带成为法律责任的盲区。

二、诚信义务问责三元路径

(一)诚信规范的主观性和客观性之辨

作为民法帝王条款的“诚实信用”原则早已存在,在商法领域同样也渗透着很多相关的诚信概念,并反映在各个国家的立法之中。即使在诚信概念发展相对缓慢的英美法,公司法中也存在大量的诚信规范。例如,英国《2006 年公司法》至少有 13 个条文直接规定了诚信规则,而美国律师协会发布的《示范公司法》也同样有 13 个条款表达了诚信规范。由于一直以来对诚信的理解限于主观诚信,使诚信规范一直被虚置,原因就在于诚信的过于抽象和模糊,使得具体规范的设计无法穷尽所有的诚信义务情形。然而正是这一特性使它具有双重的特点:一方面是诚信没有积极含义,在制定法中往往是当作副词使用,表现为主观诚信亦即“善意”,这使得在司法运用中法官会尽可能地避免对主观的判断而让这一原则性规定坐上冷板凳;另一方面,诚信规范的模糊性却与董事和高管归责模糊的尴尬处境冥冥中似有契合,然而同样具有模糊性的诚信义务在适用于董事和高管的归责时,是否会产生一条全新的路径,这依赖于证据规则的巧妙设计——减轻原告的证据压力,从而扭转问责偏向董事和高管的现状,真正对忠实义务和勤勉义务中间的灰色领域行为起到规制作用。

诚信本身的含义应当是主观和客观相统一的概念。诚信的主观性表现为内心状态,个人的主观确信不当然构成诚信,而应当在社会评价体系下被社会的一般观念接受,例如“不知法不赦原则”,主观诚信是无法从法官的视角予以确定的评价,作为法官必须结合客观事实进行判断。诚信的客观性表现为外部行为,伴随着外部人可以观察并评价的客观事实。值得注意的是,英美合同法上的诚信规范大多指向诚信的客观性要求,要求禁反言、公平、不欺诈和默示义务等。[②] 然而公司法一直以来将其理解为诚信的主观性要求,把诚信缺失与恶意、恶信等同起来,即不诚信就是恶意,没有中间地带。这样一来,原告在向董事和

---

① 张新宝:《侵权责任构成要件研究》,法律出版社 2007 年版,第 447 页。

② 参见徐国栋:《英语世界中的诚信原则》,载《环球法律评论》2004 年第 3 期。

高管问责时,将面临证明其恶意的严苛证据压力,而现阶段决定董事和高管是否真正承担责任的关键就是提出有力证据并被法院采信。且不说原告往往是股东和债权人等利益相关者,与董事和高管在证据资料的掌握能力、理解能力及信息获取上均处于不平等的地位;这种证据规则使董事和高管蓄意掩盖恶意事实时,在外观上循规蹈矩,却在结果上造成相关方的重大损失,这种情况将无法受到现有问责制的约束。

因此,运用当前法律体系中一直遭冷遇的诚信规范,是破解现有问责机制失灵的有力武器,这一运用的核心就是重启诚信规范的客观性标准并进行商事领域的创造性转化。自从安然事件和世界通信事件以来,投资者的信心遭受巨大打击,金融危机中所暴露的利益冲突问题和道德风险问题也让金融问责机制倍受质疑。对董事和高管无能、贪婪、失职、失信的批评如潮,在强化问责机制的呼声高涨之际,有必要更新公司法中诚信的概念,根据侵权法的客观过错说和金融监管法的行为监管理论,强化对投资者和利益相关方的保护,赋予公司法概念中诚信责任新的含义。

(二)信义义务三分法(triad)

为了赋予诚信义务新的含义,美国特拉华州最高法院最先对董事和高管的信义义务进行"三元化"划分,以便忠实、诚信、勤勉义务并行构成问责机制。自从1993年的Cede Ⅱ案开始,目前已经有Cede Ⅲ、Malone v. Brincat、Emerald Parners v. Berlin等十几起判例,"对于董事被指控违反了三大信义义务的任意一个——忠实、注意或者诚信义务,原告负有举证责任;[①]要反驳商业判断规则,原告股东须证明董事会的被诉决策违背了任何信义义务:诚信、忠实或者合理注意"。[②] 这样一来,原本无力规制董事和高管的忠实勤勉路径之中便开拓了第三条路径——诚信问责路径。

诚信问责路径创造性地将董事和高管有意失职和懈怠职责等行为涵摄其中,使法院不需要继续纠缠于董事和高管的主观意图,而是客观审慎地针对其具体行为设定行为标准,确定了忠于职守和应当作为的行为标准,加上诚实信用概念本身的兜底性,使董事和高管的责任追究机制真正得以完善。在1996年美国Caremark公司股东派生诉讼案中,这种忠于职守并应当作为的行为标准第一次被运用在司法实践中。在该案中,面对公司因违规而负担高达2.5亿美元的罚款和赔偿,董事会聘请过高级律师进行审核,也修改过职工的合同关系指南、伦

---

① Cede & Co. v. Technicolor, 634 A. 2d 345, 361, Del. 1993.

② Cinerama, Inc. v. Technicolor, Inc. 663 A. 2d 1156, Del. 1995.

理手册并采取地区经理审批合同等措施，从董事负责战略决策和控制上来看无法通过忠实义务和勤勉义务进行追责，但法官认为，董事应当诚信地确保公司“具有恰当的信息和报告系统，如果董事会不能确保其机构建立信息和报告制度，合理地设计向高级管理层和董事会提供及时、准确的信息，以便其在职责范围内事项形成知情的判断……董事的义务包括诚信地确保公司建立恰当的信息和报告制度。没有建立该系统就是缺乏诚信”。在该案中，由于持续地、系统地疏于监督，因此法官认为在该案中董事并没有建立起恰当的信息和报告制度，因而没有忠于职守，应当承担责任。这种客观诚信的判断标准使得诚信涵摄了忠于职守的义务，为法官基于不同案件确定恰当的行为标准确立了法律依据。类似的判断还有2002年美国联邦第七巡回法院的雅培公司案，该院认为，“董事有意对已知风险不闻不问，这样的事情不可能在诚信情况下发生”。①

不诚信的行为最为典型的三种情形为故意为公司最佳利益之外目的而行事、成心违法、明知应作为时故意不履行职责。在金融领域，由于金融创新内在地寻求监管套利倾向，如果对董事和高管不加以诚信义务的约束，那么在金融产品和服务设计以及业务安排时，就会产生潜在的利益异质性冲突、违反金融监管要求和不忠于职守的风险，特别是当违法成本远远低于违法收益时，精于金融专业的董事和高管的这种不良倾向将更为明显。

因此，诚信义务在公司法和金融法中的概念，应当是与时俱进的，以主观和客观相统一为判定标准。一方面，诚信概念的范围扩大，使诚信得以涵摄大量现有制度无法规制的行为，并实现有效的问责；同时，商业判断规则仍然在勤勉义务项下发挥作用，在适度的范围内保护董事和高管的经营决策。另一方面，诚信问责路径增强了对董事和高管问责时司法审查的可操作性，可以使法院避免对主观意图的探究，减少了司法错误的可能。

（三）诚信问责的信息优势

在金融机构的股东和董事和高管的关系之中，由于金融的专业性和复杂性，信息不对称一直是代理关系最大的制约因素，而诚信问责的路径赋予了股东遴选董事法律武器和甄别思维。针对聘请董事和高管而言，事前，董事的能力和品行难以为股东所了解；事后，董事和高管因其专业优势和职位优势而掌握了垄断性的信息，股东也难以知情。诚信义务使得股东有了筛选机制，并掌握了来自董事和高管的信息传递机制。

---

① 朱羿锟：《董事问责标准的重构》，北京大学出版社2011年版，第18页。

通过对董事和高管行为的客观诚信判断,股东可以评判董事和高管的诚信和品质处于何种水平,鉴于忠实义务具有法定的更加客观硬性的标准,股东可以结合勤勉义务和诚信义务甄别董事和高管。此时,股东可以将其分为三个档次:不勤勉且不诚信、不勤勉但诚信、勤勉但不诚信。这三个档次所代表的努力程度显然不同,问责力度也相应有所区别,使股东可以快速获知董事和高管的真实代理情况。

不勤勉且不诚信的行为,显然属于重大过失和不诚信并存,对金融系统的危害性最大,这种情况应当课以最重程度的惩罚机制,对董事和高管个人进行民事责任问责。例如,世界通信案中 12 名外部董事在动用责任保险之余,自掏腰包支付了 1800 万元的赔偿,[①]此外董事长获刑 25 年并处没收 4000 万美元的个人财产。可见,在此阶段不仅涉及民事责任,还存在刑事责任的可能。

就不勤勉但诚信的行为,董事和高管虽然有重大过失,但诚信行事,这种情形就存在减免赔偿责任的合理性,例如通过章程给予责任减免。但第一种情形不应有责任减免机制的原因就在于股东通过章程给予董事和高管的责任减免是为了保护经营管理的积极性,但这种保护不应当超出股东对董事和高管的诚信信赖的范畴,只要是诚信范畴之内,董事和高管可以基于商事自由和约定自由而享受责任减免。

对于勤勉但不诚信的行为,董事和高管应当承担不诚信范围内的民事费用,这种问责旨在让董事和高管负担有关法律程序发生的费用、罚款和赔偿金,公司不再补偿因不诚信而引起的法律程序费用。最典型的例子就是董事和高管为了公司最佳利益却故意违法,致使公司长远利益遭受损并承担大额赔偿责任。Landmark Land Co. 案中,法院认为董事的行为虽然符合房地产公司的最佳利益也没有违法,但行为旨在规避政府监管,有损监管机关权威和公司的形象,违反了诚信,公司不能补偿董事参与有关法律程序的费用。事实上,金融领域法律程序的费用一般较为高昂,这部分的民事责任如果能够通过诚信问责的途径分配给董事和高管,则对金融机构破产责任的分配将起到非常积极的作用。

此外,通过上述机制的约束,可以使董事的行为更加具有指引性——以诚为本。这种正面积极的引导不仅利于责任分配的合理性和司法审查的可操作性,还将在实践中自发形成行为规范并获得遵守,这对于改善金融领域股东和董事之间利益冲突难题将大有裨益。诚信问责制度将让董事和高管有途径向股东

---

① See Jonathan Weil & Shawn Young, *Directors Pay Steep Price for Failure Outside Directors' Failures Send Expensive Lessons on the Cost of Inattention*, The Wall Street Journal, C1, January 7, 2005.

传达诚实守信和受约束的信号，在商事领域形成信誉约束的社会约束（亦即董事和高管将更多地考虑个人的声誉和商誉问题），尤其在讲求投资者信心的金融领域，这种社会性的软性约束将带来更多的溢出效应。

（四）三元问责机制的构建

董事和高管问责最为核心的问题时解决司法审查标准的问题，这也是董事和高管行为最终评价的准则问题。司法审查标准是以司法权为代表的公权与以经营自主权为代表的私权相互博弈的产物，审查标准无论过严还是过松都不利于权利的制衡和实质的公平。如果法院一味尊重董事和高管的权威和商事活力，则审查难免流于形式而造成监管失灵；如果法院越俎代庖，以不相称的能力事必躬亲地进行判断，则对董事和高管的判断将不被尊重，从而形成制约经营管理的司法压力。最理想的审查标准应当是宽严相济，既能实现对董事和高管的高效制约，又能为其经营决策留下充分的自主空间。

合理性标准是诚信义务的最佳审查标准。与之并行的完全公平标准和商业判断规则分别针对忠实义务和勤勉义务，分别对应严格的事实审查和宽松的程序审查，而合理性标准契合诚信原则，兼顾事实和程序、主观和客观，从而在理论上形成了完备的问责机制——三元问责机制。

合理性标准解决的是董事和高管在经营管理中的非理性问题，这种非理性是介于忠实和勤勉义务规制路径之间的行为特点，对应的司法审查标准也应当是介于二者之间的审查强度。该标准与其他二者共同作用，三位一体，形成了有效监督和制约董事和高管的立体化行为准则，同时又不超越商业判断规则而损害经营决策的自主性。该标准还有力地契合了现代法治国家从形式主义法治到实质主义法治的理念转变，使司法审查不停留于形式审查或程序审查，转变只重程序审查的现状，兼顾实质审查，既符合现代法治理念，又建立了董事和高管有效的问责机制，并且在金融机构破产责任的分配中开拓出一条全新路径。

根据特拉华州的司法实践，[①]诚信路径应当涵摄 4 种不当的行为：故意让公司违法、不坦诚告知、滥用职权、严重失职，因而可以构建出如下三元化体系，见图 2-2。[②]

---

① See Andrew D. Appleby & Matthew D. Montaigne, Threew D. Appleby & Matthew D. Moand the Improper Characterization of Good Faith in the Fiduciary Duty "Triad". Also see Stephen M. Bainbridge & Star Lopez & Benjamin Oklan, The Convergence of Good Faith and Oversight.

② 参见朱羿锟：《董事问责标准的重构》，北京大学出版社 2011 年版，第 19 页。

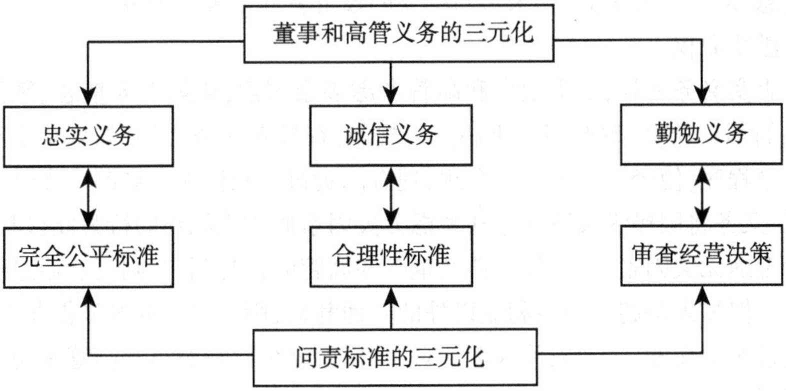

图 2-2　董事和高管的三元问责路径

1. 故意让公司违法

我国公司法要求公司的经营活动必须遵守法律法规，而董事和高管首先应当服从的行为标准就是不违反法律法规的要求。让公司合规，是董事和高管经营决策中首先应当考虑的问题。法律设定的是最低的道德标准，而违反法律自然可以被认为是不诚信的行为，故意让公司违法不仅不诚实，还因其主观性而使得个人承担民事责任具备合理性，并且这也是不忠于职守的表现。

董事和高管故意让公司违法应当被视为不诚信，并赔偿公司遭受的罚款等损失。这种民事责任在我国金融领域具有现实的意义，因为仅靠刑法和行政监管难以实现合法性目标，政府监管的力量相对于高速发展的金融领域十分有限，加上金融领域的专业性和复杂性，使得违法行为的发现和检控成本较高。通过公司法项下的问责机制可以将守法内化为公司行为，而不仅仅依赖于公权机关的被动发现。这种主动的问责机制让金融监管形成监管主体多元化的状态，有利于市场自律和法律权威的树立。以往因违法行为处罚公司的情形，依据诚信问责途径转变为由董事和高管承担责任。如此一来，以股东为代表的公司利益相关方将有更大的动力问责董事和高管，可以形成有效的内部约束力量。

2. 不坦诚告知

金融领域信息不对称的问题非常严重，而涉及利益冲突时，董事和高管应当向公司机构坦诚相告，这是忠实义务的规制范围。然而忠实义务无法规制不涉及利益冲突，或者隐性利益冲突情形的坦诚相告问题。虽然《证券法》中规定了董事信息披露义务，但这不能代替公司法上的义务，致使大量董事和高管不坦诚甚至欺诈的行为逍遥法外。原因就在于证券法的规制对象非常有限，无法规制非上市公司，披露的信息也未穷尽董事依据诚信原则应当披露的影响其决策的重大信息，从救济范围而言，未参与交易的投资者并未被赋予诉权。

3. 滥用职权

在忠实义务之外，如果董事和高管考虑多余因素，诸如个人憎恶、欲望等非经济性的不良动机，现有问责机制无力规制；在勤勉义务之外，如果董事和高管操纵决策程序，使经营决策外观合规，现有问责机制同样无力规制。在这种情况下，诚信义务将因操纵决策程序和考虑无关因素而滥用职权的行为涵摄其中。

对考虑无关因素而言，如果涉及董事和高管的自身利益，则可以通过忠实义务归责。但如果是超越经济利益以外的其他利益，则忠实义务将显得非常乏力。然而通过诚信义务，考虑无关因素一旦不合理，就可以让董事和高管承担相关的民事责任。

对操纵决策程序而言，虽然外观上显现的是理性行事，可以被认为是为公司最佳利益行事，符合勤勉义务，但其中操纵人际关系和钻营、蒙蔽等举措将成为可归责的事由。

4. 严重失职

勤勉义务广为诟病的就是当董事和高管明显失职构成不忠于职守，违反了公认的基本公司规范，却在很多情况下没有受到相应的民事责任追究。根本原因就在于勤勉义务被商业判断标准所影响，可归责性大为降低。而诚信路径将以更大范围、更深层次的标准要求董事和高管，使逃脱勤勉义务责难的董事和高管无法规避诚信义务带来的赔偿责任。

5. 过度投机行为

除了上述特拉华州发展出的几大典型行为外，金融董事和高管的过度投机行为也需要得到规制。由于金融领域存在固有的系统性风险，为了维护金融稳定，政府具有救助市场的潜在动力。董事和高管在金钱的博弈中，往往用尽一切可能的手段，以获取套利空间，不仅追求监管套利，还利用甚至滥用政府救助为代表的溢出效应，不当地获取投机利益。从获利的角度来说，高杠杆、高投机的管理和决策可以有机会达到一本生万利的效果，即使发生风险也有政府兜底；从职位流动性的角度来说，股东是公司的直接所有者，董事和高管的流动性相对较强，因此倾向于追求短期的绩效，而提高短期绩效的最有效方法就是追求投机和高杠杆，成功则一呼百应摇身变为金融大鳄，失败不过丢盔弃甲逃出战场，不仅毫发无伤，还可能带走高额的薪酬。这样的短视、过度投机行为也可以通过诚信义务予以解决，以实现金融法的公平、安全价值。

第四节 金融机构监事责任

一、监事责任的必要性

在人类发展历史上,公司可以被称为最伟大的发明之一,其有效推动了世界贸易的发展和人类福祉的提升,并从经济、政治、文化等多个维度广泛且深入地影响着人类的文明。良好的公司治理机制是保障公司高效率运作的基石,[①]使公司的治理不断得以精进,决策民主科学化,经营合理化,利益冲突淡化,进而达到较高的投入和产出效率。

在公司治理机制中,监事和监事会制度是二元制公司治理结构中设立的一种有效的制衡机制,其与公司董事分别执掌业务监督权和执行权,从而达到公司内部自治监督的目的。

目前,存在两种类型的监事制度。一种是以日本为代表的监事会制度——董事会和监事会并列存在,均由股东会产生、对股东会负责;另一种是以德国为代表的"二级制"监事制度,即董事会由监事会产生向监事会报告工作并对监事会负责。尽管监事的职能有一定差别,但在保持监事独立性、强化监事的权责方面,是殊途同归的,有着共同的取向。[②] 目前,我国的公司治理结构中,监事会的组成结构与德国相同,即股东代表和职工代表共同组成;而权责分配则与日本模式更为一致。

遗憾的是,我国公司的监事制度实效并不理想,尤其是金融领域的监事形同虚设,难以发挥职能对董事形成制约,甚至同样存在"道德风险"的问题,监事责任的缺位使这种情况雪上加霜。目前监事会制度的运作状况实在令人堪忧,监事会严重虚化,监督流于形式,监事会制度徒有虚名。[③] 上海证券交易所的上市公司治理问卷调查显示,对于公司的内部约束力量,认为来自董事会的占29.2%,认为是管理层自我约束的占25.8%,认为是来自主管单位和地方政府的分别占到13.2%和5.4%,然而认为是来自监事的仅仅占到3.4%,[④]专门承担监督职能的竟然占比如此之低,使监事制度设立的初衷被虚化,进而影响到公司运

---

① 参见倪建林:《公司治理结构:法律与实践》,法律出版社2001年版,第1页。

② 参见张忠野:《公司治理的法理学研究》,北京大学出版社2006年版,第78页。

③ 参见李建伟:《独立董事制度研究——从法学与管理学的双重角度》,中国人民大学出版社2004年版,第374页。

④ 参见倪建林:《公司治理结构:法律与实践》,法律出版社2001年版,第199~200页。

营的安全与高效。

监事作用虚化的原因是复合的，存在诸多掣肘的因素，比如公司监事缺乏独立性的问题，监事行使职权缺乏必要的法律保障等。在诸多因素中，尤其以责任制度的缺失最为显著。监事责任包含民事、刑事、行政三种责任类型，其中又以民事责任的相关理论研究和法律规制最为薄弱。监事民事责任制度的完善不仅有利于我国提升公司的治理水平、防范金融风险，还可以优化金融机构破产损失的分担，减轻金融风险的负外部性。

二、监事义务

考察国内外公司法理论和法律实践，监事义务有多种归类方式。例如，将监事义务分为谨慎义务、忠诚义务、个别具体的义务和集体工作义务等；[①]也可将监事义务根据针对对象的不同而分为对公司义务和第三人义务；根据义务来源的不同分为法定义务和约定义务；根据义务的内容分为忠实义务和勤勉义务。[②]

监事责任依据的应当是义务内容，即忠实义务和勤勉义务，虽然我国公司法对忠实义务和勤勉义务的规定是同时针对公司治理中的董事、监事及高管，但这种规范过于原则性，相比董事和高管的忠实和勤勉义务而言，监事的具体义务应当有其自身的特点。

就忠实义务而言，其核心是"公司的商业机会必须由公司利用，不得将这些机会用于个人目的"，[③]所有掌握公司商业机会的人都应当对公司负有忠实义务，而与代表决策和执行的董事和高管相比，监事应承担的是对公司相关决策和执行事项的监督义务，并在监事职权范围内承担与董事和高管相同或相似的其他忠实义务，诸如不得侵占公司财产义务、不得泄露公司秘密义务、不得篡夺公司机会义务、不得收受贿赂或其他非法利益义务等。

就勤勉义务而言，即监事在执行职务时按照公司法或公司章程规定的标准，尽到谨慎义务。一般认为，我国公司法欠缺关于董事注意义务的规定，监事注意义务沿用关于董事注意义务的规定，也因此付之阙如。然而，监事责任所依据的义务标准并非完全无迹可循，《公司法》第78~80条所规定的监事职权为监事实施监督行为提供了较为明确的标准，可以视为监事责任的来源，是监事权利和义务的内在统一。然而我们也不能忽视，监事责任制度和义务规定仍然处于

---

① 参见[德]托马斯·莱赛尔、吕迪格·法伊尔：《德国资合公司法》，高旭军等译，法律出版社2004年版，第208~219页。

② 参见曹顺明：《股份有限公司董事损害赔偿责任研究》，中国法制出版社2005年版，第54页。

③ [德]托马斯·莱赛尔、吕迪格·法伊尔：《德国资合公司法》，高旭军等译，法律出版社2004年版，第163页。

并不完善的状态。根据《公司法》的规定，监事勤勉义务的内涵主要包括：(1)检查和调查义务，如针对财务状况的检查和对经营情况异常情况的调查等；(2)建议义务，如对违反法律、行政法规、公司章程或股东会决议的董事和高管提出罢免提议，召开临时股东会会议的提议，列席董事会会议并对董事会决议事项提出质询或者建议，向股东会会议提出提案等；(3)诉讼义务，即根据《公司法》第189条的规定，应股东的请求向法院提起针对董事和高管的诉讼；(4)监事会议义务，即法定的监事会常规和临时会议制度(包括过半数通过和会议记录的要求)，以及章程规定的议事方式和表决程序。

在勤勉义务项下，金融机构的监事相比一般的公司监事，还应当具备合理程度的技术要求，承担检查企业是否贯彻执行相关监管法律法规情况、检查企业财务和金融风险防范等专业性较强的监督职能。在理解和检查董事和高管的金融经营决策时，应当具备一定财务、审计、金融和法律专业知识的能力，从而在董事和高管违反前文所述的忠实义务、勤勉义务和诚信义务时，及时发现并履行职责。监事本身作为公司治理的有机组成部分，也应当同时受到忠实、勤勉义务的规制，相比董事和高管侧重审查经营管理行为，监事侧重的是审查监督和尽职行为。

三、金融机构监事责任之阙如

(一)监事责任和董事责任的比较分析

(1)从责任性质上看，监事原则上不负责公司业务经营的决策和执行，而是侧重于公司机构之间的内部责任，因此责任性质应当属于违约责任，以侵权责任为例外。相比而言，董事责任则包含了侵权责任和违约责任，其直接的经营决策行为将对公司利益或第三人利益造成侵害。

(2)从责任内容上看，尽管在我国公司法项下，监事和董事都承担忠实和勤勉义务，但是具体内容应当有所侧重。监事就不会承担董事责任中篡夺公司机会的义务和不得违规自我交易的义务，因此在忠实义务项下的责任较轻。相比之下，监事的义务更集中于勤勉义务，旨在特定情况下才承担忠实义务，这与其监督者和观察者的身份相一致，避免监事受到过重的司法压力。

(3)从责任连带性上看，监事承担责任的情形往往与董事、高管承担责任并行，具备连带性。监督的职能建立在监督对象之上，监督行为出现问题时，如果要让监事承担民事责任，必然有董事和高管的可归责行为在先并造成损害。因此，监事的民事责任应当是连带责任。

(4)从责任承担上看，相比受到商业判断规则保护的董事和高管而言，监事的归责应当更加客观和标准化，因为相比董事和高管在复杂的商事环境中决策，监事职责所处环境较为固定，履行职责可能涉及的不确定性较小，履行情况也容易判断，因此监事责任的承担应当是较为确定和标准化的。

（二）监事民事责任的实现

监事因违反忠实勤勉义务，对公司可以承担违约责任和侵权责任。监事和公司之间存在委托（合同）关系，承担违约责任并无不妥。然而这种约定的责任标准应当在法律上与董事责任相区分。虽然董事和监事都应当尽到善管义务，但董事面临的压力和困难明显比监事要高，相应的责任标准应当适当放宽，以保证经营决策的自主性，事实上商业判断规则正是基于此而产生。然而监事所处的环境更加宽松，具有充裕的时间和精力对公司机构进行监督，并且在金融领域应当具备相应的专业知识和经验，此时如果仅用董事责任的标准要求，未免失之偏颇。因此在勤勉义务的范畴，对监事的标准应当适当严格于董事的责任标准，使监事在个人民事责任的压力下尽职尽责，充分发挥应用的作用，并实现金融机构破产责任分配的合理性。

监事对公司承担的侵权责任应当采取过错推定原则，如果公司遭到损失，监事应当举证证明自己并非故意未尽到监督职责。这种归责原则将促使监事在日常监督中勤于保留证据，一方面可以提升监督水平，另一方面也利于对董事和高管追究责任的证据发现。

四、我国金融监事责任的完善建议

1. 监事义务的明确

监事承担责任的基础是义务规定的完善。如前所述，目前监事义务只能从职权中推导出来，缺乏直接的法律依据，这就造成了司法的混乱和不确定性。尽管我国公司法将监事与董事和高管并列纳入忠实勤勉义务的规制范畴，但与董事和高管相区分的义务规定具有存在的价值，有利于法院在司法审查中实现民事责任的合理分配。

目前鉴于公司法中的监事义务尚处于付之阙如的状态，遑论金融监事的特别义务，因此应当首先从立法中明确监事义务和责任承担，从而为金融领域监事的行为规制提供最基本的行为指引和司法实践指引，并逐步在公司法的基础上构建起金融监事的特别义务和加重责任。

2. 诚信义务的适用

在实践中，监事即使存在过错致使公司受到损害，但在外观上并未作出违法或违背章程规定的行为，使监事应当承担的责任落空。这种情况如同前述的董事和高管一样,无法通过现有的二元制问责机制予以约束。因此,在监事义务中发展出诚信义务,对于监事责任的合理分配来说,具有非常重要的意义:一方面,完全客观的标准容易招致滥诉;另一方面,现有的标准又过于主观,难以有效问责。采取主观和客观相统一的诚信问责路径将有利于激励监事发挥监督功能,并使监事作为监督者受到股东和债权人的外部约束。

3. 监事责任保险制度的建立

我国公司法并未将监事纳入高级管理人员之中,而是与董事、高级管理人员并列,无论是从学术界还是从法律实践之中,都鲜有提及"监事责任保险"的概念。由于英美国家的监事制度并不发达甚至并不存在,我国的制度设计如果在借鉴别国之余忽视了其制度基础,将陷入不伦不类的境地。

我国的监事制度类似于日本的监事制度,而且权责分配也与日本较为相似。此处可以借鉴日本的董事责任保险制度,被保险人限于公司的董事和监事,甚至其保险合同书的名称还为"日本公司董事、监事赔偿责任保险合同书"。[①] 鉴于此,我国的董事高管责任保险宜将监事纳入其中,即监事在行使职权过程中,因过错导致公司或第三人遭受经济损失而依法应承担相应经济赔偿责任时,由保险公司承担经济赔偿责任。事实上,早在20世纪90年代末,德国股份公司就有了对董事、监事责任保险的需求。现在对包括监事在内的高级管理人员的责任保险在德国已经非常普及。[②]

通过保险制度,可以有效内化原本的金融溢出效应,使责任承担主体更加多元化,并增强责任承担的执行力,达到缓释金融风险、公平分配责任的目的。监事责任保险本身也是监事民事责任豁免的有效途径之一,从而保护监事从事金融行业的积极性以及商事活力。

第五节　市场中介机构"看门人"责任

美国在2001年末至2002年底时,曾面临过一波公司丑闻危机。在一系列公司丑闻中,除了诸如内部人侵吞公司资产之类的传统性的丑闻外,还出现所谓的"金融丑闻"(financial scandals),即发行人通过制造未来现金流的假象以拉高

---

① 刘志强:《日本董事保险的构造及问题点》,载王保树主编:《商事法论集》(第四卷),法律出版社2001年版,第307页。

② 参见隋平、罗康:《德国监事民事责任制度在实践中的障碍》,载《湘潭大学学报(哲学社会科学版)》2012年第3期。

公司股票的市场价格,其中以安然公司和世通公司最为典型。在此类金融丑闻出现后,涉案的公司及其高管受到了证券交易委员会(Securities and Exchange Commission,SEC)的审查和起诉,在部分案件中,高管甚至还被追究刑事责任,数百发行人被迫重新公布财务报表。① 美国有学者将这一类金融丑闻的出现归结为"看门人"(gatekeeper),即审计机构、律师事务所、证券分析机构和信用评估机构等市场中介机构的失职,因为这些专业机构在某种程度上被视为公共利益的监督者之一。从理论上来说,市场中介机构因其处于特殊地位而相比于普通大众更能获得关于发行人的信息,并有能力且有义务在发行人披露与事实不符时警告大众。在美国,有学者甚至将看门人制度涵盖至银监会和证监会,更多的是公权力的介入,被称为"公看门人"(public gatekeeper)。② 这里所提及的审计机构、律师事务所、证券分析机构和信用评估机构等专业服务机构被称为"私看门人"(private gatekeeper)。金融监管者责任将在后一章节作详尽的阐释,这里着重分析被称为"私看门人"的市场中介机构在金融机构破产时所应承担的法律责任。

一、看门人理论概述

看门人理论最初针对的是资本市场公司运作中中介机构的监管。事实上,金融机构的日常经营活动也离不开看门人的评估和监督,这种评估结果对普通金融消费者有着重要的影响和导向作用。

(一)看门人理论的内涵

看门人理论在资本市场运作中由来已久并形成了一定的研究规模,因此目前可知的看门人理论的内涵大多是在资本市场背景下提出的。

1. 看门人的概念

从广义上来讲,所谓的看门人是指服务于董事会和投资人的外部专业机构,这一定义被美国 SEC 广泛采用。有学者则认为,看门人就是指制止公司内部违法行为的私主体。③ 还有学者从看门人的运行方式入手,将其定义为:向希望进入特定市场或从事特定服务的顾客出售产品和服务的机构。④ 金融危机

---

① See Merritt B. FOS, *Gatekeeper Failures: Why Important, What to Do*, Michigan Law Review (2008), 1089.

② 参见[美]约翰·C. 科菲:《看门人机制:市场中介与公司治理》,黄辉、王长河等译,北京大学出版社 2011 年版,第 2 页。

③ See Reinier Kraakman, *Gatekeepers: The Anatomy of a Third-Party Enforcement Strategy*, 2J. L. ECON. & ORG. (1986), 53.

④ See Assaf Hamdani, *GatekeeperLiability*, 77 S. CAL. L. Rev. (2003), 58.

后,看门人制度受到了更多的关注,我国学界也开始对看门人概念倾注更多的研究精力。我国学者一般将看门人视为“将自己声誉资本作为担保抵押给证券发行人、投资者或者市场能够据此信赖证券品质的各种市场中介机构,主要包括审计师、律师、证券分析师、信用评级机构等”。[①] 看门人的内涵尽管大多是在资本市场背景下提出的,但事实上也涉及了金融机构运营中的提供各类中介服务的组织及机构,具体涉及会计师、审计师、律师、证券分析师以及信用评级机构等。

2. 看门人的特征

市场中介机构之所以被称为看门人,就在于它的目的是截断不合格金融机构的进入通道和制止金融机构的不规范行为。因此,一旦法律在某一领域中引入更多的看门人制度,就说明该领域十分迫切地需要规避违法行为的杠杆工具。要使市场中介机构能够实现这样的功能,它必须具备以下几个特征。

(1)看门人必须是“市场中的重复交易者(repeat player)”。[②] 正因为其长期参与金融市场并熟悉相关交易活动,积累了丰富的行业经验。他们可以根据市场经验培养出的独特识别力,向投资者提供金融产品的核实和鉴定服务,为金融产品供应者提供产品质量担保。

(2)看门人是一个拥有显著名誉价值(reputation capital)的机构,需要多年的经验积累和客户积累,它需要保证其所出具声明的精确性。[③]

(3)看门人作为代理人认证或是查实信息获取的收入仅占到被代理人因其服务所促成的交易的收入所得较少的比例,[④]以保证其评价的客观性。鉴于看门人不会从被代理人的失职行为中获取过多利益,他们才更有可能作为外部审核人防止被代理人违规行为的发生。

(二)看门人的范围

通常意义上的看门人主要包括为资本市场提供认证和核查功能的各个主体,诸如对发行人的财务报告进行核查的审计机构、对发行人信用进行分析的信用评级机构,对公司的技术、竞争力以及未来收入进行评估的证券分析师,为并购价格提供公正意见的投资银行以及确保发行人信息披露完整性并对承销商提

---

① 李炜、李婉丽:《市场中介与公司治理:重构“看门人”制度框架》,载《湖北社会科学》2015 年第 10 期。

② [美]约翰 · C. 科菲:《看门人机制:市场中介与公司治理》,黄辉、王长河等译,北京大学出版社 2011 年版,第 3 页。

③ See John C. Coffee, J. R. , *Gatekeeper Failure and Reform*: *The Challenge of Fashioning Relevant Reforms*, Boston University Law Review, 308.

④ See John C. Coffee, J. R. , *Gatekeeper Failure and Reform*: *The Challenge of Fashioning Relevant Reforms*, Boston University Law Review, 309.

供法律意见的证券业律师。在金融机构破产责任承担中,鉴于其与资本市场运作的方式并不完全相同,因此其所涉及的看门人范围也不完全相同,但审计机构、律师事务所以及评级机构等中介机构应当被涵盖其中。

1. 审计机构

所谓审计机构,主要是指会计师事务所。在英国,会计作为一种强制看门人的角色而存在,即英国的成文法明确规定了看门人的具体形式,且担任审计职务的人如果自身并非会计师,又未雇用合格的会计师协助审计,则一旦其没能发现账户中存在的欺诈事宜,将会面临沉重的普通法项下的责任。而美国则更多地将这种审计机构的看门人职责赋予市场,寄希望公司出于利益和"建立绑定关系"(bond)的需要而自觉将自身置于审计机构的监管之下。[①] 然而,无论是哪一种方式,审计机构都是企业重要的看门人。随着市场的发展,审计机构与被审计的企业之间关系发生了微妙的变化。咨询业务的上涨使审计机构逐渐偏离了完全独立的道路,转而发展成为管理层吸引投资人建言献策的机构,进一步催生了企业董事和高管产生道德危机的可能性。如前所述,企业管理层的道德危机是诱发金融机构破产的重要原因,审计机构应当对金融机构经营危机起到限制、警示而非助推作用。

2. 律师事务所

律师事务所在金融机构的运作中也起着举足轻重的作用,然而要求律师对金融机构的营业和破产起到监管和制止的作用事实上与律师的本职是存在一定矛盾的。传统来说,普通法系国家通常都严格限制律师对第三方所承担的责任,同时要求律师对客户的信息进行严格的保密。[②] 金融机构的社会责任要求律师也并非完全为客户的私利服务,而应该有更深层次的利益考量和责任担当。根据美国学者的描述,证券领域的律师作为看门人具有以下特点:[③]第一,独立于客户;第二,对客户所作陈述的职业性怀疑;第三,对那些依赖于律师的公众投资者的义务;第四,律师工作的诚信将会打折扣时的辞呈义务。换言之,为金融机构服务的律师群体,不仅仅对其客户负责,更要考量那些依赖于律师的金融消费者或公众投资者的利益,需要基于其相对独立的地位给出中立的意见以维护

---

① [美]约翰·C. 科菲:《看门人机制:市场中介与公司治理》,黄辉、王长河等译,北京大学出版社2011年版,第128~129页。

② See George H. Brown, *Financial Institution Lawyer as Quasi-Public Enforcers*, Georgetown Journal of Legal Ethics (1994), 647.

③ See A. A. Sommer, Jr., *The Emerging Responsibility of the Securities Lawyer*, Address to the Banking Corporation & Business Law Section. 转引自[美]约翰·C. 科菲:《看门人机制:市场中介与公司治理》,黄辉、王长河等译,北京大学出版社2011年版,第237页。

金融市场的秩序与稳定。

3. 风险评级机构

风险评级机构是利用自身的专业知识和信息来源，对金融机构及其产品进行风险评估和级别评定的机构。在美国等金融市场发达的国家，这样的风险评级机构在金融机构内部由来已久。例如晨星公司（Morningstar Inc.），其利用一星至五星的排名评价大约 8000 家的美国共同基金。到 20 世纪 90 年代末期为止，晨星公司大约授予了 100 个五星级的等级，①成为目前美国最主要的投资研究机构之一和国际基金评级的权威机构。然而，在风险评级机构兴起的同时，其责任配置体系并没有同步跟进。根据美国公布的数据统计，通常情况下，法院对风险评级机构都采取相对保护的态度，一方面是因为法院认为风险评级机构仅仅提供意见，受到言论自由的保护；另一方面投资者对于评级机构所作的评级的信赖被认为是不合理的。②

这里，司法机关呈现出的保护态度，使公众投资者陷入了较为被动的局面。因为风险评级机构所作的评级是金融机构履行受信人勤勉义务的重要依据，相当于法律一方面默认了该评级应有的金融指引效力，然而另一方面投资者却无法将风险评级机构的评级结果作为诉讼证据。这种单方面有利于金融机构的保护态度不仅会导致金融机构和投资者的权利义务失衡，还可能会进一步加剧风险评级机构的利益倾向，增加道德风险产生的可能性。

（三）看门人的职能

看门人是以自身的信誉和经验积累为金融机构提供服务和产品的中介，但其与金融机构的关系并非简单的顾客与受托人，他们在为金融机构提供服务的同时还有着更高阶的服务对象，即金融消费者整体和社会公众利益。

1. 减少信息不对称

金融机构与金融消费者相比处于明显的优势地位，这种优势地位的取得很大程度上是因为金融机构占有的大量的信息资源。应该说，作为看门人的市场中介机构的出现就是为了扭转这种信息不对称的局面，以中介机构的外部监督填补金融机构及其消费者之间的信息缺口。从这个角度出发，所谓看门人就是要保证金融机构高质量的信息披露，既要对金融机构的信息披露频率和完整度进行把控，也要帮助其提高信息披露的真实性。例如，SEC 在对审计机构的要求

---

① See Charles Gasparino, *Mutual Funds Show Managers the Money*, Wall Street Journal (1997), C1.

② ［美］约翰·C. 科菲：《看门人机制：市场中介与公司治理》，黄辉、王长河等译，北京大学出版社 2011 年版，第 355 页。

和目标中就曾提到,需要培育高质量的审计行为以尽可能减少外部因素对于审计结果判断的影响。审计机构必须对每一次审计保有专业的怀疑态度,且必须有能力在客观中立的态度下得出审计结果,即使该结果可能会与其客户管理层,甚至是审计者本身会计师事务所的利益发生冲突。①

2. 保障金融市场整体利益

通过看门人制度,金融机构能够让投资者相信自己所提供的产品或服务的品质,从而降低融资成本。从表面上看仅是为了金融机构的利益,但事实上其也旨在通过信息披露、产品评价及分析等手段让金融消费者可以对金融机构的产品或服务进行甄别和选择。从这个角度来看,看门人理应承担防范并监督金融机构不良行为的义务。然而,作为看门人金融市场中介机构,其内部对于监督义务和披露义务存在许多反对意见,主要的理由就在于传统意义上的看门人与金融机构之间存在委托与被委托的关系,看门人的职责仅在于维护客户利益,并需对客户的全部信息绝对保密。例如,与客户利益绝对一致性、保密和对客户的无条件热忱(partisan zeal)是律师义务的三大基石。② 然而,这种说法事实上混淆了看门人的本质职责,也忽略了金融机构的特殊属性。拒绝对金融机构可能存在的问题或不法行为进行披露或纠正并非在保护金融机构本身的利益,实际上是帮助管理层进行虚构或隐瞒,成为金融机构破产倒闭的帮凶。金融机构的利益相对于其管理层的利益要宽泛得多,不仅要获得经济利益,还要承担社会责任,为其运营创造良好的市场环境。从这个角度说,看门人的职责与金融机构的利益不存在根本性矛盾,③甚至从长远看彼此之间的利益是休戚相关的。然而,目前由于看门人与金融机构管理层的利益关联性,许多看门人机构选择了顺应管理层而非金融机构整体意志,埋下了极深的隐患。法律上施以特殊责任,将成为有效的规制手段。

3. 维护金融市场的稳定安全

与此同时,看门人制度也是保障金融市场有序运行与稳定安全的重要工具。与注重宏观层面金融监管规则顶层设计的政府监管部门不同,看门人制度在微观的金融市场层面通过向金融机构提供资产信用评级、承销保荐、鉴证、审计等中介服务对个体金融机构实行间接的监管,进而促进金融市场的整体平稳运

---

① See Security and Exchange Commission, *Final Rule: Revision of the Commission's Auditor Independence Requirements* (2001), https://www.sec.gov/rules/final/33-7919.htm, last visited on Nov. 19, 2019.

② See David Luban, *The Adversary System Excuse*, The Good Lawyer (1984), 90.

③ See George H. Brown, *Financial Institution Lawyer as Quasi-Public Enforcers*, Georgetown Journal of Legal Ethics (1994), 709.

行，具有降低政府监管成本、提高监管效率的重要作用。因此，看门人机制一旦失灵，金融不当行为就有可能集中爆发，会进一步助长金融机构内部的道德危机。[①] 因此，建立看门人制度的重要原因，就是要以看门人的独立性和中立性矫正金融机构与金融消费者之间的不对等地位，保护金融消费者权益。

二、看门人特殊责任的源泉

2021 年康美药业证券虚假陈述责任案（以下简称"康美案"）引发了对金融中介机构特殊责任的热议。因康美药业被曝出财务造假，在中国证监会认定康美药业涉嫌虚增银行存款、收入造假、买卖本公司股票等违法违规行为、负责为康美药业进行财务审计的会计师事务所亦涉嫌帮助康美药业实施财务造假行为后，2020 年 12 月 11 名自然人向法院提请虚假陈述民事赔偿普通代表人之诉。最终 2021 年 11 月广州市中级人民法院作出一审判决，责令该会计师事务所及直接责任人员承担全部连带赔偿责任。"康美案"带来的司法意义是深远的，它意味着金融市场的看门人如果明知被服务的公司存在金融不法行为且帮助其实施不法行为时，看门人将与该公司承担行政责任和民事层面的共同侵权责任。除了"康美案"以外，同样因会计师事务所和证券公司帮助上市公司财务造假的"金亚科技案"（2019 年）、[②]"华泽钴镍案"（2020 年）[③]等一系列证券民事赔偿案件也反映出，中介机构在服务上市公司的过程中帮助侵权或未履行勤勉尽责和注意义务时须承担连带赔偿责任。由此看来，金融市场看门人具有比其他市场上的中介机构更严格的加重责任。

赋予看门人更重的法律责任，如同一把"双刃剑"，虽然在一定程度上能够有效督促金融机构合法合规从事经营活动、发挥外部监督人的作用，但同时也会带来一系列问题，毕竟加重看门人的法律责任是为了整体社会利益考量的决定。

---

① ［美］约翰·C. 科菲：《看门人机制：市场中介与公司治理》，黄辉、王长河等译，北京大学出版社 2011 年版，第 10～12 页。

② （2021）川民终 178 号判决书显示，立信会计师事务所对金亚科技股份有限公司 2014 年年度财务报表审计中存在对取得异常银行回函未实施验证程序、销售与收款循环函证程序不当、应收账款函证程序不当、未充分关注重大合同中的异常情况、采购与付款函证程序不当等违规行为，四川省高级人民法院维持一审判决，即立信会计师事务所对金亚科技公司的上述责任承担连带赔偿责任。

③ 根据"华泽钴镍案"其中一份字号为（2020）川民终 293 号判决书，国信证券公司、瑞华会计师事务所因对成都华泽钴镍材料股份有限公司财务造假事件未尽到勤勉义务和注意义务，导致金融消费者因此遭受损失，四川省高级人民法院依据根据《最高人民法院关于审理证券市场因虚假陈述引发的民事赔偿案件的若干规定》第 18 条、第 20 条、第 23 条、第 27 条、第 32 条、第 33 条之规定，判决国信证券、瑞华会计师事务所对成都华泽钴镍材料股份有限公司的赔偿义务承担连带赔偿责任。

1. 代价：扰乱市场安排

针对看门人施以加重责任是通过加重看门人的监督责任防止和分担金融机构可能出现的道德和经营风险，实际上是通过事前的制度安排要求看门人承担金融机构经营失败引发的破产损失。从某种程度上来说，这是对市场自发调配资源的人为改变和突破，可能会对整个金融市场运行产生连锁反应。传统的看门人理论认为，看门人为其客户进入一定市场或参与特定活动提供了必要的服务或产品，从这个定义上看，看门人的客户可以分为两类：一类是为了合法目的而依赖看门人进入市场的机构或个人，另一类是希望通过看门人进入市场而非法获益的机构或个人，[①]看门人的职责是制止后者。然而，看门人一旦承担了更重的法律责任，它很可能通过提高收费标准的方法降低自身所承担的风险，使合法客户进入市场或从事特定活动的成本进一步攀升，相当于提高了该领域市场主体的准入成本、形成准入障碍。因此，看门人理论要达到最理想效果，应当由看门人根据客户的风险等级对其进行差别收费。然而，从现实角度来看，看门人很难对客户进行预先判断，在经济学角度制造了另一种负面影响。[②] 事实上，看门人会根据违法客户行为可能造成的平均成本统一提高市场准入成本标准，增加了特别是中小规模企业的融资成本，不利于资本市场发挥资源配置作用，一定程度上减损了竞争效率。

2. 受益：阻止违规行为

看门人因其对金融机构整体行为的贯穿参与，可以对金融机构的违规行为在多阶段予以阻止。在金融机构进入特定市场或从事特定行为之前，看门人可以对其行为进行检视；在准入之后，看门人还可以对金融机构的经营行为进行持续性监督以防止违规行为的发生。对于看门人而言，要督促其履行监督义务，可以采取两种方案，一种是对其施加加重责任，另一种是追究其疏忽责任。但加重责任相比于追究疏忽责任来说更有优势，即前者不需要政府（法院或监管机关）主动获取看门人疏忽失职的信息，[③]这不仅减少了政府的追责成本，同时也使看门人的责任感和警惕性更强。

在加重责任中，政府只需要判断金融机构是否从事了违法行为及相应的损害程度，并以此为标准确定对应的看门人必须承担的责任，在这种责任压力下看门人会主动根据其可能受到的惩罚而调整其对金融机构的审查监督策略力度。

---

① See Assaf Hamdani, *Gatekeeper Liability*, Southern California Law Review (2003), p. 64.

② See Michael Rothschild & Joseph Stiglitz, *Equilibrium in Competitive Insurance Markets: An Essay on the Economics of Imperfect Information* (1976), Q. J. ECON. 629.

③ See Assaf Hamdani, *Gatekeeper Liability*, Southern California Law Review (2003), p. 83.

如果采取追究疏忽责任路径，则要求监管者必须获取足够的定义最佳监管力度的信息，且需要根据个案的不同分别判断监管机构及其看门人的职责履行情况，这显然对政府施加了更重的信息获取负担。尽管有学者认为追究疏忽责任的方式相对于加重责任来说更加公平，但其前提必须是政府对相关信息的完全获取，这仅仅是一种理想状态，在现实中极难达到，而一旦政府信息获取出现偏差则必然会导致对看门人或追责不够或追责过度的不良后果。① 相比而言，特殊责任的确认是通过加重责任预期而提升看门人监督义务履行的内在动机，更加节约成本，效率也更高。

虽然看门人制度的存在不可能完全制止金融机构违规行为的发生，但其大大增加了违法行为的成本，使旨在通过看门人进入特定市场或从事特定行为而获取不法利益的企业碍于看门人的监督而打消念头。鉴于金融领域的特殊性及其承载的社会责任，通过加重看门人责任防止金融机构固有的道德风险，事实上是对市场主体信息不对称以及市场主体强弱势对比的一种修正。如果仅仅寄希望于政府事后监管或追责，将会耗费更大的经济成本。看门人加重责任，究其本质是一种事前的损失分担机制，蕴含监管价值。因此，有必要进一步在法律上厘清金融中介机构与接受中介服务的公司之间的共同侵权责任边界，合理配置中介机构的法律责任，只有如此才能既确保金融中介机构放心尽职尽责，又不会给金融中介机构带来承重的成本负担，从而保障看门人制度在金融稳定运行过程中的可持续性。

三、看门人特殊责任设计

看门人理论需要配合加重责任才能更好施行，具体到金融领域，就是指金融机构市场退出机制中没有履行相应职责或是履行不到位的看门人，不仅对金融机构破产本身，还需要对金融机构破产所产生的整体影响承担额外责任。金融机构破产环节对看门人施以特殊责任不仅仅是一种损失分担，更是一种预防性制度安排。

（一）审计机构的特殊责任

审计机构如果能尽职尽责履行监督审计职能，将对金融机构的良性发展、金融市场的有序运行以及金融消费者的保护具有重要的意义。安然公司和安达信的例子再次说明审计机构的失职会助长金融机构的道德危机并加速破产。

---

① See Richard Craswell & John E. Calfee, *Deterrence and Uncertain Legal Standards*, 2 J. L. ECON. & ORG (1986), p. 279, 286.

经历了20世纪初的一系列与审计机构有关的金融业丑闻后,美国着意要加强对审计机构的监管,以恢复投资者的信心。当时,审计机构内部的主要矛盾在于行业纪律缺失以及垄断的加强。在《萨班斯—奥克斯利法案》颁布前,审计行业内部唯一有意义的审计质量控制机制就是同行评审程序(peer review)。根据美国注册会计师协会(American Institute of Certified Public Accountants,AICPA)的规则,每个会员审计事务所每三年都必须由同行事务所对其质量控制体系进行评审。① 如果事务所存在违规或失职行为,则同行评审委员会有权力要求其采取纠正性措施。但事实上,这种纠错方式所能获得的效果微乎其微。同行评审委员会所能采取的措施仅仅涉及推进同行评审、聘请外部顾问、同行评审人的监督或同行评审委员会成员对纠正性措施实施进程的监督、事务所内部监控程序的监督、事务所质量控制文件或其他指导性材料的变化以及在具体领域开展职业教育等。② 上述举措的强制性非常弱,因此对审计机构也缺乏应有的威慑力。另一方面,随着各个主要审计机构的不断合并,四大会计师事务所逐渐垄断了整个审计市场,其施加于客户的影响力越来越大。

正是在这样的大背景下,《萨班斯—奥克斯利法案》出台。该法案进一步细化了审计机构的义务,并对公司高管董事在审计领域的失法行为作了严格的惩罚性规定。但是,该法案强调的是对审计机构的监管及行为要求,包括"建立一个独立的公众公司会计监管委员会(Public Company Accounting Oversight Board,PCAOB),对上市公司审计进行监管,以及通过合伙人轮换制度以及咨询与审计服务不兼容等提高审计的独立性"等,③其中所涉及的责任条款仍然不足。尽管《萨班斯—奥克斯利法案》对审计机构的行为准则和监管策略进行了具体规定,但责任配置上的缺失使得该法案在实践中并没有取得预期效果。据统计,该法案颁布后四大会计师事务所的客户平均重述率依然居高不下。④ 主要原因是审计机构及其自律组织总是尽可能地减轻自身责任,而且这种责任的自我减轻在一定程度上也与被审计机构的管理层需求相配合。审计机构通常在委托合同中与客户进行约定,以排除客户"进行法院诉讼或惩罚性赔偿的要求"。⑤ 而此时被审计机构的管理层通常不会否定这样的约定,因为在丑闻发生或是机构破

① See Panel on Audit Effectiveness Report and Recommendation (2000), Appendix C, 193.

② 参见[美]约翰·C. 科菲:《看门人机制:市场中介与公司治理》,黄辉、王长河等译,北京大学出版社2011年版,第198页。

③ 参见《萨班斯—奥克斯利法案》(2002)第一章、第二章。

④ [美]约翰·C. 科菲:《看门人机制:市场中介与公司治理》,黄辉、王长河等译,北京大学出版社2011年版,第111页。

⑤ See Michael Rapoport, *Auditing Liability Caps Face Fire*, Wall Street Journal (2005), C-3.

产时,管理层很可能最先下台或丧失控制权,减少审计机构责任与其自身并无实质利益冲突。相反,审计机构的责任越少,则更有可能顺应被审计机构管理层的要求。尽管审计机构的真正客户是金融机构整体,但审计机构的聘任和报酬标准等则由公司管理层决定。显而易见,对审计机构的利益具有实质影响的还是金融机构管理层。如果审计机构缺乏预期加重责任的约束,则很可能为了自身短期经济利益而选择与金融机构管理层共谋,安然公司和安达信的不良互动就是典型例证。

因此,无论是审计机构本身、其自律组织,还是金融机构管理层,都缺乏加重审计机构责任的主观动机,使审计机构得以助长金融机构经营中的道德风险。而通过明确的法律规定预设审计机构的特殊责任,能够有效提高审计机构自身对风险的敬畏之心、督促其谨慎行事,从而进一步提高了专业机构对金融机构经营行为的监督效率。

(二)律师事务所的特殊责任

金融机构的律师通常被看作一种准公共强制力量(quasi-public enforcer),用以监督金融机构的经营行为。但是鉴于律师本身的职业特征,在推动律师事务所的特殊责任时也面临诸多问题。

要求律师事务所承担特殊责任,与其他看门人相比可能会更加困难。因为律师有着独特的职业行为准则,且这种准则的履行和其加重责任的承担存在一定冲突。律师的专业职责要求其尽量避免诉讼的产生且抵制更多的信息披露义务,然而现行的律师职责规则并没有对其专业职责达成一致,尤其是在保密义务方面。而且,律师职业要求其为了客户的利益行事,这也给了律师团体抵制将律师作为客户不当行为披露人的理由。① 然而,尽管律师具有这些职业特点,其仍应该承担特殊责任。如前所述,金融机构承载了更多的公共利益。律师履行职责不仅仅是维护委托客户的小群体利益,更是保护存款人、投资人等利益相关人的利益。从这个角度讲,律师的加重责任在某种程度上是对公共利益的让步。

美国联邦法院通过一系列案例确认了金融机构顾问律师的责任范围,这些案例综合反映了金融机构顾问律师的加重责任趋势,使得律师事务所对存款人形成了一种事实上的保护义务。在金融机构破产时,存款保险机构有权将金融机构托管,而托管人则可以以机构名义对其顾问律师起诉。在 FDIC v. Mmahat 案中,联邦存款及借贷保险公司(Federal Savings and Loan Insurance

---

① See George H. Brown, *Financial Institution Lawyers as Quasi-Public Enforcers*, the Ethics of Financial Institution Lawyers (1994), p. 714-715.

Corporation,FSLIC)作为托管人就以律师建议金融机构违规借贷为由起诉了其托管银行的外部顾问律师及其律师事务所。① FSLIC 发现该金融机构是基于其律师的建议而违反了“贷款给同一贷款人”(Loan to One Borrowers,LTOB)的限制规则。该案中,律师不能仅依赖与金融机构董事或高管的个人关系,就建议其忽视或滥用法规从而使存款人的资金陷入危机。一旦律师做出此类行为,作为托管人的政府代理机构将会为了恢复因内部滥用而损失的被保险存款而起诉律师。

美国《金融机构改革、恢复和实施法案》(Financial Institution Reform, Recovery and Enforcement Act,FIRREA)也对律师施加了相当于存款受托人的责任。该法案加重了律师在为金融机构提供法律意见时的审慎责任,规定在律师提供建议时,不得过失地协助客户从事违反法规的行为,不得故意或过失地使金融机构及其董事和高管违背受托人责任,不得故意或过失地建议金融机构从事不安全的行为。而且,该法案还加重了律师的事后信息披露义务。一般来说,为客户保密是律师的重要义务之一,但是如果其所参与的金融机构交易涉及不安全行为或是对受托人义务的违反,则其应该尽快披露。②

(三)风险评级机构的加重责任

与前两类看门人不同,风险评级机构并不直接参与金融机构的运营,因此对其责任标准也显得更加单薄。就证券领域而言,“一个特定的评级结果(或者评级的上升或下降)可能构成重大虚假陈述(material misstatement)从而可能根据(SEC 的)10b-5 规则被起诉;同样地,鉴于新的信息而未能对评级进行更新也可能构成重大疏忽(material omission)。当然,这些虚假陈述和疏忽只有在评级机构明知(scienter)的情况下才是可诉的,但是根据现在的法律,放任(recklessness)——是指有意识地认识到该种陈述可能是假的或者不在乎其是否真实或准确——也足以满足 10b-5 规则下的明知的标准”。③ 事实上,实践中对风险评级机构的诉讼成功的可能性比较小,法院通常认为金融消费者对风险评级机构的完全依赖和信任是不合理的。于是产生了这样一个悖论,即对风险评级机构评价结果的查询和依赖可以作为金融消费者履行勤勉义务的凭证,但是不能成为其在面对风险机构评级失当时诉讼索赔的依据。风险评级机构既然被

---

① See FDIC v. Mmahat 907 F. 2d 546 (5th Cir 1990).

② See Financial Institution Reform, Recovery and Enforcement Act, 12 U. S. C. §1813 (1988 & Supp. Ⅳ 1993).

③ [美]约翰·C. 科菲:《看门人机制:市场中介与公司治理》,黄辉、王长河等译,北京大学出版社 2011 年版,第 355 页。

默认可以对金融机构及其产品进行评级,其显然已经是金融市场经营活动重要的参与主体,可能会对金融消费者的选择产生实质性影响。风险评级机构自身也应意识到这种影响,并且利用这种影响满足自身的运营需求。风险评级机构亦应承担其不当行为所导致的金融机构破产责任,且因金融机构的基础性和社会性,理应承担更重的评级责任。

(四)小结

综上所述,看门人所应承担的特殊责任,既来源于金融机构所涉及的基础性社会利益,也来源于金融机构审慎经营的需要。“没有法律责任,中介机构可能会肆无忌惮;但责任过重,为了规避风险,中介机构的服务又可能变得没有多大用处。”①因此,看门人法律责任规则的设计,要注意把握责任之“度”,不能过轻而无法彰显法律的震慑作用,又不能过度苛责,否则可能会损害看门人履行监督职责的积极性。

鉴于看门人注意义务标准的专业性,可先由行业协会等自律组织制定相关的审查义务标准,再提交监管机构进行最后的审核,防止自律组织基于行业自身利益考虑而过分减轻看门人的义务和责任。

对看门人的民事责任追责,现阶段应当适用过错归责原则中的过错推定。现阶段,我国看门人体系运作尚不成熟,直接对看门人施加无过错责任,责任过重很可能挫伤看门人群体发挥监督作用的积极性。而适用过错推定,将举证责任转至看门人,便于相对人追责,真正将责任落地。同时,设置安全港(safe harbor)对某些特定情况下的看门人行为进行适度免责,如看门人群体可以通过证明其行为不存在不法性、其对因自身行为造成投资者损失的严重后果无法预期、其与损失之间不存在关联性和责任承担不公平合理等理由要求免责或减少责任。②

第六节 债权人责任安排:自救计划

金融机构破产倒闭产生的巨大负外部性,使得各国在危机处置中更倾向于

① John C. Coffee Jr. Gatekeepers, *The Professions and Corporate Governance*, Oxford University Press, 2006, p. 371.

② ACCA, *Auditor Liability: Fair and Reasonable Punishment?*, http://www.accaglobal.com/gb/en/student/exam-support-resources/professional-exams-study-resources/p7/technical-articles/auditor-liability.html.

救助而非任其倒闭,但"太大而不能倒"又会引发道德风险、扭曲公平竞争。国际组织就问题金融机构的危机处置提出了一系列解决方案及建议,其中自救计划(bail in)受到广泛关注。[①] 自救计划以债权人利益让渡为核心,触发事件发生时将债权转为股权或直接核销,其实质就是建立金融机构破产损失分担机制,在股东、管理层、债权人以及纳税人之间分配损失,同时确保危机处置程序高效且低成本的实施。美国、英国、欧盟等国家及地区已将其纳入立法,如美国2010年《多德—弗兰克法案》规定了"生前遗嘱"中的"应急资本转换机制";英国2013年《金融服务法》及欧盟"开放式银行处置方案"中的自救债券。

从自救具体程序和规则设计上看,针对问题金融机构危机处置机制明显区别于普通破产程序——原本受普通破产程序保护的债权人群体,在自救计划中将让渡部分自身利益以保障其危机处置程序的顺利进行。究其原因主要有两点:一是由于公众不愿将所纳税金过多投入于问题金融机构的救市政策,二是自救远比公共援助更有效率。[②] 既然要让以税金为代表的公共资本抽身而出,就必须增强金融机构在危机应对过程中的自救力量。通过债权在特定情形发生时的自动减记或转化为核心资本等自救安排,不仅可以增强其自身的危机应对能力,还提高了危机处置效率,即以债权人利益的直接让渡换取了更高层面的公共利益。

一、自救计划

(一)自救计划的定义

关于"自救计划"的定义,目前仍然存在不同认识。FSB认为,自救计划包含两种形式:合同形式和强制形式(contractual and statutory bail-in)。[③] 合同形式,是指在债务工具发行合同中约定,在特定情况下债务工具应当按一定条件转换成股份或予以核销;强制形式,即指在法律中规定,特定条件下相关债务转换成股份或予以核销。[④] 国际货币基金组织(IMF)则认为,自救计划就是为了持

---

① 2010年10月,金融稳定理事会发布了报告《降低系统重要性金融机构道德风险的政策建议及时间表》,提出系统重要性金融机构应当具有较高的损失吸收能力,包括要求银行采用资本附加或应急资本或自救债务工具等提高其抵御风险损失能力的资本或其他工具。转引自李文泓、吴祖鸿:《自救安排及其在我国的应用》,载《中国金融》2011年第6期。

② See Peter Klimek, Sebastian Poledna, Doyne Farmer and Stefan Thurner, *To Bail-out or Bail-in? Answer from an Agent-based Model*, Journal of Economic Dynamics & Control, 2015, p. 145-147.

③ See FSB, *Reducing the Moral Hazard Posed by Systemically Important Financial Institutions*, 2010.

④ 参见李文泓、吴祖鸿:《自救安排及其在我国的应用》,载《中国金融》2011年第6期。

续营业的需要,通过转换和(或)减损无担保债务的方式重整濒危金融机构之债务的法定权力(statutory power)。[①] 这一定义强调了自救计划具有强制性,排除了合同形式自救计划的存在。同时,该定义更加关注强制性自救计划在金融机构危机处置中的作用。从宏观上看,自救计划所适用的对象可以是濒临破产的金融机构。[②]

虽然从理论上讲,合同形式与强制形式可以互为补充,彼此并不相互排斥,但自救计划应具有强制性,否则其作用将会与或有资本发生较大重叠。或有资本与自救计划最大的区别就在于:投资者在购买或有资本时就默认并且可以预见其在特定情况下被转化为股权的可能,然而自救计划则完全源于金融机构面临危机时监管机构的强制减记或转化。[③] 尽管或有资本和自救计划在触发事件和运行模式上也存在相似性,但或有资本明显带有私权合同性质,更加侧重于事前约定,债权人对于自身可能受到的损失能够提前预见,属于带有事前主动性质的利益减损;而自救计划中的债权人则是在监管机构的主导下为了问题金融机构的恢复或处置作出让步,其债权人利益被动让渡的痕迹更加明显,也更加直接。正是因为或有资本更加强调债权人的自主意愿,协商成本更高,合同适用范围也有限,特别在金融机构危机处置的紧急情况下,过程显得更加冗长,弊端较为突出。事实上,FSB 也承认,对于投资者而言,强制形式的自救计划比合同形式更有效率且透明度更高。[④]

自救计划中部分债权人的债权被转化为核心资本或是直接减记。具体来说,包括两种方式即债转股和债务核销。在债转股方式下,普通债券、次级债券等按照从高到低的转换率被转换成普通股;在核销方式下,监管当局一旦认定问题金融机构符合触发条件,损失则按照原资产负债表的清偿顺序(普通股、优先股、次级债、普通债)逐步被吸收。[⑤] 可以看出,无论是债转股还是债务减记方式,自救计划本身就是通过强制性减损债权人利益达到事前救济、降低道德风险并将损失分担合理化之目的,是国际社会创新出来的问题金融机构危机处置的解决途径,其核心理念就是债权人的利益让渡。

(二)自救计划的制度安排

要真正使自救计划得以有效运用,必须为其提供清晰和确定的法律框架。

---

① IMF, *From Bail-out to Bail-in: Mandatory Debt Restructuring of Systemic Financial Institutions*, 2012.

② See BenoîtCoeuré: *The Implications of Bail-in Rules for Bank Activity and Stability*, 2013.

③ Thomas Conlon and John Cotter, *Anatomy of a Bail-in*, *Journal of Financial Stability*, 2014.

④ See Schroder Investment Management Limited, Response to FSB Public Consultation, 2011.

⑤ 参见李文泓、吴祖鸿:《自救安排及其在我国的应用》,载《中国金融》2011 年第 6 期。

FSB 的相关报告指出，自救计划需要一个富有活力的法律框架，该法律框架应包括以下内容：主导自救计划的权威机构；自救计划的适用条件；自救范围；自救计划正式运用的程序；股东及债权人的处置及适当的补救机制等。① 在自救计划的法律框架中，最具有争议的当属自救计划的适用条件和自救范围。

1. 自救计划的适用条件

自救计划的适用条件，又称触发事件，即当问题金融机构满足何种条件时，监管当局决定开启自救计划，它决定了债权人在何时需要损失其自身利益以帮助金融机构本身渡过难关。按时间点的不同，触发事件可以分为破产触发事件（insolvency-related triggers）和破产前触发事件（pre-insolvency triggers）。破产触发事件，是指在金融机构已经达到破产标准，即资不抵债或不能支付到期债务时，必须启动自救计划恢复生机；破产前触发事件，则是在破产威胁前或问题刚刚出现阶段，就可以针对金融机构采取自救计划。

关于触发事件的启动时间，仍存在很大争议。巴塞尔委员会认为，该触发事件必须早于下列两种情形：②（1）为避免金融机构丧失生存能力，有关当局作出的注入公共资金或给予相当财政支持的决定；（2）为避免金融机构丧失生存能力，有关当局作出的债权减记决定。这里，巴塞尔委员会并未对"生存能力"作相应的解释，但从其原文理解似乎更倾向于在破产前启动自救计划。但 IMF 认为，如果将触发事件提前到破产危机出现前，其产生的法律问题可能会更多。自救计划的触发事件必须与其他救助措施相配套，该触发事件必须能够保证法律确定性与恢复金融机构经营可能性最大化之间的平衡。③ IMF 还指出，为保障自救计划启动时机适当，在采用该措施之前最好能对其进行一些附加检验程序。④ 不同国家及地区的实践操作也不尽相同，如英国采用的就是破产前触发事件；欧盟《恢复与处置指令》则规定，金融机构濒临破产或已经破产时，均可启动自救计划。

我国有学者认为，接近破产标准和已经达到破产标准在现实中很难区分，即便能够区分，接近破产标准的银行可能在处置当局作出自救决定时很快达到破

---

① See FSB, *Effective Resolution of SystemicallyImportant Financial Institutions*, 2011.

② See Basel Committee on Banking Supervision, Basel Committee Issues Final Elements of the Reforms to Raise the Quality of Regulatory Capital, 2011.

③ See IMF, *From Bail - out to Bail - in: Mandatory Debt Restructuring of Systemic Financial Institutions*, 2012.

④ See IMF, *From Bail - out to Bail - in: Mandatory Debt Restructuring of Systemic Financial Institutions*, 2012.

产标准。[①] 对此,笔者不敢苟同。事实上,金融机构的破产标准与其他企业有很大的不同,不能将传统的破产点作为触发事件启动的参照标准。普通破产标准有资产负债标准(资不抵债)及流动性标准(不能支付到期债务),但金融机构还有第三种破产标准——监管性破产(regulatory insolvency),是指即便金融机构的资产负债显示其所有者权益为正数,但只要监管当局认为金融机构达不到监管要求(通常以资本充足率为基础),其财务状况不再"安全和稳健",监管者就可以据此判断金融机构达到破产临界点。监管性破产标准的引入就是防止金融机构破产引发的负外部效应,其目的在于确保监管当局的早期介入,将倒闭损失降至最低。从恢复金融机构正常经营的有效性来看,自救计划的触发条件必须与监管性破产标准结合起来,当金融机构的资本严重不足或者达不到监管预设的法定标准时,就立即启动自救计划。这里,笔者并不认同将触发事件的启动时机完全交由监管者自由裁量。虽然在整个金融机构危机处置环节中监管当局须拥有一定的自由裁量权,但是该权力应作适度限制以免被滥用。这里,应在立法上明确客观性标准,以金融机构资本评估和风险测量为基础,确定自救启动的具体时机。

2. 自救范围

自救范围也是争议较大的问题,即何种债权应被纳入自救计划。现存债权类型主要包括设担保的债权、存款(分为受存款保险机构承保的存款和未受存款保险机构承保的存款)、高级债权、次级债权等。通常认为,设担保的债权和受承保的存款不属于自救范围,而其他在清算程序中可能遭受损失的债权原则上都应纳入其中。但对担保债权是否纳入自救范围,也有不同认识。英国2013年《金融服务法》就把被承保的存款、担保债权排除在自救范围之外;但FDIC主席Sheila Bair建议应适当限制有担保债权人的追索权,将其追索上限限制为债权总额的80%,[②]这也意味着担保债权人将承担20%的损失。

FSB认为,法定自救计划适用的债务范围应更加广泛,涵盖更多类型的债权。只有将债权转化为股权或债权减记进行得越彻底,问题金融机构恢复的可能性才越大。[③] 但是,也有机构对此提出质疑,认为无担保无保险的债务当然可以适用于自救计划,但是也必须有相应的除外债权不能适用,因为自救计划的运

---

① 参见周仲飞:《金融机构强制性自救债的法律问题》,载《现代法学》2015年第2期。

② 参见王信、周晴:《"大而不倒"问题的解决方案——以次贷危机中的美国金融机构为例》,载《经济社会体制比较》2010年第6期。

③ See FSB, *Effective Resolution of Systemically Important Financial Institutions*, 2011.

用将很可能使得法定优先权等同于优先无担保债权。① 事实上，对于优先权的问题 FSB 也提出了相应建议，即债权的转换和注销必须与债权本身的法定顺序和优先性一致，对于有悖于法定顺序的任何例外性规定都必须遵循“债权人在此情况下获得的法定权益不少于清算程序”之原则。②

为了尽可能提升自救计划的有效性，巴塞尔委员会也规定了例外情形，即自救计划的相关规定与国内法冲突时，虽然国内法已经规定在触发事件发生时某种债务工具应被减记或核销，仍可以对自救计划的范围进行突破，但这种突破必须建立在该国内法已经过评估并作了明确信息披露的基础上。③

（三）自救计划的性质

就其实质而言，债权人是以牺牲自身部分利益换取金融机构更大的复活概率，这种利益让渡式的拯救既非债权人完全自发的私力救济，也非公权力干预下的公共利益救助，它有着自身的独特属性。自救计划中一旦触发事件被启动，就意味着债权人部分债权将被直接减损。虽然债权人利益让渡是以公权力为主导，但它又依赖于金融机构本身的自救，带有私力救济的性质，且债权人的利益不再让位于公权力的行使，而是让位于公共利益。

一方面，债权人利益让渡以公权力为主导。IMF 早在 2012 年就曾明确自救计划和合同式应急资本工具（contractual contingent capital instruments）的本质性差异。尽管两者都包含有债权结构调整（creditor-financed recapitalization）的内容，但以应急可转换债为代表的应急资本明显带有私权性质，当事先约定的情形发生时债权自动被转化为股权或自动被削减，债权人对此有明确的预期；而自救计划则以公权力为主导，当金融机构面临破产威胁时，监管当局有权重组其债务。④ 债权人在自救计划中是被动参与并执行，是真正意义上的给予公共利益的利益让渡。有观点认为，这种强制性的私力救济方式与应急债券一类的自救债有过多重合，可能会削弱后者的市场基础。⑤ 然而应急债券等合同性质的自救债券作为事前约定，不可能完全覆盖自救计划所有的触发事件，因此以这种公权力主导的债权人私利让渡作为危机处理的补充措施还是十分必要的。

另一方面，债权人利益让渡又带有私力救济的性质。在经历了 2008 年次贷

---

① See Schroder Investment Management Limited, Response to FSB Public Consultation, 2011.

② See FSB, *Effective Resolution of Systemically Important Financial Institutions*, 2011.

③ See Basel Committee on Banking Supervision, Basel Committee Issues Final Elements of the Reforms to raise the Quality of Regulatory Capital, 2011.

④ See IMF, *From Bail - out to Bail - in: Mandatory Debt Restructuring of Systemic Financial Institutions*, 2012.

⑤ 参见尹亭：《巴塞尔委员会自救债国际标准：问题和启示》，载《金融发展研究》2013 年第 8 期。

危机后,纳税人普遍不希望政府将过多的税金用于援助出现问题的金融机构。尽管自救计划中债权减记和转化的启动需要依靠公权力的行使,但从本质上来说,解救问题金融机构困局的关键还在于其债权人对其私有利益的减少以及自身资本结构的调整。

二、自救计划中的多方利益衡量

在金融机构恢复与处置程序中,监管机构、管理层、债权人以及其他利益相关者等多方主体参与其中,他们有着各自不同的利益内容及期望目标,一个合理、科学的危机处置法律框架就是要协调所涉各方主体的利益冲突,在多方利益协调过程中实现其各自利益的最大化。

(一)监管机构

自救计划中的债权人利益让渡,由公权力所主导,而公权力的行使者就是特定的监管机构。监管机构并不单一代表纳税人利益,其在整个危机处置过程中处于核心地位,需要平衡各方主体利益,过分剥削任何一方的利益都有可能影响整个金融体系的稳健运营甚至引发社会动荡。监管机构对金融机构实施监管的目标任务,按照重要性程度排序依次为:促进金融稳定、确保其遵循相关法律法规、保护金融消费者以及维护金融系统的安全有序运行。① 一旦金融机构的经营无法满足这 4 个目标中的任何一个,政府就需要采取强制性干预措施,启动自救计划及处置程序。总体而言,监管机构实施强制性自救计划,就是要在尽可能减少纳税人负担的情况下,维护整个金融体系的稳定,保护金融消费者利益。

(二)金融机构的管理层

这里的管理层所涵盖的范围更为广泛,是指危机出现前金融机构的决策层,除了通常意义上的董事、高管外,还包括金融机构的实际管理者、实际控制人及股东。其所追求的目标就是通过金融机构的运营获取最大的利润回报。从动因上分析,管理层更容易产生道德风险。一旦金融机构陷入经营困境、出现危机,政府外部救助的可能性更大。管理层正是依赖于这种救助预期,其更容易从事高风险高回报的投资项目以扩大自身利益。因此,通常认为管理层对于金融机构经营过程中出现的风险及问题应负有主要责任。一般来说,处置程序的启动意味着政府监管者将介入金融机构的实际运营,即原来的管理层将丧失企业

---

① See Gillian G. H. Garcia, Rosa M. Lastra & Maria J. Nieto, *Bankruptcy and Reorganization Procedures for Cross-border Banks in the EU: Towards an Integrated Approach to the Reform of the EU Safety Net*, Journal of Financial Regulation and Compliance, 2009, p. 242-243.

的控制权。欧盟的统计数据显示，在跨国银行的经营状况恶化需要政府监管机构介入的情形中，约80%的国家都规定其有权免除银行原有管理层的职务作为补救性手段。① 美国《多德—弗兰克法案》也赋予了监管当局在处置过程中更强有力的执法措施，这些处置措施都能够在没有股东及管理层等控制人的参与下快速地被执行。② 政府监管机构与管理层之间属于典型的单向性控制与被控制关系。其假设前提就是管理层对金融机构目前出现的困境负有过错，因此也就必须牺牲其自身利益以满足处置措施的执行。

(三)债权人

在金融机构危机处置程序中，债权人的受偿顺序应早于管理层，毕竟债权人并不存在经营决策方面的过错。这里，债权人与政府监管机构的关系，具有双向性特征：一方面，政府监管部门可以基于公共利益的考量要求债权人出让部分利益，对其某些行为实施控制。例如，在金融机构出现危机时，债权人通常都希望在其破产申请提起前率先控制其资产以抵偿相应债务，若多个债权人集体行动，就有可能造成金融资产集中性抽逃("rush to exit")，③直接导致金融机构破产倒闭，甚至会波及整个金融系统的稳定。因此，在自救计划中，监管当局通常会剥夺债权人对资产的控制权，强制性要求债权人出让利益，以提升金融机构的内部吸损能力。

另一方面，债权人整体作为应受保护的受偿集体，可以通过一定渠道进行利益表达，又能够反作用于监管当局，对危机处置措施及相关政策的制定产生影响。也就是说，债权人利益让渡必须具有明确的法律依据且是有限度的，过度或任意地牺牲债权人利益会违反公平原则，破坏金融体系运行的一般规律，进而损害金融消费者对整个金融体系的信心。具体来说，债权人利益让渡尽管与同一位阶的债权人同等受偿原则(*Pari passu* principle)并不完全一致，但在立法上仍然存在顺位要求，即同一位阶的债权人利益让渡程度基本相同，但不同位阶的债权人的利益让渡范围应有差异，位阶较低的债权人应承担更多的义务与责任。例如，《欧盟恢复与处置指令》第48(1)条对自救计划中的债权核销顺位作出了规定，同一顺位的债权人按照各自的债权比例承担损失；不属于普通股、一级和二级资本工具的从属债务及其他债务只有在位阶较高的债权核销后仍不能满足

---

① 参见尹亭：《巴塞尔委员会自救债国际标准：问题和启示》，载《金融发展研究》2013年第8期。

② See Mark A. McDermott & David M. Turetsky, *Restructuring Large, Systemically - Important, Financial Companies*, ABI Law Review, 2011, p. 403.

③ See Gillian G. H. Garcia, Rosa M. Lastra & Maria J. Nieto, *Bankruptcy and Reorganization Procedures for Cross-border Banks in the EU: Towards an Integrated Approach to the Reform of the EU Safety Net*, Journal of Financial Regulation and Compliance, 2009, p. 248.

自救的情况下才需要让渡自己的权益。[①] 其核心目的就是保障同一顺位的债权人得到最大限度的公平待遇，对任意剥夺债权人利益的行为进行法律层面的有效限制。

(四)纳税人

作为相对独立的利益方，纳税人代表的公共利益是自救计划利益衡量的最后一环。在普通企业破产程序中，优胜劣汰的破产法则通常并不牵涉对纳税人利益的损害。然而，由于金融机构的特殊性，政府为了金融系统的整体利益，往往动用公共资金救助濒临破产的金融机构，由此导致纳税人利益的直接减损。正是因为本轮金融危机之后纳税人反对公共资金救助的浪潮，才引发以美国为代表的国家致力于自救规则之端倪，从而尽量减少公共资金的参与，以此降低纳税人的损失。[②] 但是，即便美国《多德—弗兰克法案》在制度层面终结了“太大而不能倒”现象，对公共资金救助作了相应限制，但 FDIC 等监管机构在实践中仍然有权在其处置程序中使用公共资金，从目前的情况看完全杜绝政府援助并不现实。也正因为如此，政府监管部门和纳税人之间存在着双向互相牵制关系，政府虽然有权使用公共资金，但这种使用和援助必须在纳税人可容忍范围之内；相应地，纳税人的意见也会反作用于监管层面的政策选择和决定。

(五)小结

监管机构、管理层、债权人、纳税人构成自救计划中利益博弈的各方代表，彼此之间相互影响、牵制，若改变任何一方的关系，整个利益架构将会受到相应影响。如果对问题金融机构施以公共资金救助，会加深管理层的道德风险，减弱债权人的市场监督效力，增加纳税人负担，但能够有效平息金融恐慌、迅速恢复金融消费者信心、维护金融稳定；如果对其实施自救计划，会加重管理层责任，减损债权人利益，虽然能够很好地节约公共资金，但又存在侵犯私权、伤害投资者积极性、不能有效阻止危机进一步蔓延的嫌疑。这就给监管机构提出了更高的要求，要求其不断地提高应对新形势、新问题的能力，寻求最优解决方案，在公共利益(金融体系安全与稳健)与金融机构经营利益(金融创新与发展)之间寻求最佳的平衡点。

---

① 参见周仲飞：《金融机构强制性自救债的法律问题》，载《现代法学》2015 年第 2 期。

② See Gillian G. H. Garcia, Rosa M. Lastra & Maria J. Nieto, *Bankruptcy and Reorganization Procedures for Cross-border Banks in the EU: Towards an Integrated Approach to the Reform of the EU Safety Net*, Journal of Financial Regulation and Compliance, 2009, p. 241.

三、以债权人利益让渡为核心的自救计划产生的动因分析

应该说，传统政府投入财政资金救助的方式不仅招致纳税人的广泛诟病，更可能引发道德风险，自救计划就是要尽可能地借助内部力量，在最短的时间内消弭危机带来的消极影响。最核心的制度设计——债权人利益让渡，直接目的就是增强问题金融机构的内部吸损能力，促进危机处置程序的高效运行，以此保障整个金融体系的安全。

（一）基于问题金融机构恢复计划有效性之考量

在一般破产程序中，债权人作为破产程序的最终受益人，都是以决定者和权利享有者的身份出现的。然而在自救计划中，债权人将被迫出让自身部分债权，将其转化为受偿额度最低的股权甚至直接减记，就必须有更大的利益驱动。破产前触发事件下的债权人利益让渡，就是为了在金融机构仍然具有生存能力时最大限度地促成其恢复。破产前触发事件发生时，金融机构所面临的仅仅是可能破产的某种威胁或者经营可能出现的问题，但并未丧失继续存续的能力，在这个时候相应地减记债权或转化债权，不仅能够有效地减轻其负担，而且能够以最低的拯救成本最为高效地促成其重回正常经营轨道。相比之下，破产触发事件下的债权人利益让渡，则是为了促成问题金融机构资本重组，吸引更多的投资者，给其注入新的活力。这里，破产触发事件下的债权人利益让渡，并不是指金融机构破产后再减少债权人的利益分配，而是当其出现了不能继续经营的情形但尚未破产清算时进行的债权减记或债权股。此时对债权进行减记或转化的目的已从单纯地恢复金融机构转变为资本结构的重组。在破产触发事件发生时，部分债权将转化为普通股，导致原本的股权被稀释；部分债权被减记，金融机构本身的责任就相应地降低了。

（二）基于问题金融机构快速处置之考量

与一般机构相比，金融机构在面临危机时更加强调处理效率，这是由金融机构的系统关联性和金融脆弱性所决定的。以雷曼兄弟为例，其母公司于 2008 年 9 月 15 日申请破产，因为雷曼兄弟是由众多法律实体组成的庞大金融集团，在接下来的一个月内更多的子公司纷纷申请破产，而每个子公司又牵涉无数笔金融交易，[①]危机就此在整个体系蔓延开来。一旦危机处置时间被人为地延长，其经营将长时间处于不稳定状态，其对手交易方及整个集团都会受到波及，不仅会

---

① See Mark A. McDermott & David M. Turetsky, *Restructuring Large, Systemically - Important, Financial Companies*, ABI Law Review, 2011, p. 241.

对金融机构本身的经营产生负面影响，甚至还会给整个金融市场带来灭顶之灾。与此同时，金融业又有其固有的脆弱性，金融机构所提供的并非实体商品的售卖，而是抽象的诸如咨询、建议、结算、信用、理财等金融产品及服务。相较于有实体产品依托的企业，金融机构的抽象产品对危机及其延续时间更加敏感。在危机处置计划中，将尽可能拯救其核心项目和盈利产品，然而一旦危机时间被过度延长，这些产品很容易被金融危机的风险所侵蚀，造成更大的损失。在此种情形下，倘若将问题金融机构处置控制权掌握于数量广泛且分布分散的债权人手中，会大大降低危机处置效率，由监管者出面集中行使原本属于债权人的控制权，既能够保持相对中立客观的态度，又能加快危机处置的进度。

（三）基于公平分担损失成本之考量

金融机构面临危机时的资产偿还次序可以表述为：受保障的存款债务—高级债务—次级债务—优先股—普通股，①通过自救计划和处置程序，利益受到影响的依次是股东、管理层、债权人。对于债权人本身而言，其损失承担顺序排在股东、管理层之后，还可以通过调整债券价格等方式控制自身风险，损失可以被限制在一定范围之内，这种清偿顺序使得金融机构破产损失分担结果更为公平。以债权人利益为核心的自救计划，其实质就是为了避免公共资金救助产生的负面影响，将金融机构的失败损失在股东、管理层、债权人及其他相关利益方之间进行更加公平、合理的分配。在平衡纳税人与金融机构利益关系的同时，还能够借此强化债权人对金融机构经营活动的监督，从而加强市场约束力量，维系并保持其本身乃至整个社会的整体利益平衡。正如 2011 年 FSB 报告中所指出的那样，自救计划所要的达到的目标应为：旨在合理分配所有人与债权人之间的损失，而不依赖于社会偿付。②

四、债权人利益让渡制度在我国的实践困境

以债权人为核心的自救计划作为国际社会金融机构危机处置的一种解决方案，如何结合我国的监管实际，引入并实施自救计划，如何把握债权人让渡的比例对于我国金融体系危机处置制度的建立及完善意义重大。虽然理论上债权人利益让渡能够为金融机构的危机提供缓冲，但要真正实施并发挥债权人利益让渡的效用，我国目前的制度环境还存在诸多现实及法律障碍。

---

① See Thomas Conlon & John Cotter, *Anatomy of a Bail－in*, Journal of Financial Stability, 2014, p. 258.

② See FSB, *Effective Resolution of SystemicallyImportant Financial Institutions*, 2011.

(一)自救计划本身并不周延

自救计划还是一个被监管者刚刚引入金融机构危机处置的制度安排,其具体操作的实际风险及后果尚未得到实践的充分检验,自救计划本身存在诸多不确定因素。而且,自救计划的实施也存在一些客观上的操作难点,如自救债务工具的定价和市场容量及风险回报等问题,它在为金融机构稳定性提供保障的同时,也给债权人添加了更大的风险。同时,自救计划中的触发事件、自救范围、债权核销及减记等内容尚在进一步讨论中;监管机构对自救计划的影响力也并不确定。例如,英国有关自救计划的法律规定较为宏观,具体如何操作由监管机构自由裁量。但监管者本身可能存在经验欠缺、信息获取不周延的情况,其所作出的监管判断可能也并不完全科学、准确,如何行使自由裁量权而不被滥用又是需要进一步解决的问题。

自救计划对于债权人利益让渡之后的保护机制还不完善。自救计划实际上是对债权人普通财产权的限制与剥夺,必须建立事后的补偿及救济机制。不然,为了拯救金融机构而牺牲自身利益的债权人,由于债权被永久性不可逆转地核销或减损将无法享受到该金融机构恢复营业后的利益,又造成了新的不公正。从目前看,自救计划的补偿方式仅限于发行新股。单纯以普通股形式进行补偿似乎过于单一,且容易模糊自救计划中债权减记和转化成股权两种方式之间的界限。

此外,在金融机构接管程序中,作为接管人的金融监管当局在承继债权人集体控制权后,其能够发挥的处置作用仍然有限。毕竟监管者不是金融家,一旦金融机构面临破产即使是将控制权完全集中,也很难在短时间内消弭危机,挽救其核心业务。金融机构的重要性决定了其破产可能导致的严重后果,即使是危机处置经验丰富的美国,也没有仅寄希望于接管处置机制框架就能够迅速挽回破产企业的营业或是让其快速退出市场,还需要其他配套制度的辅助。

(二)自救计划在我国的适用困境

虽然我国金融机构破产制度尚不够全面、成熟,但在制度设计之初已经映射出债权人利益让渡的核心理念。例如,在金融机构出现重大经营风险时,金融监管机构可以采取接管或托管的措施,这在《银行业监督管理法》《商业银行法》《证券法》《保险法》中都有所体现,《企业破产法》第134条再次强调,"国务院金融监督管理机构依法对出现重大经营风险的金融机构采取接管、托管等措施的,可以向人民法院申请中止以该金融机构为被告或者被执行人的民事诉讼程序或者执行程序"。这一制度安排实际上奠定了债权人利益让渡的前提基础,即公权力的强势介入和主导。在接管、托管程序中,上述规定一方面为监管机构合法介入金融机构的经营管理，实施危机处理措施提供了法律依据；另一方面，明确限制了债权人的部分诉讼权利。当金融机构处于破产境地时，债权人向法院提起民事诉讼或申请强制执行，会进一步加深金融机构的经营困难，增加了监管当局危机处置的难度，故而有必要限制债权人部分权利的行使。

为了保护储蓄存款人的利益，我国《商业银行法》第 71 条第 2 款规定，商业银行破产清算时，在支付清算费用、所欠职工工资和劳动保险费用后，应当优先支付个人储蓄存款的本金和利息。也就是说，商业银行进入破产清算程序后，个人储蓄存款债权的清偿顺位优于机构债权人，这与自救计划中将债权划分为次级债权和一般金融消费者债权等类别予以区分，并给予受保险存款一定程度的豁免在本质上具有相似性。其核心理念还是多方利益博弈下的平衡与协调，不仅要考虑不同类型债权人的利益，还应考量企业职工、管理层、股东及其他各方利益，在金融机构破产时并不完全按照普通破产案件那样采用同一顺序按比例清偿的原则，而是优先对存款人和小额债权人进行完全偿付，以求尽量减少金融机构倒闭给整个金融体系带来的冲击。

虽然上述金融机构破产法律制度在设计之初，也或多或少映射出债权人利益让渡的理念，但就其制度环境而言，自救计划与我国现有法律规定仍有冲突，存在一些适用障碍。

第一，自救计划很可能会对我国商业银行中的国有资本产生减损，间接影响国有资产的安全。我国商业银行大多为国有资本，其债权人大多数也是国有企业。一旦采取自救计划核销或者减记债权以弥补其损失，就意味着国有债权的消灭和国有资产的减少。债权转化为股权方式，有可能造成国有资本的稀释，又会牵涉国有资产安全问题。在接管程序中，监管机构作为接管人为了降低处置成本、提高处置效率，通常采取与私有资本合并或促成私有资本对问题金融机构的收购方式，这种情况下很可能导致并购后国有资本转化为私有资本。当然，随着我国混合所有制经济的改革，上述问题会逐步得以解决。自救计划的适用必须采用特殊的制度设计，还需同步修改相关的国有资产管理法律法规以保护国有资产安全，困难和障碍可见一斑。

第二，自救计划的适用面临一些法律障碍。在自救计划中，债权的核销以及债权转股权也需要符合我国现有的法律规定。在触发事件出现后，进入自救程序的债权需要被减记或转化成股权。一旦出现债权转股权的情形，就应遵守《证券法》的相关规定。自救计划中债权转化为股权通常都是在紧急状态下，即金融机构面临危机、出现经营困境时，很难满足我国《证券法》对于增发新股的要求，而且按照《公司法》的规定增发新股还需要得到股东大会的同意，自救计划的实施可能因为上述实体及程序问题被无限制地拖延,从而直接影响自救的实效。而且,在金融机构尚未破产、进入清算程序前,对部分债权实施核销也不符合我国民事债权保护的相关规定。

第三,自救计划的构建和实施还需其他配套制度的跟进。债权人利益让渡毕竟是以保全公共利益之名减损及限制了债权人的合法利益,必须被控制在适度范围之内以防止该制度的适用失衡。这里还需要完善债权人利益让渡的救济制度,包括行政救济和司法救济,两者互为补充。在监管部门作出自救决定前,应赋予债权人提起行政诉讼或行政复议的权利;在自救计划实施后,若发现自救决定存在重大过错,虽然不能恢复该自救措施,但司法机关可以对监管当局的行为进行合法性审查并责令其给予适当补偿。同时,自救计划中债权减记或转化成股权后,债权人核损机制也需要及时跟进。在实际操作中,为了金融机构处置措施的快速施行,负责实施自救计划的监管机构很有可能超额度地转换或注销债权。为了防止公权力过度干预、侵害私权,除了上述司法救济制度外,还需建立债权人的核损制度。如果债权人在自救计划中的真实损失被权威机构认定时,相关补偿机制应及时启动以保护债权人。

我国 2015 年施行的《存款保险条例》,从法律层面明确了我国的存款保险制度,其中对于投保范围、投保人、被保险存款作了相应规定,但仍有一些遗留问题还没有解决:《商业银行法》的破产清算程序中为了保护储蓄存款人利益的优先偿付条款,是否还存在适用价值?存款保险机构作为保险人承继了原投保存款人的法律地位,是否还需要受到优先清偿的保护?这些问题的协调和解决都与债权人利益让渡密切相关。在自救计划中,同一顺位的债权人应按照同一比例进行债权的相应减损,这里是否有必要对同一顺位债权人再作进一步区分以保护特殊的利益群体?如果区分的话,是否有特权化的嫌疑;如果不区分的话,是否又会损害诸如存款保险机构或其他债权人利益等问题,还需要我们结合实际情况再作客观公正的考量。

为了应对未来可能出现的危机,保障金融体系的稳定,自救计划作为一种危机处置的新的解决方案,要求债权人在一定程度上让渡自身的合法利益,以此促成机构本身最大限度的起死回生。此种债权人利益让渡并非传统意义上的责任承担,而是一种风险分摊的制度,其本质上是为了满足程序效率和公共利益而作出的让步和牺牲。① 从另一角度看,也是一种基于高位阶利益对债权人权益进行减损的新型制度设计。也正因如此,这一制度必须要有行之有效的操作模式

---

① 参见张继红:《系统重要性金融机构自救计划及适用困境——以债权人利益让渡为核心》,载《海峡法学》2015 年第 3 期。

和相对完备的国内保障体系来支持。我国现行立法并未对此制度给予过多的关注,这方面还需紧跟国际监管立法的最新发展,未雨绸缪,结合我国的具体情形论证、设计、草拟相关制度及配套制度,这对于完善金融业危机处置制度,维护国家金融体系的安全与稳定具有积极意义。

第三章　金融监管者的问责机制

金融监管者的问责制度作为现代金融监管体系的重要组成部分，旨在通过明确金融监管者的法律责任、强化监管者的责任意识，保障金融监管的有效性和权威性。2023 年中央金融工作会议召开后，我国金融监管问责制度的制定在有条不紊地展开。2024 年 5 月 27 日，中共中央政治局召开会议正式审议了《防范化解金融风险问责规定（试行）》，这是中共中央为防范化解金融风险、进一步压实金融领域相关管理部门、金融机构、行业主管部门以及地方党委政府责任、落实金融全面监管的一次重要举措，是依法查处影响金融稳定、破坏金融市场秩序、造成重大风险的违法违规问题的必然要求。[①] 2024 年 6 月 28 日，《金融稳定法（草案二次审议稿）》第 39 条规定了国务院有关部门、地方人民政府、存款保险基金管理机构和行业保障基金管理机构及其工作人员在处置金融机构风险过程中的监管责任，这就为追究金融监管者的责任、压实金融监管者履职提供了法律层面的规范依据。[②]

---

① 国家金融监管总局：《金融监管总局党委传达学习中央政治局会议精神　贯彻落实〈防范化解金融风险问责规定（试行）〉》，访问地址 https://www. cbirc. gov. cn/cn/view/pages/ItemDetail. html? docId = 1163649&itemId = 915&generaltype = 0，访问时间：2024 年 6 月 10 日。

② 《金融稳定法（草案二次审议稿）》第 39 条规定："国务院有关部门、地方人民政府、存款保险基金管理机构和行业保障基金管理机构及其工作人员有下列情形之一的，对责任人员依法依规予以处分、处理；构成犯罪的，依法追究刑事责任：（一）滥用职权或者玩忽职守，造成金融风险或者金融风险隐患的；（二）违反规定干预金融机构的经营活动或者人事任免，对金融风险形成负有直接责任的；（三）不积极主动化解风险，未及时实施处置措施，导致风险扩大的；（四）在风险处置过程中推卸责任、不按照要求落实处置工作部署，造成危害后果的；（五）违反规定泄露相关信息，或者散布不当言论、误导性信息，引发严重负面舆情或者市场风险的。"

2024年7月中共中央召开第二十届三中全会,又再次强调了制定金融法、强化监管责任和问责制度的重要性。[①] 综上所述,我国正在加紧制定金融监管问责制度,对金融监管者的问责机制设计也自然成为理论研究的重点关注的内容。

如前所述,金融机构本身承载着深刻的社会责任和公共利益,金融机构一旦陷入困境将会产生扩散性影响并迅速波及整个金融市场。鉴于此,各国政府及立法者对问题金融机构重整及市场退出机制都给予了最大关注。尤其是在美国次贷危机之后,金融机构风险处置造成的连锁反应及破坏性影响愈加凸显金融机构市场退出监管的重要性,甚至有些国家已经将金融机构风险处置问题视为公共政策。倘若金融机构出现经营问题时,监管者监管不当或监管容忍,包括存款人在内的投资人能否以此为由直接向金融监管者提出赔偿要求?金融监管者是否承担监管责任?监管者的监管独立性与金融机构投资者的利益保护之间又要如何进行权衡?这些问题将是本章探讨的重点。

第一节　金融机构风险处置的监管概述

正因为金融机构提供金融服务之"准公共产品"特殊性,从市场准入、日常运营,直至市场退出环节都置于政府严格监管之下。

一、金融机构监管的界定

政府对金融机构的监管活动呈正弦曲线分布(sine curve of regulatory activity),即在金融危机或金融问题出现前后,对金融机构的监管力度会呈现一个从弱到强的增大过程,毕竟政府要显示其对整个金融市场的调控力。然而,由于资源受限及成本攀升,政府又会逐渐下调监管力度。[②] 这一过程说明,金融机构在面临危机甚至破产时,政府对其监管力度会大幅加强,监管机构的责任也会相应增加,但这种增加并不会逾越金融监管的大框架范围,是对监管机构履行职责的一种修正。

(一)金融监管的概念

所谓监管,是指由政府强制力保障的,要求私主体为或不为特定行为的政府

---

① 参见《中共中央关于进一步全面深化改革　推进中国式现代化的决定》明确:"制定金融法。完善金融监管体系,依法将所有金融活动纳入监管,强化监管责任和问责制度,加强中央和地方监管协同。"

② See Eric J. Pan, *Understanding Financial Regulation*, Utan Law Review (2012), 1897.

标准或指令。[1] 从广义上来说,金融监管所针对的对象是大量且多元的,包括存款人、贷款人、借款人、投资人、发行人、投资咨询者、经纪商、经销商、分析师、承销商、贸易商、市场信息提供者和证券交易所等。这些监管对象项下,每一个类别都有特征对应的两方,如消费者与机构、成熟与非成熟、独立与依附以及国内与国外。正是基于这样普遍存在的强弱对比,金融机构的监管职责所强调的就是对强势方的监督管理、对弱势方的倾斜保护,以及对金融交易活动的适度干预。由此衍生出的狭义金融监管,即是对熟悉金融市场的、独立运作的,甚至有国际性影响力的金融机构的监管。

金融监管所涵盖的监管范围也比较宽泛。一是对金融机构提供金融产品和服务的经营活动进行监管。金融产品和服务涉及证券、货币、信用、保险类产品,亦涵盖投资咨询及银行等服务。[2] 此类监管的重点在于建立金融机构的经营行为准则,以及金融消费者的保护标准。二是对金融机构内部管理和运行实施监管。该类监管以保障金融机构的安全稳健运营为核心。三是对包括证券交易所、证券结算机构在内的证券市场中介机构的行为实施监管。其目的是维护金融市场秩序以及促使金融交易成本最小化。四是对可能危机金融体系稳定的行为的制止,减少金融市场出现系统性危机事件的可能。[3] 其目的主要是维护整个金融体系的安全与稳定。

(二)金融监管机构的职权

监管机构行使职权以规范金融机构行为进而维护金融市场秩序,金融监管机构的职权主要体现在基础监管、事前监管、事中监管和事后监管 4 个方面,形成完整的金融监管链条。

1. 基础监管:规则制定

所谓规则制定,是指针对私主体行为的管理制定一系列的标准和规则,此种规则旨在确定特定情况下对机构行为的特定授权或指导。[4] 规则制定的主要风险和困难在于如何制定一个能够明确表达并体现监管者意图的预期规则。为了实现监管者的预定目的,其必须考虑三方面因素:一是规则必须清晰,规则的清

---

① See Richard Stewart, *Regulation and the Crisisof Legalisation in the United States*, Law as an Instrument of Economic Policy: Comparative and Critical Approaches, 97.

② See Onnig H. Dombalagian, *Investment Recommendations and the Essence of Duty*, 60 AM. U. L. REV. (2011), p. 1265, 1272-1283.

③ See Henry T. C. Hu, *Misunderstood Derivatives: The Causes of Informational Failure and the Promise of Regulatory Incrementalism*, 102 Yale L. J. (1993), p. 1504-1505.

④ See William Twining & David Miers, *How to do Thing with Rules* 123 (4^{th}ed. 1999), cited in Eric J. Pan, *Understanding Financial Regulation*, Utan Law Review (2012), p. 1909.

晰度将与其执行力呈正比；二是规则必须透明易懂；三是规则必须提示被监管对象可能产生的后果，特别是违反规则的不利影响。在基础性监管中，监管者事实上需要构建一个整体性监管框架和监管基础，在这个框架中既涉及被监管对象的权利义务，也涵盖监管机构的法定职权及责任，金融机构破产之监管者责任的承担依据亦由此产生。

2. 事前监管：市场准入

市场准入，是指金融监管者对金融产品或服务进行实质评估并对符合法定要求的机构准许其进入金融市场开展经营活动。这就使监管者拥有了准许或禁止特定金融产品或服务存在及机构分布的权力，监管者可以通过发放牌照、登记、禁止性规定等多种途径实现金融机构的市场准入。通过市场准入环节的筛选，监管者能够有效地提高金融市场的产品及服务质量，从源头上控制不符合标准的机构及人员进入市场，从而将金融体系可能面临的风险最小化。应该说，金融机构既然拥有控制金融产品及其服务质量的权力，相应地，就必须负担起制定质量及服务标准以及如何定义高低质量的义务。[①] 倘若金融监管者对成熟和非成熟投资者不加以细分，可能会造成金融市场的畸形发展，特别是对非成熟投资者而言更容易招致风险和损失。以美国的 D 条例（Regulation D）为例，它对于证券交易委员会管理发行人在私募发售过程中的行为和资格都作了严格的限定，引入了投资人分类，即公司向受信投资人（accredited investors）发行证券的数量不受限制；除了受信投资人外，只能向其他最多 35 位投资人发行证券，这些投资人也必须是成熟投资人，即必须拥有相应的金融知识和经验能够帮助其进行有效的风险评估。[②] 设定投资者的准入标准，对于其自身利益的保护及整个市场的健康发展具有重要意义。

3. 事中监管：监督管理

监督管理，即指监管者监督、评估和指导金融机构履行其应尽的经营义务。[③] 监督管理职责更强调金融机构在实际运营中如何具体适用金融监管者所制定的行为准则。金融监管者通过监督管理职责的履行，能够更好地了解金融机构的运营状况和金融市场的实际需求，并相应地作出实质性改善或修正。在监督管理过程中也会涉及规则制定和执行保障等问题，但事中监管因其是唯一深度链接金融机构经营行为的监管环节而在整个监管制度中意义重大。

---

① See Richard B. Stewart, *Regulation, Innovation, and Administrative Law: A Conceptual Framework*, 69 Calif. L. Rev. (1981), p. 1265–1266.

② See "Code of Federal Regulation" Title 17, Chapter Ⅱ, § 230. p. 501–208.

③ See Eric J. Pan, *Understanding Financial Regulation*, Utan Law Review (2012), p. 1910–1914.

4. 事后监管:执行保障

事后监管,即指对那些未能遵循法规规定的金融机构进行纠正及惩处的过程。在履行执行保障之职能时,金融机构监管者可以采取三种不同的策略选择:[①]一是正式或非正式执行方式;二是对规则违反者的不同惩处模式;三是作为正式和非正式执行方式优劣对比及处罚模式选择的一部分,监管者能够决定执行的具体方式。但金融机构的事后监管并不仅仅依赖于金融监管者,还需要其他机构如行业协会、其他权力机构的共同参与。金融监管机构在行使监管职权的过程中,为了保障执行力和影响力、充分体现其专业特质,监管实践中尽可能采取非正式的执行方式,以降低法院对其监管行为的监督。

二、监管者在金融机构风险处置中的地位

正因为监管者享有极大的监管权限,甚至在某种程度上说,其直接掌握着金融机构的生死,因此监管者承担责任的风险也就更大。

(一)监管者在金融机构风险处置中的角色分析

监管者在金融机构风险处置中的角色也是多元化的,包括风险处置发起人、接管人、管理人、清算人等。尽管不同国家所采取的金融机构风险处置模式不同,但监管者在其中都承担着重要角色。

1. 司法型破产模式下的监管者

所谓司法型破产模式,即指金融机构的破产程序主要由以法院为代表的司法机关主导,金融监管者仅发挥有限的参与、协调等作用,以英国最为典型。英国银行在遭遇危机时可以选择自愿性重组,也可以向法庭申请管理令,由法院主导实施重整,并非由银行监管者进行干预性重整。在清算中,监管机构也不能主动发起自愿清算程序,而只能参与。[②] 根据英国《2009 年银行法》,金融监管者的责任主要集中在事前,即在面对可能遇到危机或问题的银行时,监管者就可以及时介入预防。英格兰银行行使干预权的方式包括:将问题银行部分或全部股份、资产及负债直接且快速地转移至其他机构;通过由英格兰银行所有或控制的"桥银行"接管问题银行部分或全部"营业"。[③] 由此可见,在司法型破产模式下,金融机构监管者的地位相对弱化,更强调监管者在破产前对金融机构的干预责任。

---

① See Eric J. Pan, *Understanding Financial Regulation*, Utan Law Review (2012), p. 1915-1916.

② See A. Campbell and P. Cartwright, *Banks in Crisis: The Legal Response*, 2002, p. 160.

③ 汪世虎主编:《金融机构破产制度研究》,法律出版社 2014 年版,第 5 页。

2. 监管型破产模式下的监管者角色

在监管型破产模式中,监管者作为金融机构破产程序的主导者,负责管理整个破产程序。采取监管型破产模式的金融机构主要包括美国、意大利等。在监管型破产模式下,监管者作为金融机构破产程序申请的唯一主体,金融机构的破产标准、什么时候破产、破产管理人的资格及其选任和监管等一系列的问题都由监管者决定。在这种模式下,监管者在金融机构破产程序中履行的职责及其发挥的作用显然远远超越司法型监管,监管者职权不仅仅涉及金融机构本身的运行及破产程序,还更广泛地延伸到金融机构债权人、股东、管理层等相关利益方的安排上,[①]因此其更易触发监管者责任。在这样的情况下,监管者的行为一旦出现偏差,对破产过程中相关主体的知情权、受偿权等都会造成不利影响,需要赋予监管者相应的责任以最大化降低这种负面影响力。

(二)监管者在金融机构风险处置中的地位趋势

有学者将监管者对金融机构风险处置的干预分为执行性干预(执行权)、纠正性干预和控制性干预,[②]在这三种监管性干预措施中,监管者的作用都呈现放大的趋势,主要表现为监管权力干预金融机构经营活动时间点的提前。

1. 早期干预理论的内容

不少国家的政府和监管当局面对即将发生的银行偿付能力问题往往是动作迟缓或者犹豫不决。例如,在美国,监管自制(regulatory forbearance)而导致的监管当局没能在破产之前迅速、及时关闭银行被看作是加剧储贷危机的一个重要因素。[③] 早期干预原则的意义在于加强银行监管当局对问题银行的监管,确保其及时介入以阻滞银行从事不健康的经营活动,避免银行失败所带来的损失和恐慌。不仅如此,早期干预还能够提高银行监管者的声誉,有利于维护社会公众对整个银行业的信心。G. N. Olson 认为,存在强烈的公共利益使得在银行实际破产(按照普通破产法的破产标准)前早期干预,以降低存款人的风险。[④] 因此,相比其他企业,银行风险处置需监管当局尽早干预、及时采取措施,避免银行

---

① 为了最大限度地追回银行破产财产,使存款保险基金美国的联邦存款保险公司(FDIC)单方面决定是否承认债权人所申报的债权,对破产时的合同履行也有很大的决定权,且在资产出售等方面也具有自主决定权。

② See T. M. C. Asser, *Legal Aspects of Regulatory Treatment of Banks in Distress* (2001), IMF, 52.

③ See Lawrence G. Baxter, *Judicial Responses to the Recent Enforcement Activities of the Federal Banking Regulators*, 59 Fordham Law Reviews 193, 1991.

④ See G. N. Olson, *Government Intervention: The Inadequacy of Bank Insolvency Resolution—Lessons from the American Experience*, in Rosa M. Lastra and Henry N. Schiffman, *Bank Failures and Bank Insolvency Law in Economies in Transition*, Kluwer Law International 1999, p. 117.

破产损失的进一步扩大。

监管者在金融机构风险处置中日益增强的地位趋势在美国体现得尤为明显,美国在近期处理系统重要性金融机构(System Important Financial Institution,SIFIs)时,监管者的职责得到了进一步扩大,同时责任也就相应涉及更广,其中很重要的一环就是进行预防性监管和早期干预。事实上,在美国,早有学者提出了系统性早期干预与处置计划(Structured Early Intervention and Resolution Program,SEIR)。有关学者和影子金融监督管理委员会(Shadow Financial Regulatory Committee)都对SEIR的概念和内涵进行了不断的完善,最终将SEIR的内容主要体现在6个方面。第一,对小微存款人提供明确的完全的政府存款保障保险;第二,与特定国家私有市场对非被保险银行竞争者要求相当的资本水平;第三,在银行行为不断恶化时,划定不同的恶化程度区域,建立一个类似于市场在破产过程中对非被保险公司所施加的联合约定或与债权人协商的处置路径相类似的一系列标准式监管制裁;第四,明确且公开的终止规则("closure rule"),督促监管者在问题金融机构的净资产低于一定额度之前完成对其的拯救;第五,以风险为判断基础的存款保险额度,这是为了制止金融机构从事与其经营不适应的风险行为,或低风险金融机构与高风险金融机构进行跨国合并;第六,市场或目前的价值统计,从而避免金融消费者或是金融机构管理者、监管者用以作出决策的数据过于延后。[①] 在这6个方面中,第四点终止规则是SEIR的核心规定,因为监管者在拯救金融机构时事实上是一场渐进资金投入式的对其复兴的赌博,必须要以有效的终止规则进行限制,否则监管者的行为可能会致使大范围的公共利益受损。

2. 早期干预理论的实践

早期干预理论的实践也以美国为代表,1991年的《联邦存款保险公司改进法》中就采取了早期干预理论,实行迅速纠正措施(prompt corrective action)。该法案对监管者最大的影响,就是赋予其对银行依据其资本情况进行分类的权利,[②]因为在每一个资本分类项下,监管者对银行都有相应的强制性监管义务,根据义务的履行也需要承担不同的责任。这一做法在实践中取得了较好的效果,其强制性能够避免监管者怠于监管的现象发生,同时也能避免金融机构从事超过自身承受能力的风险行为,避免其管理层的道德危机。但是,任何制度的

---

① See George G. Kaufman, *Bank Failures*, *Systemic Risk and Bank Regulation*, Cato Journal (1996), p. 30-31.

② 分为5类,即资本状况良好(well capitalized)、资本充足(adequately capitalized)、资本不足(undercapitalized)、资本严重不足(significantly undercapitalized)以及资本极端不足(critically undercapitalized)。

适用都具有两面性。早期干预制度在解决监管自治问题上效果突出,但同时亦存在一定问题。法律赋予监管机构更多的监管权力,使监管者在管理和决定金融机构内部的利益冲突时,存在权力滥用风险。而且,在早期干预制度下,监管者能够从金融机构的破产和清算中获得经济利益,增强了其促成清算的动机,使得监管者经常将原本通过其他方式可以获得解救的银行进行清算,直接导致破产率升高。[①] 在这种情况下,应该赋予利益相关方进行救济的权利,对监管者设定其责任,督促其正确履行职责。

第二节　金融监管者的责任界定

金融危机之后,金融监管的重要性日渐凸显,金融机构风险处置中监管者的职能及其责任分配机制也得到了广泛的关注。前美联储主席本·伯南克就曾说过,"金融危机最大的启示就在于——金融市场需要更加有效且精巧的监管"。[②] 次贷危机之后,发达市场经济国家纷纷修改了金融监管立法,不约而同地表达了对金融市场实施强势监管的态度。而如何界定其监管责任,则成为完善监管机制的重要环节。

金融机构监管者的权限涵盖面广,其监管职责的履行对于整个金融市场的规则制定和金融机构的运行活动而言都起着举足轻重的作用。换言之,监管者"掌握着审慎监管规则是否得到遵守,评估银行的财务状况以及出现异常情形时采取恰如其分的措施"。[③] 其所能够采取的监管权力之大,甚至在特殊情形下还包括对金融机构的行政关闭和撤销。因此,监管者的任何监管举措都可能影响金融市场。如果监管措施存在过失或错误,则可能对金融机构及包括存款人在内的金融消费者造成巨大损失。因此,明确其法律责任对于监管者适当且勤勉地履行其职责十分必要。

然而,从另一角度看,面对错综复杂的金融市场,监管者仅仅凭借有限的监

---

① See G. J. Beston & G. G. Kaufman, "FDICIA after Five Years" (1997) 11(3), The Journal of Economic Perspectives, p. 150. 转引自苏洁澈:《银行破产监管责任问题研究》,中国人民大学 2010 年博士学位论文,第 100 页。

② See Ben S. Bernanke, *Monetary Policy and the Housing Bubble*, Annual Meeting of the American Economic Association (2010), http://www.federalreserve.gov/newsevents/speech/bernanke20100103a.pdf.

③ [瑞士]艾娃·胡普凯斯:《比较视野中的银行破产法律制度》,季立刚译,法律出版社 2006 年版,第 126~127 页。

管信息及资源，无法保证所有的监管决定都是正确、适当的。如果将监管者置于巨大的法律责任风险之下，对于金融监管体制而言又是灭顶之灾。对金融监管者监管的行为保护、抑或不保护，如何适当免责、抑或如何合理担责，又成为关键性问题。

一、金融监管者责任豁免制度

鉴于金融市场活动之于地区乃至国家经济的重要性和特殊性，客观上需要赋予监管者更广泛的监管权及自由裁量权，特别是金融机构经营陷入困境时，及时、快速地采取矫正措施、行使监管介入权显得尤为重要。正是为了保障监管者能够独立地行使监管裁量权，许多国家都规定了监管者保护制度或责任豁免制度。

巴塞尔银行监管委员会在1997年《有效银行监管的核心原则》中明确将“对监管者的法律保护”列为银行监管法律框架的必备要素，①同时国际结算银行（Bank for International Settlement，BIS）也规定“应当具有法律或其他机制确保监管者在行使监管职权时不承担法律责任，并鼓励其在必要时采取及时行动”。② 国际货币基金组织与BIS合作制定的《有关货币与金融政策透明度良好实践守则》（1999）中也指出，“有必要披露对金融监管者进行法律保护的相关信息，以确保金融监管机构雇员或官员能够履行其职责而不必担心被起诉”。③ 艾娃·胡普凯斯认为，“任何一位采取善意措施的银行监管机构官员，都不应为其行使职责而产生的损害承担个人责任”。④

（一）金融机构监管者责任豁免制度的概况

很多国家在立法中确立了针对金融监管者的特殊保护规定，⑤在司法实践中法院也对监管者责任保持了相当的克制和容忍。例如，新西兰规定了普通法

---

① Principle 1 of the Basel Core Principles provides that “[a] suitable legal framework for banking supervision is…necessary, including…legal protection for supervisors.”

② See Bank for International Settlements, Report of the Working Group on Strengthening Financial Systems (1998), https://www.bis.org/publ/othp01c.pdf.

③ See the Code of Good Practices on Transparency in Monetary and Financial Policies, 1999.

④ [瑞士]艾娃·胡普凯斯：《比较视野中的银行破产法律制度》，季立刚译，法律出版社2006年版，第127页。

⑤ Ross S. Delston于1999年考察了20个国家及地区的银行法律。其中，相较一般政府雇员，在澳大利亚、加拿大、中国香港、印度、爱尔兰、马来西亚、新西兰、新加坡、南非、英国、菲律宾、厄瓜多尔12个国家（地区），银行监管者受到法律特殊保护；丹麦、德国、挪威、西班牙、瑞士、瑞典6个国家则对所有的政府雇员都有一般性法律保护。See Ross S. Delston, Statutory Protections for Banking Supervisors, World Bank. http://www1.worldbank.org/finance/html/statutory_protection.html. 访问日期：2015年6月15日。

下针对金融监管者的法律保护。在 1989 年《新西兰储备银行法》第 179(2)条中规定,储备银行及其官员、雇员、代理人,在本法授权范围内善意履行其义务、职责的行为,不承担个人损害赔偿责任。换言之,任何基于该法规定的监管者履行职责行为,或者怠于履行职责行为,都免受赔偿诉讼,除非履行该职责是基于恶意(bad faith)。①

对于金融监管者的责任豁免,欧洲国家表现得更为突出。尽管各国都有责任豁免的相关制度,但规定并不完全一致,豁免的方式也各有不同。各个国家在金融机构监管责任豁免的程度和方式上都有明显差异,总体而言,主要通过以下两种路径实现监管者责任的限制及豁免。

1. 提高责任承担标准

大多数国家在立法上通常以存在"恶意"作为责任承担的标准,仅有少数国家和地区追究监管者的"重大过失"责任(见表 3-1)。

以英国为例,监管者对其过失行为不负责任,因为监管者对于存款人没有注意义务。英国银行法赋予金融监管者法定豁免,监管者承担责任的唯一途径是证明其存在恶意(bad faith)。法院将监管者的恶意区分为两类,即公共机关的官员有目标的恶意和公共机关的无目标恶意②。但无论哪一种恶意,在实践中对于原告存款人而言都是非常难以证明的。监管者通常都并非直接侵权人,因此要让存款人、金融机构股东、董事等完成监管者存在有目标恶意的举证几乎是不可能的。

表 3-1　各国和地区金融监管者责任豁免的相关法律规定③

国家(地区)	责任主体	责任认定			立法形式
		一般过失	重大过失	恶意行为	
德国	信贷机构联邦监管委员会	豁免	豁免	豁免	特别立法,私法赔偿
美国	证券交易委员会	豁免	豁免	豁免	特别立法,私法赔偿
中国香港	香港存款公司委员会	豁免	豁免	豁免	特别立法,私法赔偿

① See Ross Delston, Andrew Campbell, *To Protect or Not to Protect, That Is theQuestion*: *Statutory Protections for FinancialSupervisors*, 2006.

② 苏洁澈:《论银行监管机构的侵权责任——以银行破产和英美法为例》,载《法学家》2011 年第 1 期。

③ 统计数据来源:Ross S Delston, *Statutory Protection of Banking Supervisors*, Appendix I: Survey of Relevant Laws (1999), http://www1. worldbank. org/finance/assets/images/Appendix1-web. PDF;周仲飞:《银行监管机构独立性的法律保障机制》,载《法学研究》2008 年第 1 期;徐慧娟:《欧盟国家金融监管责任豁免制度及其启示:以银行监管责任为例》,载《南方金融》2007 年第 5 期。

续表

国家（地区）	责任主体	责任认定			立法形式
		一般过失	重大过失	恶意行为	
波兰	银行监管委员会	豁免	豁免	豁免	特别立法,私法赔偿
英国	金融服务署	豁免	豁免	追究	特别立法,私法赔偿
爱尔兰	中央银行	豁免	豁免	追究	特别立法,私法赔偿
澳大利亚	审慎监管局	豁免	豁免	追究	特别立法,私法赔偿
新西兰	储备银行	豁免	豁免	追究	特别立法,私法赔偿
加拿大	中央银行	豁免	豁免	追究	特别立法,私法赔偿
新加坡	金融管理局	豁免	豁免	追究	特别立法,私法赔偿
印度	储备银行	豁免	豁免	追究	特别立法,私法赔偿
菲律宾	中央银行	豁免	豁免	追究	特别立法,私法赔偿
南非	储备银行	豁免	豁免	追究	特别立法,私法赔偿
马耳他	金融服务署	豁免	豁免	追究	特别立法,私法赔偿
日本	金融服务机构	豁免	追究	追究	特别立法,行政赔偿
法国	政府	豁免	追究	追究	判例,行政赔偿
比利时	银行金融保险委员会	豁免	追究	追究	特别立法,私法赔偿
卢森堡	金融部门监管委员会	豁免	追究	追究	特别立法,私法赔偿
意大利	意大利银行	追究	追究	追究	一般民事侵权
奥地利	政府	追究	追究	追究	一般民事侵权
荷兰	中央银行	追究	追究	追究	一般的侵权法案

2. 改变承担主体

大体可以分为两类,一类是改变承担主体的义务范围,另一类是改变承担主体本身。在第一类情况下,部分国家规定,金融机构经营失败时,因监管机构与债权人之间并不存在直接法律关系,不能直接起诉监管者。以德国为例,德国1997年《银行法》直接规定"审慎监管不保护银行债权人个人",①银行监管的目的是保护公众利益,而非第三方如存款人或其他债权人。这一规定,使存款人无法因监管者的行为而对其提起民事侵权诉讼。与之相类似,卢森堡1998年修改的《金融业法》也规定,"卢森堡货币协会进行的金融监管,不是为了保护金融机

① 徐慧娟:《欧盟国家金融监管责任豁免制度及其启示:以银行监管责任为例》,载《南方金融》2007年第5期。

构及其从业人员、客户和任何第三方利益，而完全是为了公众利益”。[①] 换言之，监管者的行为是为了保护公众利益，存款人的整体利益仅仅是监管目标之一，作为单个债权人不具有起诉监管机构要求其承担赔偿责任的资格。

在第二类情况下，以法国为代表，直接以政府代替监管机构成为责任的承担者，[②]且只对重大过失标准以上之责任负责。法国银行和金融委员会在履行法定监管职能时，一旦存在重大过失及恶意，监管者也需要对受害人进行侵权赔偿。

（二）金融监管者责任豁免的动因分析

应该说，对国家公务员的职务行为进行责任豁免有其合理性，但在上述市场经济发达国家的立法实践中，金融监管者往往得到了超出一般公务人员的特殊保护（如美国、德国等国家金融监管者获得了绝对豁免）。究其原因，主要是由金融监管活动的特质性决定的。

1. 金融机构危机处置、审慎监管的必然要求

为了实现监管目的，各国立法通常都对金融监管者的权限作出规定，即其可以采取包括限制金融机构经营活动、限制开设新的分支机构和业务扩张、限制向股东支付股息红利、限制资产转移、暂停或取代管理层的权力、撤销金融机构业务许可证或牌照等一系列监管性措施。采取上述任一监管行动，都会影响到包括存款人、股东、管理层、雇员以及金融机构自身的权益。特别是金融机构破产时，必然有利益相关方因此受到损失，这时金融监管者将面临比一般行政机关更高的诉讼风险。而且，出现银行危机时往往要求监管者在短时间内采取更强有力的监管措施，一旦缺少对金融监管者的保护制度，危机处置程序将会被大大拖延、危机会进一步蔓延和恶化。[③] 1997 年东南亚金融危机之后，国际货币基金组织对成员国实施“金融系统稳定性评估计划”，其中将保护金融监管者不利视为有损金融系统稳定的制度性缺陷。[④] 法律保护制度的缺失，在一定程度上会损害金融监管者的监管积极性，折损监管效果。

此外，让金融监管者承担巨大的法律责任风险，无异于将金融机构经营失败

---

① ［瑞士］艾娃·胡普凯斯：《比较视野中的银行破产法律制度》，季立刚译，法律出版社 2006 年版，第 138 页。

② 参见徐慧娟：《欧盟国家金融监管责任豁免制度及其启示：以银行监管责任为例》，载《南方金融》2007 年第 5 期。

③ See M. Quintyn & Michael W. Taylor, *Regulatory and Supervisory Independence and Financial Stability*, IMF Working Paper, 2003, p. 18.

④ 参见汪鑫、刘巍：《国外银行监管者保护制度初探》，载《中南大学学报（社会科学版）》2005 年第 5 期。

的损失转移给国家,助长了道德风险,进一步损害了市场约束机制。而且,审慎监管的初衷,不是为了完全避免金融机构的经营失败,而是要建立一个公平、合理的损失分担机制。金融监管者责任过重,必然扭曲损失分担机制,不利于金融市场的安全与稳定。

2. 监管者责任追究机制存在固有缺陷

其一,众多金融危机表明,监管者并非一个自律、完全没有错误的机关,因此,各国立法者都普遍给予监管者以责任豁免,认为监管者追责机制的适度,能够激励监管者积极、谨慎地工作,切实维护金融市场的安全和稳定,而不是相反。因为启动一次针对金融监管者的诉讼所耗用的时间往往十分漫长,同时聘请律师和诉讼的费用也比一般的民事诉讼更加高昂,受到的损失(指在其他替代问责的手段如存款保险后仍没有获得补偿的损失)与诉讼的金钱成本和时间成本相比,追责人可能获得的赔偿数额非常有限。

其二,如果对监管者轻微的、一般的过失行为都要求其承担责任,会造成"寒蝉效应"(the chilling effect)。面对大量的诉讼,监管机构更倾向于采取保守的监管态度,将行政资源投入到诉讼和风险的回避上,时时担心有被诉的风险而偏离了工作重心,不仅没有起到正向激励作用,反而造成更严重的监管失灵。换言之,国家面临大量诉讼,即便最终判决监管者不承担责任,也会使监管者的精力在诉讼程序中消耗殆尽,司法问责反而成了诉累和负担。再加之,监管机构的公务人员不会直接承担责任,而是由国家代为赔偿,追责机制归根结底无法有效制约公务人员的冒险行为或不理性行为。

其三,侵权责任更多地关注损害后果,是一种定位于补偿损失的责任制度,然而金融监管者承担责任,在性质上属于一种间接责任。事实上,由金融监管机构对金融机构的经营失败承担赔偿责任,越过直接责任者而转嫁至间接责任者,也是将市场交易的风险转嫁至金融监管机构。[①] 而且,银行破产时,如果允许存款人通过诉讼追究监管者责任并取得赔偿,将进一步削弱其本身对金融市场固有风险的关注度,也不再监督与之交易的金融机构的实际经营状况,而直接把监管者当作天然的风险分担人,从而大大减弱了市场约束力量,道德风险激增。

3. 监管行为与损害之间因果关系的障碍

在侵权法上,认定侵权行为与损害后果是否存在因果关系,通常适用"若无,则不"的条件公式,即若无此行为,通常不至于生此种损害后果。具体到金

① 参见董世坤:《金融监管机构侵权责任之辨》,载《西南政法大学学报》2012年第4期。

融领域，如果监管机构适时采取了矫正措施、吊销牌照、启动清算程序等监管行为，就能成功避免损害结果的发生，但这种推理和反证的过程并不能直接适用于金融监管者的过错行为。

(1)因果关系的非直接性

金融监管过程中，存在多重性质的法律关系，即监管机构与被监管对象之间的行政管理与被管理法律关系(行政法律关系)，金融机构与存款人等利益相关者之间的民商事交易法律关系(合同法律关系)，以及监管机构与利益相关人之间的法律关系。前两种法律关系容易辨别，但第三种法律关系较为复杂。金融监管行为虽然未直接剥夺或限制存款人等利益相关人的权益，但当金融机构经营存在过错，并与监管机构的监管过失行为竞合时，是否让监管者承担责任就成为一个难题。然而，从因果关系上分析，一定程度上监管机构的监管缺位或监管过失行为确实助长了金融机构的逐利之风，加剧了第三方损失，但这两者之间并不存在必然的、直接的因果关系。换言之，监管者的不当监管行为不是导致金融机构破产的最主要原因，至多也只能算是合力之一。事实上，导致债权人遭受损失的破产，往往源于金融机构管理层的错误决策。[①] 金融监管者干预介入行为，只是为了矫正金融机构经营中出现的异常情况，即便这种介入客观上并未使金融机构"起死回生"，监管行为也不是存款人招致损害的唯一原因。

以法国"ElShikh"为例，存款人认为 BCCI 银行的监管者——银行委员会——在监管过程中存在过失行为，监管者在对银行检查并发现违规行为时，未能及时撤销 BCCI 银行的执照。法院认为，银行破产主要是由于雇员的过错，而银行委员会的监管过失行为与造成的损失之间的因果关系不成立，故判决驳回存款人要求监管机构承担侵权责任的诉讼请求。[②] 在英国"Three Rivers District Council v. Governor and company of the bank of England"案中，法院也认为原告无法证明"英格兰银行明知可能造成损害，仍然鲁莽行事"，也无法证明"英格兰银行对其行为可能损害存款人或潜在存款人利益故意视而不见"。[③] 在"Kechichian"案中，法院进一步阐明，监管机构的过失在银行经营失败中虽然充当了催化剂，但这并非必然导致银行破产，因此，银行经营失败导致存款人利益蒙受损失时，监管者仅应承担最终损失的 10%。

---

① 参见[瑞士]艾娃·胡普凯斯：《比较视野中的银行破产法律制度》，季立刚译，法律出版社 2006 年版，第 129~130 页。

② 参见董世坤：《金融监管机构侵权责任之辩》，载《西南政法大学学报》2012 年第 4 期。

③ 该案中，BCCI 存款人提出了对英格兰银行的损害赔偿之诉。参见[瑞士]艾娃·胡普凯斯：《比较视野中的银行破产法律制度》，季立刚译，法律出版社 2006 年版，第 132 页。

（2）因果关系的不确定性

监管者实施“审慎”监管，“审慎”意味着监管机构对于是否做出监管行为以及采取何种监管行为存在一定的自由裁量性，其必须依据当时特定的环境与政策采取一定的监管行为，而同样存在风险性的监管行为会导致怎样的后果也是监管机构无法事先洞察的。因此，监管行为与损害后果均存在严重的不确定性。倘若以无法事先预见的“后果”追究监管缺位的“原因”，尽管会一定程度上为第三方提供保护的屏障，但“更会使本就摇摆不定的因果关系链条过于冗长，导致侵权责任无序扩张，反而会使监管机构陷入进退两难的境地，在实施监管行为时束手束脚，唯恐被卷入诉讼的旋涡”。①

正是因为监管机构行使监管权力的复杂性、专业性，因此必须赋予其一定的自由裁量权使其能够快速、及时地采取监管措施，并对该行为施以法律保护，才能促使其积极行为。但对监管者责任的限制不代表没有责任，通常情况下恶意或重大过失仍需履行赔偿义务。

此外，随着金融机构跨国营业的不断深入，各国对监管者责任豁免的不同规定在某种意义上也成为金融机构市场准入壁垒。例如，一个责任豁免程度低的国家的金融机构，其国内分支机构与处于责任豁免程度高的国家的分支机构，在遭遇危机时所得到的补偿和救助就可能完全不一样，将导致完全不同的损害赔偿结果，直接造成结果上的不公平。为了解决上述问题，一些区域性国际组织开始针对金融机构监管者责任豁免问题出台统一的法规，因此责任豁免制度也逐渐呈现出一种合流的趋势。以欧盟为例，它对于各国监管者的审慎监管的程度规定了最低要求，如果监管者未能达到，则受害人可以对监管者的不当作为或不作为向成员国提起直接诉讼，要求其承担侵权责任。② 这一规定为欧盟各国的监管者责任及其豁免确立了统一标准，有利于建立公平竞争的市场环境。

二、金融监管者责任

前文中已经分析，金融监管者适度责任豁免已经是各国立法者的共同选择，也恰恰说明了金融监管机构仍需承担一定的法律责任。尽管该责任受到一定限制，但监管者责任的安排机制也是健全的监管体系必不可少的组成部分。如果单方面给予金融机构监管者完全的责任豁免，则极有可能导致监管者道德危机，反而无法实现监管目的。在立法上明确监管者责任，既是公平原则的需

---

① 董世坤：《金融监管机构侵权责任之辩》，载《西南政法大学学报》2012 年第 4 期。

② 参见徐慧娟：《欧盟国家金融监管责任豁免制度及其启示：以银行监管责任为例》，载《南方金融》2007 年第 5 期。

要,也是金融市场有序规制的必要手段。

(一)金融监管者责任之动因分析

1. 人权法运动的兴起

许多国家的宪法中都规定禁止公权力对私权的侵害,特别是私有财产。立法者在制定金融法律时普遍承认监管过错责任,但又考虑到监管机构的独立性,对该责任作了一定的限制。但是上述做法在宪法层面产生一定争议,特别是"欧盟人权法的兴起,对私人基本权利的保护提出了更高要求,在司法领域发生激烈的冲突。权益受损方可以通过欧洲人权法院,起诉要求本国的监管机构承担责任,从而绕开了本国法律对监管者的责任豁免"。①

前文述及对监管者免责的一个主要的支持理由,即赋予受害者诉权有可能导致诉讼泛滥。事实上,通过对英德进行对比,有学者认为德国监管机构所要承担的责任范围和赔偿数额都要远大于英国,英国司法界所担忧的诉讼泛滥乃杞人忧天。② 根据德国的司法实践,监管机构承担适当的侵权责任,可以敦促监管机构谨慎行使监管职能。至于赔偿过多的问题,可以让监管机构通过参加保险予以解决。一味的豁免监管机构责任并不明智。为了避免监管机构陷入诉讼的泥潭,许多国家设置了责任控制机制,如注意义务、因果关系和重大过错等,有效遏制了针对公共机构的投机性诉讼。③

此外,巡视官制度和司法审查作为替代救济方式无法对受害人进行充分救济。就巡视官制度而言,尽管巡视官有权就具体的投诉提出倾向性建议,但此种建议并不强制要求监管机构采纳,尤其是金融机构破产往往波及众多受害人,监管机构并没有采纳巡视官建议的动机,因而巡视官制度收效甚微;就司法审查而言,其属于公法上的救济,启动司法审查虽然让行政行为被宣告无效,但该制度本身并不能使受害人得到损害赔偿。④ 另外,利用司法审查对受害人进行救济的方式在实践中还存在许多问题,这主要是源于司法审查本身和法院的局限性。一方面,在实践中司法审查往往很难对受害者进行全面救济,因为司法审查以明显错误(manifest error)为由推翻金融监管者的决定,则常常会涉及实体审查,使得司法审查突破了传统的合法性(legalite)审查的基础,转而进入了机会性

① 苏洁澈:《银行破产监管责任问题研究》,中国人民大学 2010 年博士学位论文,第 176~177 页。

② See B. Markesinis & J. Fedtke, *Damages for the Negligence of Statutory Bodies: The Empirical and Comparative Dimension to an Unending Debate*, Public Law (2007), p. 315-321.

③ 参见苏洁澈:《论银行监管机构的侵权责任——以银行破产和英美法为例》,载《法学家》2011 年第 1 期。

④ See C. Booth, D. Squires, *the Negligence Liability of Public Authorities*, Oxford University Press (2006), p. 11.

(opportunite)审查,这事实上超越了司法审查的职能范围;[①]另一方面,法院有时也会对金融监管者的定位和职责出现理解偏差,从而导致司法审查的结果出现不公,例如在对吉尔吉斯斯坦国家银行(National Bank of Kyrgyz Republic, NBKR)的司法审查中,法院就曾将 NBKR 的职能定位为防止个别银行破产,而没有意识到其对整个金融系统稳定性维护的更高阶职责。[②]

2. 施以金融监管责任,能够有效提高监管效率,强化金融体系

金融行业发展迅速,金融机构的数量日益剧增,特别是跨国金融机构的出现给本国金融监管带来巨大的挑战。同时,金融商品市场也不断推陈出新,监管机构难以对所有金融衍生品快速做出反应,在一定程度上增加了监管失灵的可能性。每次金融危机中都有大量金融机构破产,也折射出金融监管者确实存在监管疏漏。这时,让监管者承担适度的法律责任,不仅能够树立有责任的监管者形象,降低监管层面的道德风险,更重要的是能够发现现有监管体系存在的问题和漏洞,以便及时进行修正,反而能够提升监管的效果。相应地,赋予监管者全面的责任豁免会产生负面效应——监管者可能会滥用其职权,缺少自我行为约束的动机。对监管者的全面保护,往往说明该国金融监管体系弱化、存在明显缺漏。[③]

而且,一些国家在立法上采用金融机构特殊破产制度,金融监管者处置问题金融机构的自由裁量权非常大,相比之下,法院可发挥监督约束的作用有限。[④]加之,法院的非专业性并不能成为责任豁免的充分理由。事实上,法院可以通过专家证人处理金融领域的专业性问题,并非在金融监管问题上无所作为。相反,没有限制的权力如脱缰的野马,必然走向滥用,有损利益相关方的合法权益。因此,权力的行使亦应存在司法约束,根据法治原则,监管者理应承担一定的法律责任。

3. 存款保险制度损失补偿作用有限

金融市场存在严重的信息不对称,包括存款人在内的金融消费者无法有效

---

① See Gary A. Gegenheimer, *Judicial Review of Bank Supervisory Decisions in the Former Soviet Republics: The Case of Kyrgyzstan*, Annual Review of Banking and Financial Law (2006), p. 375.

② See Gary A. Gegenheimer, *Judicial Review of Bank Supervisory Decisions in the Former Soviet Republics: The Case of Kyrgyzstan*, Annual Review of Banking and Financial Law (2006), p. 30.

③ Michel TISON, *Challenging the Prudential Supervisor: Liability versus Immunity*, Working Paper Series, 2003. p. 4.

④ 以美国为例,美国联邦存款保险公司(FDIC)作为破产银行的接管人,享有“超级权力”。其中,FDIC 拒绝履行或撤销合同,无须得到法院批准。因为拒绝履行或撤销合同给对方当事人造成损失,FDIC 可以得到责任豁免。See Peter P. Swire, *Bank Insolvency Law Now that it Matters Again*, Duke Law Journal, 1992, p. 469.

监督金融机构。然而,金融机构一旦破产倒闭,涉及面较广、易造成社会动荡。鉴于金融行为的高风险性、信息不对称性和明显的强弱对比,[①]以存款人为代表的金融消费者应当得到倾斜性法律保护。也就是说,存款人有权获得程序性救济,以弥补监管机构的监管行为对其造成的损害。

为了应对银行倒闭带来的金融风险,保护存款人利益,大部分国家都建立了存款保险制度。[②] 事实上,当投保机构破产时,存款人能够从存款保险机构获得的补偿通常也是有限的。[③] 银行之所以倒闭,或多或少都与金融监管疏漏有关,似乎没有特别的原因将监管者排除在索赔对象之外。因此,许多存款人把损失索赔转向监管者。也就是说,如果能够成功追究监管者的法律责任,至少从经济层面上说,存款人可以使自己的损失最小化。

4. 建立公平的破产损失分担机制的必然要求

一方面,侵权责任在经济学上具备一定的合理性。监管机构在追求其组织利益最大化方面与公司存在一定的共通之处。监管机构职能会在金融系统面临危机时被放到最大,然而在金融危机中,监管机构的自身利益常常与其监管职能重合,因此美国 20 世纪 80~90 年代“监管俘获”事件频发。[④] 为了维持自身机构利益的最大化,监管机构甚至设计了一套会计制度以避免问题银行破产,这一制度最终放大了银行破产的破坏性。监管机构为了保证在其任期内的风平浪静,往往拖延或掩盖银行问题,在遭到受害人指控时便以法定豁免作为免责的盾牌,这一切都是以受害人遭受损害为代价。为有效约束监管机构的自利动机,必须赋予受害人损害赔偿请求权。

另一方面,监管机构为其不法的监管行为承担责任符合自然正义。尤其是在监管机构滥用权力之时,受害人受到的损害理应获得救济。事实上,监管者责任完全豁免使得金融机构破产成本从政府转移至股东、债权人、中介机构等私主体,过重的、不符合效率的损失分担机制亦会减损监管价值,扭曲分配正义。

综上,对监管机构的无限豁免意味着受害人遭受的损失无法得到合理救济,因此,我们应当充分论证赋予监管机构法定豁免的限度和范围,贸然实施监管机构责任的全部豁免显然极不妥当;相应地,仍有必要让其承担一定的法律责

---

① See Goodhart, *Financial Regulation: Why, How and Where Now* (1998), London: Routledge, 7.

② 我国于 2015 年 5 月 1 日正式实施《存款保险条例》,其中规定存款人每人最高限额为 50 万元。

③ 存款保险制度通常会设定最高偿付限额,并非所有存款人均能得到全额受偿。以美国为例,其最高偿付额为 25 万美元,即超过 25 万美元部分无法在银行破产时得到补偿。这一制度在我国也得到了延续,我国《存款保险条例》中亦规定了 50 万元人民币的偿付最高额。因此对于超出偿付最高额的存款人的债权,仍然需要寻找其他途径进行补偿。

④ See Eric J. Pan, *Understanding Financial Regulation*, Utan Law Review (2012), p. 1897-1899.

任,督促其积极并更加勤勉地履行监管职能。

（二）金融监管者责任分类及其构成要件

1. 监管者责任分类

总体而言,金融监管者责任主要源于两类行为,即监管容忍(不作为)及滥用权力。前者基于监管者怠于行使其监管权,没有积极遏制金融机构违法违规行为而导致其破产,由此造成存款人、债权人等损失;后者基于监管者跨越权力边界、过度作为,对金融机构及其股东、管理层及雇员等造成损失。相应地,金融机构监管者的责任大致也可以分为两类,即私法意义上的侵权责任以及公法意义上的行政责任。它们基于不同的法律依据和产生来源,存在不同的责任重点和监管策略。

(1)行政责任

所谓行政责任,主要指的是监管者在履行其公职行为过程中所产生的责任,通常指国家赔偿责任。这类责任带有强烈的公法性质,大多数国家的成文法都作了相应规定。例如,《德国宪法》第34条规定,“任何人在行使被授予的公共职责时,如对第三方违反了其职务上的义务,由此产生的责任应由雇佣他的政府或公共机构承担”。①

为了保障监管者职责的有效及时履行,各国法律上通常对监管者的公法追责进行限制。豁免公职人员的职务行为责任的合理性及必要性,有关学者多有论及,在此不予赘述。然而,即便如此,因为金融监管者拥有广泛权力,其责任承担的可能性还是较大的,尤其是在金融机构退出机制中。被监管的金融机构及其股东、管理层等直接利益相关方,可以基于诸如限制股东权利、限制销售金融产品或开设新的分支机构、吊销金融业务牌照等行政监管决定或处罚行为,提起行政救济。此种责任的最终承担者实际上是国家,是国家贯彻公共责任原则的体现。

(2)侵权责任

金融监管机构中的行政官员,或是作为管理人、接管人的金融监管者如果因其失职或错误行为导致他人损失的,则应该按照私法项下的民法、公司法或破产法等规则,直接针对监管者提出侵权损害赔偿责任,这种情况下,责任的最终承担者就应该是监管者本身,而非国家。此类责任的救济方式主要是“适用侵权法让受害人获得损害赔偿”,而相对方则主要表现为“存款人、股东、高层和被监

---

① ［瑞士］艾娃·胡普凯斯:《比较视野中的银行破产法律制度》,季立刚译,法律出版社2006年版,第128页。

管银行”。[1] 然而,基于金融监管效力的考量,此种私法上的责任也会受到一定限制。例如,《意大利银行法》第 72 条、第 84 条规定,如果银行监管者存在疏忽或错误行为,追究责任的诉讼可以直接针对监管者本人或其成员,但必须事先得到意大利银行的同意。[2]

2. 构成要件

金融机构风险处置监管者责任的具体模式和标准在国际上并无统一的规定,大多适用责任法的一般原则,因此相应的构成要件也由特定行为、损害结果、损害与行为间的因果关系、主观态度 4 个部分组成。

(1)特定监管行为

金融监管者的监管行为,应属于其法定职权行使的范围,非金融监管行为无法触发监管者责任。事实上,世界各国为了金融市场的有序运行都制定了相应的“审慎监管”(prudential supervision)义务,在这些义务项下,金融监管者既需要对其不适当的过度监管行为承担责任,同时也需要对其未能及时采取适当措施的不作为行为承担责任。

(2)损害发生及其因果关系

需有损害发生且金融监管者行为和损害后果之间有因果关系。这也是法律中责任承担所必需的要件之一,这种因果关系并非唯一因果,但必须是主要原因。监管机构的积极作为行为可以导致金融机构本身(如吊销金融业务牌照)、股东(如限制其股东权的行使)、董事、管理层(如永久性禁业)的损害,通常构成直接因果关系。存款保险制度普遍存在保险限额,超出限额的部分仍然由存款人承受损失。此时,监管者通常不是直接施害人,许多国家基于此限制存款人要求监管者赔偿损失的权利。

事实上,在银行风险处置过程中,要证明监管失败与损害发生之间存在因果关系非常困难。特别是在不作为的情形下,通常金融机构破产很大程度上都与董事、高管等管理策略不当、经营不善有关。在多数情况下,监管者之所以介入金融机构的经营如实施接管等,是为了矫正金融机构出现的问题、维护金融系统的稳定。只有证明这种监管介入直接导致被监管对象的经营恶化,才可认定为损害发生的原因之一,而并非主要原因。换言之,监管机构的作为与不作为,通常仅是导致金融机构破产的因素之一,很难在不考虑管理层过错的前提下,直接追究监管者责任。

---

① 苏洁澈:《银行破产监管责任问题研究》,中国人民大学 2010 年博士学位论文,第 24 页。

② 参见[瑞士]艾娃·胡普凯斯:《比较视野中的银行破产法律制度》,季立刚译,法律出版社 2006 年版,第 127 页。

(3)主观过错

尽管大多数国家都将过失和恶意作为金融监管者承担法定责任的必要条件,但其中的标准又不尽相同。从司法实践来看,在认定监管者责任时通常采取比较高的过错标准,尤其是在过失的情况下,几乎很少要求金融机构监管者承担责任,甚至有些国家立法上明确规定过失不承担责任,①大部分欧洲国家规定只有恶意行为才承担责任,以此限制监管者可能承担的法律责任。

总体而言,在金融机构风险处置的监管者责任问题上,基于监管职权行使的复杂性、专业性等,各国立法及司法实践大体遵循以下原则,尽可能保持监管者与利益相关方之间的利益平衡:一方面,在法律上明确对金融监管机构实施一定程度上的责任豁免,规定其承担有限责任,以便更好地保障其履行监管职责;另一方面,有限责任不等于绝对豁免,通常情形下赋予存款人、投资者或其他利益相关方针对监管者提起诉讼的权利,由法院根据个案进行审慎裁量。

第三节 域外监管者责任之比较研究

对于金融监管者责任,不同国家及地区基本上都设定了保护规定,避免其承担过重负担。英国、美国及德国采用直接责任豁免,对监管者责任的豁免力度最大;法国适用行政赔偿模式;意大利、荷兰则采取一般民事侵权模式。

一、直接责任豁免

采用直接责任豁免的国家,主要是英国、美国及德国。

(一)英国

1.过失责任:恶意标准

作为判例法国家,英国对金融监管机构侵权责任的规定源于司法实践,在相关案例中,英国早期将金融监管者违背监管职责而产生的侵权责任作为过失责任予以处理。其中比较著名的是 1988 年阮某宇诉香港律政司案(Yuen-Kun-Yeu and other v. Attorney General of Hong-Kong)。在该案中,中国香港的一家存款机构由于自身管理和决策等原因,导致自身经营困难,进入破产清算。原告作为存款人,认为该存款公司根据《存款公司条例》而注册设立,负责注册登记

① 英国是典型的过失不担责国家;意大利规定监管者的过失行为需要承担责任;法国从过失不承担责任发展到过失需承担有限责任,而德国则从原先的过失担责,发展为过失不承担责任。参见苏洁澈:《银行破产监管责任问题研究》,中国人民大学 2010 年博士学位论文,第 25 页。

的监管人员没有尽到合理的注意义务，没有及时发现该存款公司的经营问题，存在职务上的过失。原告提出如下指控：(1)监理专员错误地认定该公司的财务状况良好，使一家处于倒闭边缘的机构保持注册状态；(2)公司是在监理专员的谨慎监管之下，故监理专员应该了解公司营业中的欺诈行为。正是因为监理专员疏于行使条例所赋予的、保证银行遵守义务的职责，监理专员理应在原告存款前拒绝或撤销该银行的注册，因而要求因监管者的失职行为而造成的财产损失获得相应的损害赔偿。①

Lord Keith 法官在上诉判决的判词中写到：首要的问题是，在本案中该专员是否在依条例履行监管职责的过程中，对准备在香港的存款公司中存钱的公众，负有使这些公众不因存款公司管理人员的不当行为而遭受损失的合理注意义务。法院在此案中，详细地分析该问题，即金融监管机构对金融消费者在法律上是否负有合理的注意义务，②由于英国法上对于认定是否存在“注意义务”没有的具体成文规定，法院将“紧密性”“可预见性”等因素作为该案注意义务的考量标准。如果法官否认金融监管机构的“注意义务”，原告（阮某宇）则会败诉，如果法官最终肯定了“注意义务”的存在，还将进一步审视该案件中是否有其他免除被告（金融监管机构）责任或限制其责任的情况，主要通过以下规则进行确认。

第一，侵权行为人是否能够预见到侵权行为会导致侵害人的损失，即对损害后果是否有可预见性。“以一个理性人的角度思考，能够预见给后者带来的损害。如果上述条件符合，则构成表面上的注意义务。”③在该案件中，法官认为监管机构（被告）完全有可能预见到存款机构破产会造成原告的财产损害，被告对损害后果有预见的可能。但是法院随后便强调可预见性的存在并不承认或产生“注意义务”，两者之间没有逻辑上的必然联系。

第二，不法行为人与被损害人之间是否有足够密切的联系（紧密性原则 proximity principle）。④ 在该诉讼中，香港法院认为监管机构并没有对存款机构的日常活动施加重大影响，继而给原告带来财产损失。原告的损失主要是因为存款机构不合理的投机行为所致，金融监管者没有参与存款机构具体的经营活

---

① See Yuen Kun-yeu v. Attorney General of Hong Kong, [1988] A. C. 175, [1987] 2 All E. R. 705.

② See Yuen Kun-yeu v. Attorney General of Hong Kong, [1988] A. C. 175, [1987] 2 All E. R. 705.

③ See Anns v. Merton London Borough Council [1978] A. C. 728, 751-2. 转引自苏洁澈：《银行破产监管责任问题研究》，中国人民大学 2010 年博士学位论文，第 142 页。

④ See Anns v. Merton London Borough Council [1978] A. C. 728, 751-2.

动,也没有义务对存款机构的所有行为进行管制,所以金融监管机构(被告)和存款人(原告)之间没有直接和密切的联系。换言之,即使金融机构对损害有可预见性,并且对原告损害后果的发生存在职务上的过失,也不能因此就认定该行为与后果之间有足够密切的联系。法院还阐述,仅仅颁发执照并不能认为监管机构对银行的稳定性提供了担保,①金融监管机构无须承担侵权责任,原告的诉讼请求被法院驳回。

与 Yuen-Kun-Yeu 案相似的案例还有 Davis v. Radcliffe 案,该案原告戴维斯同样以马恩岛金融监管机构没有履行法定的监管义务为由起诉,该请求也没有得到法院的支持。两份判决中,法院均认为如果支持原告的诉讼请求,将会严重制约监管机构履行保护公共利益的职责,从而使金融监管机构面对大量诉讼疲于应付,从而消极地履行职责。正因如此,金融监管机构所行使的权力是类司法权式(quasi-judicial)的决定权,它需要同时考虑现存的和潜在的存款人的利益,且两者利益有时很可能会产生冲突,但监管者并没有义务监督金融机构的日常管理,存款人也不能将成功注册的事实作为其相信金融机构始终经营稳定的理由,当金融机构因为金融系统整体利益而选择让某个金融机构破产时,存款人亦无法以其作为起诉理由。②

之后,英国法院却作出了不同以往的判决,“在 1989 年 Minories Finance Ltd. v. Arthur Young 案和 Johnson Matthey Pic v. Arthur Young 两个案例中,基于公平和合理原则,监管机构应对存款人负有注意义务”。③ 由此,英国立法机关也开始重视对金融监管者责任相关法律规则的完善,通过成文立法的方式明确了监管者的责任豁免,并且明确了金融监管者承担责任必须以主观恶意为判断标准。④

2. 公共不法行为

“公共不法行为”最早出现在英国,英国与德国、日本等国不同,德国、日本等都对所有政府工作人员实行责任豁免,而英国则对银行监管机构有着特殊的

---

① See Yuen Kun-yeu v. Attorney General of Hong Kong, [1988] A. C. 175, [1987] 2 All E. R. 705.

② 参见[瑞士]艾娃·胡普凯斯:《比较视野中的银行破产法律制度》,季立刚译,法律出版社 2006 年版,第 140 页。

③ 徐慧娟:《欧盟国家金融监管责任豁免制度及其启示:以银行监管责任为例》,载《南方金融》2007 年第 5 期。

④ 如 2000 年英国《金融服务与市场法案》中规定:无论是监管机关还是其工作人员,都无须对其履行职责过程中的作为或不作为所造成的损失承担赔偿责任,除非出于恶意。

侵权责任豁免保护。[①] 所谓“公共不法行为”，是指公法上的侵权，仅在公共机关主观存在恶意时方可适用，因此金融监管者的善意或是过失行为都不构成公共不法行为，也无须承担责任。根据《1987年英格兰银行法》，“除非能证明其行为出于恶意，否则无论是英格兰银行，还是其董事或其内部人员或履行本银行职能的人员对履职过程中因过失所造成的损害不承担赔偿责任”。[②]

也就是说，英国金融监管者在承担监管不利责任的标准方面主要以是否存在恶意为依据，且恶意必须是监管者有意识的侵权行为，是对公共职权的蓄意滥用。因此，这里的“恶意”实际上是对监管者责任承担标准的一种提高，[③]是限制监管者责任范围的折中方法，既不过分限制监管者的行为，又不完全消除受害人得到救济的可能，是公平价值的体现。这一标准之后也被其他各国广泛采用，例如加拿大，在其《支付清算与结算法案》(Payment Clearing and Settlement Act)、[④]《金融机构和存款保险制度修正法案》(Financial Institutions and Deposit Insurance System Amendment Act)[⑤]以及《加拿大存款保险公司法案》(Canada Deposit Insurance Corporation Act)[⑥]中都采用了恶意标准决定金融机构监管者所承担的责任，包括中央银行、金融机构监管办公室以及存款保险公司在内的行使金融监管职能的机构，都在依法行使职权范围内对其非恶意行为免责(no liability if in good faith)。[⑦]

然而这一恶意标准在排除了过失责任的同时也提出了新的问题，即恶意的判断标准。如果将恶意的标准定得过高，则可能无法达到保护金融消费者的目的，但如果将恶意标准过分降低，又可能导致恶意与过失之间的界限被模糊。英国法院将恶意分为两类。

一是有目标的恶意(targeted malice)，这里的恶意是指监管者或其内部人员因不正当动机而滥用公权力。[⑧] 如果监管者的行为是滥用职权以蓄意伤害特定

---

① See Ross S. Delston, *Statutory Protection of Banking Supervisors*, Appendix I: Survey of Relevant Laws (1999), http://www1.worldbank.org/finance/assets/images/Appendix1-web.PDF.

② See Banking Act 1987, S1(4).

③ 参见[瑞士]艾娃·胡普凯斯:《比较视野中的银行破产法律制度》，季立刚译，法律出版社2006年版，第130页。

④ See Payment Clearing and Settlement Act (1996), S20.

⑤ See the Financial Institutions and Deposit Insurance System Amendment Act (1985), S24.

⑥ See Canada Deposit Insurance Corporation Act (1985), S45.1(1).

⑦ See Ross S Delston, *Statutory Protection of Banking Supervisors*, Appendix I: Survey of Relevant Laws (1999), http://www1.worldbank.org/finance/assets/images/Appendix1-web.PDF.

⑧ See Three Rivers District Council and others v. Governor and Company of the Bank of England, [2000] UKHL 331, [2000] 2 WLR 1220, [2000] 3 All ER 1.

的个人或特定的人群,则其当然符合故意侵害的标准,监管者必须对受害人的损失承担责任。但是,事实上要想证明金融监管者存在故意伤害的主观意图十分困难。这种标准无疑给受害人施加了过重的举证责任,在实践中也很少运用。

二是无目标的恶意行为(untargeted malice),这里的恶意是源于监管者或其内部人员对其行为不法性的不当放任。① 在三河区自治会诉英格兰银行案中,原告基于英格兰银行的无目标恶意行为而提起诉讼。在该案中,国际信贷商业银行(Bank of Credit and Commerce International,BCCI)存在包括洗钱、做假账、资本严重不足等一系列问题,并最终走向破产。BCCI 的债权人因此认为英格兰银行在其行使监管职权的过程中没有作出合理的处置,对 BCCI 存在的损害债权人利益的因素视而不见并任由其破产,因此存在无目标的恶意。然而法院最终认为,原告无法证明英格兰银行已经预见到了其不法行为的危害后果而执意为之的事实,并最终判定原告败诉。② 在这里,法院事实上采取了主观标准判断监管者的无目标恶意,即受害人不仅需要证明监管者的行为不法,还需要证明其已经预见到了该不法行为可能对受害人造成的伤害而予以放任。但是在上诉法院,也有法官(Auld. L. J.)提出了不同意见,认为主观标准对于受害人的证明责任有过分加重之嫌,最终使原告实际上无法举证被告的恶意。应采取客观标准,只需证明监管者或其内部人员不诚实的履行职责构成不法侵权即可,无须举证其对结果的预见性。③

显然,客观恶意标准更符合金融监管者责任承担的构成要件需求。这里,不应强调受害人一方对主观恶意的证明,处于弱势地位的金融消费者承担过重的举证责任将会使整个公共不法行为制度安排失去意义。

(二)美国

在近 30 年间,美国银行破产数量大幅增加,金融监管机构涉诉案例也井喷式出现。美国对金融监管者责任承担的态度与英国有着相似之处,即不愿意对监管者施加过多责任以限制其职能的发挥和银行危机处置效率。但美国与英国所采取的监管者责任豁免策略并不相同:英国通过提高过失责任标准予以免责,而美国则为监管者建立免责安全港,对其特定职务行为和决定不予追责,从而保障监管者能够独立地行使监管权力。

---

① See Three Rivers District Council and others v. Governor and Company of the Bank of England, [2000] UKHL 331, [2000] 2 WLR 1220, [2000] 3 All ER 1.

② See Three Rivers District Council and others v. Governor and Company of the Bank of England, [2000] UKHL 331, [2000] 2 WLR 1220, [2000] 3 All ER 1.

③ 参见苏洁澈:《银行破产监管责任问题研究》,中国人民大学 2010 年博士学位论文,第 145~146 页。

美国建立的金融机构监管者免责安全港，即"自由裁量例外"原则（the discretionary function exception）。美国《联邦侵权赔偿法》（Federal Tort Claims Act，FTCA），规定了联邦机构承担责任的例外情形。① 在司法实践中，法院通过对该例外原则的司法解释，豁免了政府责任。对于"自由裁量例外"原则，其中争议最大的就在于自由裁量的范围，即究竟何种主体的何种行为可以被纳入自由裁量范畴从而得以免责。现有的案例显示，这一原则不仅对金融机构监管者内部人员在行使自由裁量权时的过失行为予以免责，甚至对其不履行自由裁量义务的行为也一律免责。美国最高法院进一步对"自由裁量例外"原则的范围进行了定义，它规定：任何基于最优选择的决定而行使权力的政府或行政机构的自由裁量权均得以纳入自由裁量例外的免责范围。它不仅包括某一特定计划或行动的展开，还包括制定相应计划、说明及行动时间表的一系列决定。简而言之，只要有政策决定或判断的空间，就可以称作为有自由裁量权。甚至是为了履行政府机构自由裁量决定的其他附属机构的行为也将归入"自由裁量例外"原则而不可诉。②

在随后的案例中，美国将"自由裁量例外"的范围进一步放开，认为只要是出于公共利益考量（consideration of public policy）决定或选择因素的行为都可以被称为自由裁量，③对其主体和履行情境将不作特别要求。"自由裁量例外"不仅包括金融机构监管者的政策制定行为（policy decision），还应包括其经营行为（operational actions）。这主要是针对监管者可能会在某些情况下对金融机构进行托管或接管，在这一过程中针对金融机构内部的营业行为也应纳入"自由裁量例外"的范围而不可诉。因为自由裁量行为所包含的是选择和决定的过程，而法律并未明确规定这种选择和决定职能出现在金融监管者政策制定的职能履行中，对于金融机构日常经营中事务的处理，监管者也有着选择和判断的权力，这种决定同样是源自对公共利益的考量。④ 同时，"自由裁量例外"不仅包含监管者的正式行为（formal regulations），还延伸到了其非正式行为（informal means）。尽管法律仅仅规定了其正式行为，但其也没有禁止某些非正式行为。非正式的决定和判断也应该纳入"自由裁量例外"，因为这种非正式行为也是金

---

① See Federal Tort Claims Act, 28 U. S. C. § 2680(a). "自由裁量例外"原则，是指美国政府在自由裁量权行使中的行为、作为或不作为无须承担损害赔偿责任。

② See Dalehitev. UnitedStates, 346U. S. 15 (1953), p. 34-36.

③ See United States v. Gaubert, 499 U. S. 315 (1991), p. 321-324.

④ See Henry Cohen and Venessa K. Burrows, *CRS Report for Congress: Federal Tort Claims Act*, Order Code 95-717 (2007), http://www.fas.org/sgp/crs/misc/95-717.pdf, 11.

融监管者履行职责实现公共利益的一种方式。①

综上,可以发现美国对于金融机构监管者的责任承担仍然持较为保守的态度,通过尽量减少责任以保障其维护金融系统整体利益的能动性。美国的损害赔偿制度很大程度上受到英国的影响,但不同之处在于美国的态度比英国更激进:英国监管机构应当为"恶意"行为承担赔偿责任,而美国在适用"自由裁量例外"时直接排除了主观"恶意"的适用。

(三)德国

虽然同为民法体系的国家,德国与法国的国家赔偿责任体系却不尽相同,德国对监管者责任由民事法院审理管辖,适用《银行法》和《德国民法典》中的相关规定。《德国民法典》第839条规定,"如果官员故意或者过失违背对第三方的义务,对所造成的损失承担损害赔偿责任",该条明确了国家公务人员对故意和过失的行为应当承担侵权责任,同时国家作为雇主承担替代责任。金融消费者一旦认为监管机构的行为侵害了自身权益,就可以向民事法院起诉国家承担赔偿责任。法院将根据一般民事侵权的模式进行审理,一般需要满足以下几点:(1)金融监管机构的行为违反法律的强制性规定;(2)金融监管机构主观上存在过错;(3)金融监管机构的行为与损害后果之间存在因果关系。

由于德国民法体系较为发达,德国法院对于监管者"过错"的认定在理论和实践上都有深厚的知识积累,法官的自由裁量权相对较小。德国在1939年的银行法和1961年的银行法中对监管者责任都作了认定,然而在1979年的两个案例中,德国高等法庭推翻了上述观点,认为监管机构应向存款人承担赔偿责任。② 随后1984年《银行法》第六段规定:"联邦银行监管机构根据法律赋予职责,维护公共利益,并不对个人构成义务。"该条款类似于英国判例中以"公共利益"排除责任的条款,虽然没有直接免除银行业监管者的侵权责任,但事实上使存款人的权利难以伸张。德国学界对于免除监管者责任的规定持有不同的意见,他们认为《德国宪法》第34条③规定了国家责任,而《银行法》以公共利益排除个人的赔偿诉求,违反了宪法精神。目前,对于监管者责任,在理论及司法实践都存在一定争议。

---

① See United States v. Gaubert, 499 U. S. 315 (1991), p. 326-333.

② 参见董世坤:《金融监管机构第三方侵权责任:欧盟经验与中国借鉴》,载《辽宁大学学报(哲学社会科学版)》2013年第5期。

③ 该条规定,任何人执行交付担任之公职职务,如违反对第三者应负之职务上之义务时,原则上其责任应由国家或其任职机关负之。遇有故意或重大过失,应保留补偿请求权。关于损害赔偿及补偿请求,得向普通法院提起诉讼。

二、行政赔偿模式

法国有《国家赔偿法》，所以法国对于金融监管机构的侵权责任采取行政赔偿模式，即如果金融监管机关违反法定的义务，其作为或者不作为侵犯了金融消费者的权益被起诉时，法院不能依照一般民事侵权的程序审理，而应当适用国家赔偿程序，法国的银行法或其他法律均未对金融监管者责任作出直接规定。由行政法院适用的行政程序与由一般法院适用的民事程序对侵权案件的不同处理方式，也导致了法国对金融监管者侵权的案件处理不同于普通法系国家。在诉讼中，监管者享有比较大的责任豁免。法国近55年间也仅有一个案例承认了金融监管者责任。[①]

法国在监管者责任案件中，没有适用"一般过失原则"，而是明确了监管者需为自身"重大过错"行为负责。"法国的侵权法律不采用近因相关原则，因此法庭无须辩明审慎监管是为了维护存款人个体利益还是仅仅维护公共利益。"[②]在行政法院审理该类案件的时候，法院一般需要考虑以下因素：被告的不法行为是否具有违法性；被告的行为与损害后果之间的因果关系；被告是否采取过合理的补救行为。但是，法国行政法院在对"违法性"要件进行判断的时候，以一般民事侵权的"过错原则"为判断标准，与普通法系严格区分公法上的合法和私法上的过错责任有着明显的不同。

三、一般民事侵权模式

（一）意大利

意大利的法律对金融机构监管者的责任并未作特别规定或是给予特殊豁免，其基本采用民法上普通侵权责任的判定方式，即依据《意大利民法典》第2043条规定，认定监管者一旦存在"过失或故意行为导致他人遭受不当损害，（监管者）应承担赔偿责任"，这说明在意大利，国家机关和私人一样须承担侵权责任。

既然与一般民事侵权基本相同，金融机构监管者在承担侵权责任时同样需满足侵权责任的相关构成要件，即监管机构存在故意或过失行为；该行为造成不当损害；侵权行为与损害后果之间存在因果关系。但是在实践中，由于金融监管者属于公权力范畴，在侵权责任的认定上还是会有差异。意大利法院将存款人对金融监管者的监管职能履行的期待定义为法定利益，不能构成私法权利，因此

---

① 苏洁澈：《银行破产监管责任问题研究》，中国人民大学2010年博士学位论文，第154页。

② 徐慧娟：《欧盟国家金融监管责任豁免制度及其启示：以银行监管责任为例》，载《南方金融》2007年第5期。

也就无法以私法中的侵权予以规制。① 为了解决这一问题,意大利法院从监管者角度入手,反向认定侵权,即只要金融机构监管者的行为违反了公正合法行政(good administration)的原则,即可认定其侵权责任成立,从而打破了个人权利和"法定利益"之间的壁垒。②

(二)荷兰

荷兰与意大利的立法模式相似,同样对金融监管者的责任没有具体的规定,也就是说,荷兰法院亦是依据《荷兰民法典》中关于一般侵权规定认定监管者的责任。荷兰法在认定金融监管机构作为公权力所有者形成私法上侵权责任的基础也与意大利基本一致,即"违反规定本身就损害了某人的法定利益"。③

四、评析

总体而言,各国(地区)对金融监管者的侵权责任都有直接或间接的规定,Ross S. Delston 1999 年的调研数据表明,为了保障监管者在金融危机处置过程中快速、及时的行使监管权力,更多的国家(地区)都选择对金融监管者责任予以特殊的法律保护,豁免其责任(见表 3-2)。

表 3-2 银行监管者责任豁免总结④

国家(地区)	雇员:豁免所有政府机关雇员,还是仅对金融监管者雇员予以豁免	机构:对政府、中央银行或其他银行监管者的豁免	代理人:对中央银行或其他金融机构监管者代理人的豁免	是否以职责履行行为为限	是否要求善意	是否对雇员有法定补偿
澳大利亚	仅金融监管者	澳大利亚审慎监管局	是	是	是	否
加拿大	仅金融监管者	政府、央行、金融机构监管办公室、加拿大存款保险公司	是	是	是	否

① 苏洁澈:《银行破产监管责任问题研究》,中国人民大学 2010 年博士学位论文,第 153 页。

② See Filippo Rossi, *Tort Liability of Financial Regulators: A Comparative Study of Italian and English Law in a European Context*, European Business Law Review (2003), p. 660.

③ [瑞士]艾娃·胡普凯斯:《比较视野中的银行破产法律制度》,季立刚译,法律出版社 2006 年版,第 138 页。

④ See Ross S. Delston, *Statutory Protections for Banking Supervisors*, World Bank, Summary of Statutory Protections for Banking Supervisors, http://www1.worldbank.org/finance/assets/images/Chart-web.PDF.

续表

国家（地区）	雇员：豁免所有政府机关雇员，还是仅对金融监管者雇员予以豁免	机构：对政府、中央银行或其他银行监管者的豁免	代理人：对中央银行或其他金融机构监管者代理人的豁免	是否以职责履行行为为限	是否要求善意	是否对雇员有法定补偿
丹麦	所有政府机关	否	否	是	否	否
厄瓜多尔	特定金融监管者	否	否	是	否	否
德国	所有政府机关	否	是	是	是	否
印度	仅金融监管者	中央政府、央行	否	是	是	否
爱尔兰	仅金融监管者	央行	是	是	是	否
日本	所有政府机关	否	是	是	否	否
马来西亚	仅金融监管者	联邦/州政府、央行	是	私人和非职务行为	是	否
新西兰	仅金融监管者	否	否	是	是	是
挪威	所有政府机关	否	否	是	否	否
菲律宾	两种形式皆有	菲律宾存款保险公司	否	是	是	是
新加坡	仅金融监管者	否	是	是	是	否
南非	仅金融监管者	央行	否	私人和非职务行为	是	否
西班牙	所有政府机关	否	是	是	是	否
瑞典	所有政府机关	否	否	是	否	否
瑞士	所有政府机关	否	是	是	否	否
英国	仅金融监管者	央行、金融服务管理局	否	是	是	否
美国	所有政府机关	否	是	是	否	否

（一）立法形式

巴塞尔银行业监督委员会在《银行业有效监管核心原则》中鼓励各国进行

立法活动，把监管者责任纳入本国的法律体系，同时也尊重各国习惯法、判例法的传统。从前文中对各国监管者责任立法概述分析来看，主要有三种情况。

1. 一般侵权立法

国家没有对金融机构监管者的侵权责任在特别法上作出的具体的规定，而是将该责任置于一般法（民法、侵权责任法）的保护范围之下，如荷兰、意大利。

2. 特别侵权立法

该种立法形式是指国家一般会制定专门的法律或者制定特别责任条款赋予监管者豁免保护，该种形式被加拿大、英国、印度等国家采用，如加拿大《金融机构和存款保险制度纠正法》第 24 节规定："女王、部长、监理官、代理监理官、政府机关官员或雇员以依监理官指令行事的任何人，在破产管理过程中或履行议会法律授予的职权或职责时的善意作为或不作为，任何人不得提起法律诉讼。"

3. 行政赔偿立法

采取该种立法例的国家以法国为代表，虽然法国有着深厚的制定法传统，但是法国在立法中并没有对监管者责任的特别规定，法国金融监管责任体系的建立是依靠行政法院在司法判例中总结出一般、可操作的规则。且其赔偿主体为国家，与其他国家的私法赔偿也存在本质区别。

绝大多数国家对银行监管都采用直接的立法免责，如爱尔兰、美国等；而法国等国则采用判例方式，以司法判例形式确定了监管者侵权的可追责性；还有一部分国家在程序法上间接地确立该规则，比如《印度银行监管法》第 54 条规定：不得对中央政府、储备银行或任何官员依本法以善意实施或意图实施的任何行为提起任何诉讼或其他法律程序。①

（二）共同点

虽然各国（地区）在监管者责任上存在着诸多不同，但在责任追究的具体框架下有许多相似之处。

1. 公法领域的判断会影响法院对金融监管者"过错"的判断，比如法院依据行政法上的判断规则判决金融监管机构的一项措施违法，并且责令其纠正。如果该项监管措施同时还涉及侵权诉讼，那么法官对监管者"过错"的审查容易受到公法判决的影响，从而抛弃私法上的判断，这种情况在法国尤为明显。

2. 几乎所有国家都在一定程度上对监管者责任作出豁免规定，同时还设置了责任控制机制，或者说准入门槛。英国将"谨慎义务""监管机构法定的豁免""提高恶意标准"作为责任控制的机制；美国则通过"自由裁量例外"原则事实上

① 汪鑫、刘巍：《国外银行监管者保护制度初探》，载《中南大学学报（社会科学版）》2005 年第 5 期。

免除监管责任;德国将“可保护的利益”和“因果关系”,作为责任控制机制。法国通过“重大过错”标准和“因果关系”降低监管机构的损害责任。①

责任控制机制映射出各国立法者的共同治理思路,即让金融监管机构面临过多的诉讼会影响其履行监管职责。其中,过错责任原则给予了金融监管者充分的自由裁量空间,只要不违反审慎义务,监管者可以在授权范围内根据问题金融机构所处的具体情形实施监管行为,而不必担心受到起诉。这种“适当的”“合理的”注意义务标准,本身并不确定,需要由法院进一步解释并根据个案加以明确。这些控制措施也使法官在审理时不得不考虑更多的因素,防止监管者承担过重责任。例如,德国侵权法上的相当因果关系说,在传统因果关系判断上还要求加入一层“相当性”的判断来控制机构责任。立法者对这些责任控制措施的设立,事实上是把追责的“自由裁量权”交给法官,由法官根据政策、公平价值等诸多因素决定。纵观各国的司法实践,由金融监管机构最终承担责任的案例并不多见,也从另一角度体现了司法对行政权独立性的充分尊重。

法律是利益的平衡器,需要在保持监管机构独立性的前提下,又要同时建立问责机制。在新一轮的金融危机中,雷曼兄弟和北岩银行破产事件背后所折射出的种种问题再次表明,监管者监管不利或不当行为都会损害金融消费者利益。在存款保险无法完全补偿存款人损失的情况下,司法问责制度的建立就愈加显得弥足珍贵了。但是,如何通过责任控制机制对监管者进行问责,各个国家,甚至一个国家在不同时期都有偏差,政策、公平正义等因素常常被法院加以考虑。如何把握上述责任判定标准并由此判定监管者是否需要承担责任,需要积累更多的经验及价值判断。

第四节　监管者责任在我国的适用

一、我国国家赔偿责任体系

(一)国家赔偿制度的发展

民事赔偿制度起源于罗马法,国家赔偿制度则脱胎于民事赔偿。虽然在涉及公权力的强制性等问题上国家赔偿演绎出自己的独特之处,但仍不同程度地

---

① See B. Wessels, *Liabilities of Regulatory Supervisory Bodies of Troubled Financial Institutions* (*Insurance*, *Banking*) *In the Negherlands*', International Insolvency Review (1997), p. 125-138.

吸收了民事赔偿体系的内容,如构成要件、归责原则等。由于之前很长一段时间内,受主权豁免思想的影响,起初并不承认国家侵权赔偿责任,而由国家公务员以个人的名义承担民事侵权赔偿责任。直至法国1873年Blanco案件中通过判例形式正式确立了国家赔偿责任,①而德国于1919年的《魏玛宪法》中首次以国家根本法的形式规定了国家赔偿责任。② 之后,日本、意大利等多个国家纷纷修改宪法,在其根本法中规定了国家赔偿责任,承认国家可以作为损害责任的赔偿主体。③

各国(地区)关于国家赔偿立法的差异较大。如前所述,德国没有专门的《国家赔偿法》,国家责任主要规定在民法典中,国家赔偿诉讼也采用一般民事侵权的程序。日本、奥地利、韩国颁布了专门的《国家赔偿法》,同时还明确规定国家赔偿法的未尽事宜适用民事侵权赔偿的实体法和程序法。④ 普通法系国家,美国《联邦侵权赔偿法》(1946年)和英国《王权诉讼法》(1947年)都采用了特别法的形式肯定了国家赔偿责任,同时规定适用民事侵权的一般规则。

我国《宪法》中明确规定了国家赔偿责任,"由于国家机关和国家工作人员侵犯公民权利而受到损失的人,有依照法律规定取得赔偿的权利"。之后,1986年原《民法通则》第121条规定:"国家机关或者国家机关工作人员在执行职务中,侵犯公民、法人的合法权益造成损害的,应当承担民事责任。"即在私法领域规定了国家赔偿责任,即国家赔偿责任是一种特殊的民事侵权责任,适用民事侵权的追责规则及程序。

1989年《行政诉讼法》专章规定了"行政赔偿责任"。1994年《国家赔偿法》全面吸收了《行政诉讼法》中关于行政赔偿的内容,以特别法的形式规定了国家机关及其工作人员的职务侵权责任承担问题,确立了行政赔偿和司法赔偿两种形式,我国国家赔偿制度正式建立。但《国家赔偿法》并未规定在该法无明文规定时的适用问题,⑤而原《民法通则》第121条的规定也仍然有效,使得两者之间

① 参见王名扬:《法国行政法》,北京大学出版社2007年版,第563页。

② 1919年《德国魏玛宪法》第131条。

③ 《意大利宪法》第26条;《日本宪法》第17条。

④ 《日本国家赔偿法》第4条规定:"国家或公共团体之损害赔偿责任,除前三条之规定外,依民法之规定。"《韩国国家赔偿法》第8条规定:"就国家或地方自治团体之损害赔偿责任,除依本法之规定外,依民法之规定,但民法以外之法律,别有规定者,依其规定。"江必新:《国家赔偿与民事侵权赔偿关系之再认识——兼论国家赔偿中侵权责任法的适用》,载《法制与社会发展》2013年第1期。

⑤ 《行政诉讼法》(2014年修订)第101条规定:"人民法院审理行政案件,关于期间、送达、财产保全、开庭审理、调解、中止诉讼、终结诉讼、简易程序、执行等,以及人民检察院对行政案件受理、审理、裁判、执行的监督,本法没有规定的,适用《中华人民共和国民事诉讼法》的相关规定。"也就是说,《行政诉讼法》在程序上未作规定的,适用民事诉讼法。但就行政赔偿的实体问题,也并未涉及。

的关系更为复杂。如果出现国家赔偿责任与民事侵权责任的竞合问题,如何进行法律适用,存在不少争议。

应该说,《国家赔偿法》与原《民法通则》并非特别法与一般法的关系,而是两者可以同时适用于不同情况,本身不存在冲突,《国家赔偿法》颁布施行之时起,把"国家公法赔偿责任"纳入其适用范围,而原《民法通则》继续调整私法责任,两者都以宪法作为其权利基础。具体到金融领域,金融监管机构行使其监管权力、采取相应的监管措施,明显是履行公务行为,具有公法性质。当金融机构权益受到相关行政行为(接管、行政处罚、行政许可等)的损害时,当然选择《国家赔偿法》。与此同时,如果存在存款人、股东、其他债权人认为金融监管者的监管行为侵害其权益,在民事领域主张责任及赔偿问题,可以继续适用民事赔偿的相关规定。

(二)国家赔偿责任的深层属性

大陆法系严格地区分了公法与私法各自的特点,公、私法的分野基本形成了一个完整的法律结构,但是两者并不是截然分开的,而是相互借鉴、影响并形成融合趋势,这在监管者责任领域表现得更加明显。由于国家赔偿制度源自一般民事侵权,学者对其属性的定义也有颇有争议,理论上存在私法说、公法说和折中说三种不同观点。

1. 私法说

普通法国家由于学理上对于公、私法没有严格意义上的划分,大多以习惯法、判例法作为法律渊源,所以大多将国家赔偿责任规定于私法中,由一般民事侵权法调整。大陆法系的一些国家和地区如日本、韩国、荷兰、比利时等,也主张国家赔偿法属于私法性质,即民法的特别法。

我国原《民法通则》把国家赔偿视为特殊的民事侵权,在理论上也并不否定其私法属性。如今,大部分民法学者和部分行政法学者依然赞成私法说,认为国家赔偿责任应在一般侵权行为的理论中研究其特殊性,不应从公法上的特有理论入手。[①] 宪法在规定国家责任的时候,在于排除旧有的国家无责任原则,放弃国家特权地位,使国家与私人负同一责任,此项损害赔偿与私法上的损害赔偿本质上并无不同。[②] 换言之,私法说认为,无论是国家赔偿还是私人赔偿,两者虽然义务来源不同,但性质相同且有共同的法哲学基础,都是对损失的弥补,在损

---

① 参见江必新:《国家赔偿与民事侵权赔偿关系之再认识——兼论国家赔偿中侵权责任法的适用》,载《法制与社会发展》2013 年第 1 期。

② 参见黄芬:《职务侵权赔偿责任研究:从侵权法与〈国家赔偿法〉的关系切入》,法律出版社 2009 年版,第 38 页。

害赔偿领域实现了公共利益。

2. 公法说

法国是典型的公法说的支持者,我国大部分学者赞成这种观点。在《国家赔偿法》和《行政诉讼法》颁布以后,公法说渐渐占据主流位置,认为国家赔偿和民事赔偿的性质有显著差异:国家赔偿责任的请求权是以国家公权力为基础,国家机关工作人员违反的是职务义务,国家与赔偿请求人之间是管理者与被管理者的关系;而民事赔偿以违反民事义务为前提,双方当事人是平等主体之间的权利义务关系。即使在美国,两者也有很大的差异,例如根据美国《联邦侵权赔偿法》的规定,国家赔偿责任和私人在类似的情况下赔偿责任相同,但实际上国家赔偿责任有很多免责的例外,这在私人赔偿诉讼中并不存在。① 同时,在司法上也有转向公法说的迹象。② 也就是说,国家赔偿与民事赔偿在性质、归责原则、求偿程序等诸多方面有较大区别。

3. 折中说

公私法混合说认为,国家赔偿责任介于公法责任和私法责任之间。由于国家职能对私人生活干预的增强,公法与私法愈渐融合趋势,两者之间的界限逐渐被打破,特别是在金融法或经济法领域,必然离不开民法、宪法等各种法律。国家赔偿具有社会性倾向,不必拘泥于公法或私法性质上的区别。

应该说,上述关于国家赔偿责任性质的不同学说,只是其着眼点和侧重点不同而已,无论国家赔偿、抑或民事赔偿责任,存在诸多共性。实体上,民事赔偿责任强调损害后果及法定义务的违反,而国家赔偿责任则更多关注公法主体行为的违法性;程序上,国家赔偿责任的公法属性更多地倾向于保护私人个体,而保护的利益范围显然适用民事侵权对权益受损方而言更能获得充分赔偿。

二、我国监管者追责机制之不足

明确的法律规定,会形成当事人稳定的行为预期。然而,我国《商业银行法》《证券法》《保险法》《银行业监督管理法》并未规定金融监管机构侵权责任,仅仅涉及一般性的行政责任和刑事责任。虽然《宪法》强调了国家机关的可追责性,但《宪法》毕竟只是权利的宣彰,对具体的监管者责任,仍需要在立法层

---

① 参见江必新:《国家赔偿与民事侵权赔偿关系之再认识——兼论国家赔偿中侵权责任法的适用》,载《法制与社会发展》2013 年第 1 期。

② 《最高人民法院关于行政机关工作人员执行职务致人伤亡构成犯罪的赔偿诉讼程序问题的批复》中第 1 条规定:“行政机关工作人员在执行职务中致人伤、亡已构成犯罪,受害人或其亲属提起刑事附带民事赔偿诉讼的,人民法院对民事赔偿诉讼请求不予受理。但应当告知其可以依据《中华人民共和国国家赔偿法》的有关规定向人民法院提起行政赔偿诉讼。”

面加以确认。

我国国家赔偿制度发展缓慢，国家赔偿诉讼数量远比民事侵权诉讼少，实践中并未形成一套完整成熟的程序。从结果上看，长期以来行政案件普遍存在行政机关败诉率低的现象。即便相对人胜诉，能够获得行政赔偿的案件更是少之又少，且多集中于城建、劳动与社会保障、公安、资源类案件，几乎没有涉及金融领域的案件。

关于行政赔偿，《国家赔偿法》第4条规定："行政机关及其工作人员在行使行政职权时有下列侵犯财产权情形之一的，受害人有取得赔偿的权利：(一)违法实施罚款、吊销许可证和执照、责令停产停业、没收财物等行政处罚的；(二)违法对财产采取查封、扣押、冻结等行政强制措施的；(三)违法征收、征用财产的；(四)造成财产损害的其他违法行为。"上述侵犯财产权的4种情形均需要满足"违法行为"要件，但正如前文所述，金融监管者的监管行为不一定违法，也可能是因为失当。而且，违法行为也不一定会侵犯他人的财产权利，二者不可混同。

从免责事由看，《国家赔偿法》第5条规定："属于下列情形之一的，国家不承担赔偿责任：(一)行政机关工作人员与行使职权无关的个人行为；(二)因公民、法人和其他组织自己的行为致使损害发生的；(三)法律规定的其他情形。"国家不承担赔偿责任的法定事由十分宽泛、模糊，并没有类似欧美国家的责任控制条款。前文中我们所讨论的金融监管者行为，都属于职务行为，如果适用该条款的话，金融监管者基本上都可以获得绝对豁免。

显而易见，相比原《侵权责任法》，《国家赔偿法》对财产损害赔偿的要求非常高，必须符合"违法"要件，而且也没有针对不作为行为规定相应的赔偿条款。事实上，往往是由于监管行为不当或监管容忍行为，丧失了挽救金融机构的最佳时机，直接导致了相对人的损害后果。按照上述规定，金融监管者基本上可以获得绝对豁免，现行法律规定并不能有效弥补金融领域相对人的损失。

三、完善建议

(一)立法完善——特殊侵权规则

如前所述，我国现有立法对监管者责任尚处于真空状态。现阶段，可以在《银行业监督管理法》《证券法》《保险法》等法律中明确金融监管者的民事侵权责任，对金融机构监管者在履行职责过程包括作为与不作为行为的侵权责任承担作出特别的规定(这里，宜适用民事侵权的特殊规则)。一方面，我国金融行业尚处于发展调整期，而监管者一直以来监管权力的干预力度比较大，金融领域也需要监管者的积极介入,以维护金融体系的稳定和投资者的信心。若采取一般民事侵权原则处理金融机构监管者的侵权行为,则可能会过分加重其责任,使得司法滞后评价对金融监管者的权力行使和危机处置效率形成负面影响。而且,按照我国《国家赔偿法》的规定,对公务行为本身就是免责。如果采用民事侵权特殊规则,至少可以从私法领域解决权益受损方的救济问题。另一方面,我国金融机构的债权人涉及广大金融消费者,关乎民生和社会经济的稳定,仅依靠金融机构本身的力量完全不能保障其受偿力度,需要进一步拓宽清偿路径,从这一角度看,不能对金融监管者实行责任的完全豁免。因此,可以在相关金融监管法中对监管者民事侵权责任作出特别的规则安排。

在具体的条文设计中,可以以责任豁免的形式,反向规定监管者的侵权责任。例如:"银行业监督管理机构从事监督管理工作的人员无需因履行职务而造成他人损失承担赔偿责任,除非工作人员出于故意或重大过失。"

(二)归责原则——过错责任和适当豁免

金融监管机构第三方侵权责任的归责原则在各国法律中的规定各不相同,但也存在共通之处,即一定程度上的监管豁免。金融监管机构的独立性和可问责性之间存在此消彼长的关系,各国在司法实践中都对侵权责任的承担作出了一些限制,试图在监管独立性与其可问责性之间寻求平衡,而不是过分地偏向其中一方。尽管每种责任标准都各有利弊,但"过错归责原则"更能满足利益平衡的需要。根据我国的现实情况并参考其他国家的立法例,在归责上可采取"恶意"和"重大过失"确定过错责任的标准,对轻微过失则应豁免,以防止对金融监管者施以过重的责任负担。

一方面,应确定金融机构监管者的"恶意"和"重大过失"界限。它主要包含两方面的内容,第一,金融监管机构需负担合理的注意义务。注意义务来源于法律规定和合同约定,也可能取决于监管机构的先行行为或第三方与金融监管机构之间的法律关系等诸多因素。第二,监管机构履行合理的注意义务具备客观的条件。简言之,金融监管失灵分为可避免的与无法避免的两种类型,前者主要由于监管俘获、监管机构自利、工作人员渎职等人为因素,而后者系金融活动的特殊性导致的,毕竟随着金融活动的不断创新,金融市场的监管难度与日俱增,这是监管机构无法克服的。因此,应当针对个案进行深入分析,结合法律规定、监管能力和客观条件等因素,对监管机构的行为进行准确判断,仅在该行为属于可避免的监管失灵时追究金融监管机构的侵权责任。

另一方面,应确定金融监管者的"恶意"和"重大过失"的判定方式。从各国的立法规定来看,金融机构监管者的过错判定方式基本有两种,一种是主观判定方式,即受害人必须证明金融机构监管者有损害其利益的故意,且能够遇见到其行为会造成相应的损害后果;另一种是客观判定方式,即受害人只需证明监管者行为的不法性即可。[①] 这里,为了提高金融消费者的受偿可能性,应该选择客观判定方式。如前所述,一旦采取主观判定标准,本身即为信息和实力弱势方的金融消费者几乎不可能证明监管者的主观恶意或是放任态度。采取客观判定方式更有利于金融消费者权益保护,也能够有效监督金融监管者的监管行为,从法律上明确规定其应对自身不法行为在一定限度内承担责任。

(三)责任范围——实际损失为准

只有存在损害,才会有赔偿,损害的大小决定了赔偿数额。在有些国家,损害事实的确认也会影响对金融机构是否已尽合理注意义务的认定。损害事实并不局限于直接经济损失和人身损害,许多国家对损害事实的认定已经延伸至"可预期的损害"。

我国《国家赔偿法》只对直接损失进行赔偿,关于国家机关侵权的赔偿范围,在各国立法体例中,分为两种情况:一是有限责任说,被大多数国家的立法者采纳,即主要是对赔偿范围比如只对财产损失规定赔付义务,其目的是减轻国家机关因承担过多的赔偿责任而造成国家财政紧张;二是完全赔偿责任,即国家机关需要赔偿其造成的直接损失和间接损失。采用完全赔偿,显然能够更好地保护受害人,而不是因主体的不同把责任限缩。鉴于监管者责任的间接性,不宜把损害后果随意扩大化,而应将其控制在合理范围之内,以实际损失作为监管者赔偿的范围,以此平衡监管者权力的有效行使与金融消费者权益保护之间的利益冲突。

(四)责任竞合情形下的责任承担——补充责任

如果破产的金融机构有恶意行为,而同时金融监管机构亦存在重大过失没有尽到监管责任,在双方都有过错的情形下,最终责任如何分担?换言之,公权力机关不作为与私主体积极作为的共同侵权案件中,通常会涉及侵权责任法与国家赔偿法的并合适用。侵权主体为行使国家职责的公权力机关和行使私权利的第三人的结合,侵权行为属于共同侵权行为,可以是数个故意或过失行为的不同组合。这类案件中,金融监管机构通常怠于履行职责,以不作为的间接侵权形态出现,而金融机构的侵权行为则以积极作为的直接侵权行为形态出现,最终共同造成了受害人合法权益的损害。前者在法律适用上适用国家赔偿法的规

---

① See *Three Rivers District Council and others v. Governor and Company of the Bank of England*, [2000] UKHL 331, [2000] 2 WLR 1220, [2000] 3 All ER 1.

定，后者则是违反了侵权责任法的规定，因此形成了适用上的并合。

在此情形下如何使公权力机关与私人承担各自的赔偿责任，存在三种观点：国家先行赔偿说（连带责任说）、民事穷尽说（补充责任说）、份额责任说。① 第一种观点，二者构成共同侵权应当承担连载责任，为了更有利于相对人权利救济，此种情况下应当由国家机关先赔偿损失，再由国家机关向民事侵权主体追偿。第二种观点，民事穷尽说也即补充责任说则恰恰持相反观点。认为受害人应当先通过其他途径获得赔偿，只能在穷尽其他救济手段后仍然无法得到赔偿时，才能申请国家赔偿。因为国家赔偿制度在本质上是一种最后的救济，只有在受害人无法通过其他方式得到救济时，才能通过国家赔偿方式获得赔偿，这也可以有效避免针对相同损害的重复赔偿。第三种观点，坚持责任分担原则，认为应当由法院行使自由裁量权，确定国家机关与民事侵权主体各自应当承担的责任份额，国家赔偿责任应当与民事侵权责任并存。

三种说法各有利弊，相比较而言，连带责任虽然能够最大限度地保护受害者利益，但是容易造成监管者责任过重及“诉讼泛滥”问题；而补充责任的诉讼时间过于冗长，不利于受害人的积极救济；第三种份额责任，将责任承担交由法院自由裁量，又可能存在同案不同判、裁判标准不统一等问题。

出于适度保护金融监管者，又不至于损害权益受损方的求偿积极性，补充责任更加适合我国国情，即受害人应当先行向金融机构请求赔偿，在穷尽民事侵权赔偿救济之后，不足部分才可以请求监管机构承担责任。这里，金融监管者承担的补充责任应当根据其怠于履行职责的违法程度和违法行为的原因力大小，由法院根据个案确定承担的合理份额。

① 参见王霖华：《与民事损害赔偿责任混合的行政不作为损害赔偿规则探微》，载《法律适用》2008年第9期。

第四章　我国金融机构风险处置责任机制的构建

第一节　金融机构风险处置责任安排的趋势性分析

金融产业本身的信息强弱对比、金融机构提供的“准公共产品”的特性及其所承载的社会责任以及金融消费者保护的特殊需求等都使金融机构破产制度安排呈现出与一般企业不同的独特属性。新一轮金融危机之后，金融机构特别是系统重要性金融机构破产所引起的一系列连锁反应，对整个世界经济产生了巨大的负面影响，也再次提醒我们：一个完善有效的金融监管体制，绝对不能忽视破产制度的建设及优化。纵观整个金融机构危机处置过程，我国目前针对问题金融机构的处置措施单一、且行政干预过度，风险处置损失责任的承担极不合理，问题金融机构的倒闭损失最终由政府(公共财政)承担下来，使我国的危机处置成本极为高昂。事实上，一个有效的金融机构风险处置制度能够最大限度地激发市场活力、拉动经济增长，使得社会资源配置趋向最优。因此构建公平合理的风险处置责任分配机制是当前我国亟待解决的重要命题。

一、责任内容：处置责任加重

金融机构的倒闭破产，不仅清偿率远远低于一般企业，而且具有极强的连锁性和传染性，迅速波及其关联企业，乃至对整个金融市场产生巨大冲击。金融机构的另一个显著特征，即其经营非常容易受到公众信心的影响，任何消息即便是关于金融机构支付能力的谣言也会进一步引发一家原本经营正常的银行的挤兑,使其迅速陷入破产危险。正因为金融机构对公众信心的严重依赖,一家金融机构的倒闭往往会引发"多米诺骨牌效应","金融机构在遭遇公众信心流失时所表现出来的脆弱性远远大于普通企业"。[①] 金融机构破产具有强烈的负外部效应,在面对破产时又显得格外脆弱,两方面因素的双重叠加效应大大增加了金融机构破产处置的难度和复杂性,金融机构风险处置责任安排也逐步显现出责任加重的趋势。

(一)公共利益加重金融机构风险处置责任

金融机构是提供准公共产品之中介机构,金融产品及服务能够将金融市场中的剩余资本进行自主配置。金融与经济发展的命题自 20 世纪初就引起了众多学者的目光,部分经济学家认为,金融基础设施的构建能够有效促进资本迅速积累和技术变革,从而刺激经济的快速发展,但也有学者认为金融市场的发展实际上是靠整体经济发展加以推动的。[②] 事实上,金融与经济发展是互为补充、相互影响、相互作用的,金融机构不仅仅要考虑到自身的经济利益,而且还需要兼顾环境、资源、社区服务、金融消费者等多重因素,与社会整体发展相协调。在我国,金融机构中国有资本所占比例较高,金融机构受公共利益的影响也就更深,其履行社会责任的范围更加广泛。基于社会责任衍生出的额外破产责任,不仅体现在监管机构对问题金融机构的早期介入,以限制管理层继续从事不稳健业务,强化了其监管责任,还进一步促使金融机构破产主体范围重构,承担责任的主体范围进一步扩大,与普通企业相比较而言,各个主体所承担的责任内容也进一步加重。

(二)内部特征加重金融机构风险处置责任

金融机构不仅仅需要承担额外的社会责任,金融机构本身的特征也使得其在市场退出时应承担的更重责任。金融机构负责增强资本的流动性,为经济运行提供最基本的资本支持和金融服务,因此金融机构的行为和活动会深刻地影响整个国民经济的运行轨迹。美欧等发达国家的经验表明,由于存在着信息不对称和不完全竞争,金融机构较之其他企业更容易发生内部人滥用以及欺诈现象,金融市场面临着比一般行业更大的风险,有必要在破产问题上对内部交易者

---

① 汪世虎主编:《金融机构破产制度研究》,法律出版社 2014 年版,第 48 页。

② See Fredrick Onyango Ogola, *Financial Institutions' Social Responsibility in Developing Countries: A Framework of Analysis*, African Journal of Economic and Management Studies (2012), p. 122.

施以更严厉的责任规则进行约束。① 当金融机构陷入经营困境或出现信用危机时,法律通常赋予金融监管者实施审慎监管、采取矫正措施的权力,如对那些具有破产可能的金融机构实施接管等特殊程序进行早期介入。一般的企业则不同,而是遵循市场竞争的基本规律。

相比之下,金融机构的股东、董事、高管和监事、市场中介机构等都应各司其职,特别是管理层应当更加审慎地从事经营活动。如前所述,金融活动与风险往往相伴相生,整个金融发展史就是一部金融危机史。金融风险与一般的经济行为风险相比,具有更强的破坏力和更广泛的影响力。同时,金融风险也具有可控性,对于信用风险、社会风险、自然风险、经济风险、政治风险等外力风险,可以通过保险、资产证券化、债务重组、协议等方式加以缓解。对于管理层的经营风险,通过加重责任等事前制度安排加以预防和风险分担,无疑是最有效且成本最低的。可以说,加重金融机构破产责任安排是金融监管体制中预防道德风险、化解经营危机的重要制度创新。

此外,金融业是一种具有"公共性""社会性"的产业,以银行制度为主体的金融机构,具有极为广泛的渗透性和扩散性,它与社会各阶层、国民经济各部门具有千丝万缕的联系,是国民经济中的神经中枢,提供的是对经济运转起到基础性作用的金融服务。基于此,各国政府都对金融机构采取审慎监管措施,如颁发经营许可证以防范不合格主体进入金融市场(市场准入监管)、日常监管措施、信息披露、广泛的监管权限(审慎监管),接管、临时管理、重整、最后贷款人、存款保险(市场退出监管)以及跨国监管合作与协调。为了保障金融监管者能够快速及时地采取监管行动,通常赋予其超出一般监管者的监管权力,为了符合权责相统一的原则,也需要对金融监管者施以特殊责任,使其成为破产责任分担体系中的一员。

二、责任分配倾向:侧重保护金融消费者

英国经济学家 Michael Taylor 在 1995 年提出"双峰理论"(Two Peaks),即成立一个独立的对系统性风险实施审慎监管的"金融稳定委员会"(以维护金融机构的稳健运行,防止发生系统性金融危机),与一个独立的进行合规监管的"消费者保护委员会"(通过对金融机构经营行为的规制,防止并减少消费者所遭遇的不公平待遇)。该模式相继被澳大利亚、荷兰、英国在金融监管体制重构中予以采用。审慎监管体现在金融机构破产责任安排中,即金融机构本身的特

---

① See Ross Cranston, *Principles of Banking Law*, Oxford University Press Inc., 2002, Second Edition, p. 18.

点要求有必要加重金融机构的破产责任;而消费者保护则凸显责任分配上的倾向性,即在同等责任内容前提下的责任配比之轻重。

(一)配套制度保护

根据社会学上的分层理论以及经济学上的信息不对等理论,消费者作为权利义务不对等之弱势群体应得到倾向性保护,金融消费者尤为突出。随着金融产品和金融服务的日趋复杂化和专业化,大众金融消费者面临着更加严峻的信息不对称和不利选择困境(adverse selection problem),即金融消费者在选择何时何地购买何种金融产品或服务时常常无法得到匹配的完整信息背景,从而将自己陷入过度风险投资中,导致消费者“自愿”性投资失败、破产,甚至引发挤兑风潮。① 正因为本轮金融危机所带来的巨大影响,各国纷纷修改了金融监管法律制度,在其新的金融监管立法框架中均引入金融消费者保护的监管理念。例如,美国2010年《多德—弗兰克法案》就设计设立了一个全新的消费者金融保护部门(Consumer Financial Protection Bureau)来保障金融市场中消费者的利益。② 这种特殊保护在金融机构破产体制中最重要的体现无疑即为存款保险制度的完善。存款保险制度突出体现了金融机构破产事后损失事先化、外部损失内部化的趋势。通过事先筹集存款保险基金,其保险资金池的累积具有一定的时间跨度,有利于实现金融机构破产成本的跨期分摊,完全避免了将金融机构危机成本在一个时间点上集中释放,能够有效缓解危机所带来的破坏性影响。与此同时,对不同经营状态的投保机构实施差别风险费率,加重了经营不善、风险较高的投保机构的运营成本,实现了金融机构破产损失的事先分配安排,由此形成降低风险的正向激励。

(二)责任反向保护

尽管存款保险制度可以为金融消费者权益保护构建基础性保障,但也应该注意到存款保险制度可能产生相应的道德风险,再加上政府的救助预期,会更加促使金融机构管理层冒险经营。而金融机构破产责任机制就是最重要的约束机制,通过对包括股东、董事、高管、监事、债权人、中介机构、监管者等相关利益方的责任加重机制,进行金融消费者的倾向性保护,以实现彼此之间的利益制衡。金融机构破产责任在利益相关方之间的合理配置,不仅扩大了对消费者承担责任的主体范围,即承担消费者保护责任的主体不仅仅限于金融机构本身、内部股

---

① See Rafiqul Bhuyan & Yuxing Yan, *Designing Deposit Insurance Scheme under Asymmetric Information with Double Liability Option*, Applied Financial Economics (2007), p. 855-856.

② See John Y. Campbell, Howell E. Jackson, Brigitte C. Madrian and Peter Tufano, *Consumer Financial Protection*, Journal of Economic Perspectives (2011), p. 106.

东管理层，还拓展至提供中介服务的机构以及债权人，甚至是金融监管者及政府，上述可能在金融机构经营过程中获益的群体都应对金融消费者进行一定的利益让渡。以看门人制度下的中介机构责任为例。一般来说，中介机构的职责在于为客户服务和维护客户的利益，①如果金融机构破产时中介机构完全免责，则其很可能忽略公共利益，而更加注重自身的经济利益。但加重其破产责任，是对金融市场信息严重不对称以及强弱对比的一种有效修正，究其本质是一种事前的损失分担安排。因此，在金融机构破产机制的法律框架之下，鉴于金融机构破产的影响力和巨大的负外部性，为了更好地维护金融消费者权益，中介机构亦应有义务参与到金融机构破产责任分配中去，才能够更好地彰显消费者保护的实质价值和意义。

三、责任主体：多元化、扩大化趋势

一般破产程序中，责任主体就是内部管理层，仅仅涵盖股东、董事、高管，且集中于上述主体的经营不当行为或恶意行为的破产责任安排。但是，由于责任加重趋势和责任倾向的转变，单靠金融机构的内部力量消化其破产损失显然是不够充分的，因此责任主体的扩大已经成为各国立法者的必然选择。尽管有学者质疑责任主体扩大会引发诸多问题，缺乏法理依据，但正如前文所论证的，扩大金融机构破产责任承担的主体范围，其本身不是基于法理或法定义务的存在，而恰恰反映了更大范围内社会公共利益的迫切需求。

（一）非责任主体向责任主体的转化

金融机构破产中非责任主体向责任主体转化的典型代表，即市场中介机构和监管者两大类型。在一般破产程序中，市场中介机构所承担的仅仅是辅助性义务，并不承担相应的破产责任；相应地，监管者履行的是公务行为，更加不会成为破产责任承担的主体。金融机构破产立法强调社会利益和债权人利益并重，既要保持金融稳定，又要防范道德风险。金融机构监管也逐渐从完全的“经营者主权”逐步向“消费者主权”过渡。② 中介机构和监管者，一个是私看门人（private gatekeeper），一个是公看门人（public gatekeeper），从不同层面、采用不同措施（私看门人采用评估、评级、意见书等方式，公看门人基于法律所赋予的监管权力采取监管行为）对金融机构提供的金融产品及服务和日常经营活动进行评价和监督。正是因为金融机构所承载的基础性公共利益以及金融机构审慎

---

① See George H. Brown, *Financial Institution Lawyers as Quasi - Public Enforcers*, the Ethics of Financial Institution Lawyers (1994), p. 714-715.

② 参见吴弘、徐振：《金融消费者保护的法理探析》，载《东方法学》2009年第5期。

经营的需要,包括审计机构、律师事务所以及风险评级机构等在内的外部中介服务机构、掌握公权力的金融监管者也需要承担更多的义务和责任,以维护整个金融体系的安全稳健运行。但是,中介机构和金融监管者毕竟是金融机构破产责任项下的辅助承担者,其责任承担需要受到一定制约,其责任不能完全豁免,但又需要在法律上明确保护范围,责任之"度"的拿捏十分关键,否则不仅会挫伤中介机构及监管者履行监督职责的积极性,还会大大降低金融机构危机处置的效率。

(二)权利主体向责任主体的转化

一般破产程序中的权利主体如债权人,在金融机构破产时也可能被要求承担特殊责任,进行一定程度上的利益牺牲和让渡。债权人保护是一般破产法中最基本的原则,然而在金融机构破产程序中,债权人被划分为不同类型,以存款人为代表的公众金融消费者成为保护重点,包括机构债权人、次级债权人在内的其他债权人群体则转而成为破产责任的分担者。金融机构破产时清偿率极低,债权人之所以从权利人转化为责任主体,不仅仅缘于其有效缓解了金融机构破产的负面效应、大大增强了金融机构危机应对能力和自救能力,更重要的是扩大了债权人本身受偿的可能性,提高了金融机构的危机处置效率。通过在特定情形发生时的自动减记或转化为核心资本等自救安排,债权转化为股权或直接核销,其目的通常都是拯救金融机构,而非单纯的放弃权利,其实质上是一种破产损失事先的分摊机制。鉴于债权人本应为破产程序的被保护人,因此在安排债权人进行利益让渡(自救计划)时需要更加注意自救范围及自救条件。就目前而言,通常系统重要性金融机构在危机处置程序中采用自救计划更具有现实意义,不仅可以避免公共资金救助产生的负面影响,将金融机构失败损失进行更加公平、合理的分配,有效平衡纳税人与金融机构之间的关系,还能强化债权人群体对金融机构经营活动的监督,加强市场约束力量。然而,金融机构的破产程序毕竟处于一般破产程序的大框架下,不可无尺度地完全突破,过分削弱债权人的受偿可能会进一步削弱其投资积极性,对于金融市场的长远发展是不利的,因此在将其进行身份转化时更需要谨慎设计和安排。

第二节　我国金融机构危机处置立法现状及问题

一、我国现行问题金融机构危机处置法律框架

目前,针对金融机构危机处置及破产的法律法规及规范性文件已初具规

模,包括《企业破产法》《公司法》《银行业监督管理法》《商业银行法》《保险法》《证券法》《证券投资基金法》等法律;《金融机构撤销条例》《证券公司风险处置条例》《证券公司监督管理条例》《外资银行管理条例》等行政法规;《中国人民银行紧急贷款管理暂行办法》《防范和处置金融机构支付风险暂行办法》《农村商业银行管理暂行规定》《外资银行管理条例实施细则》等部门规章;《最高人民法院关于适用〈中华人民共和国企业破产法〉若干问题的规定》等司法解释;中国人民银行、银监会、保监会、证监会等金融监管机构出台的一系列规范性法律文件。上述法律法规既有一般企业破产法的规定,又涉及金融机构破产特殊规则,既有金融机构重整、清算程序,又有中国特色的行政撤销措施。从不同角度出发,都涉及金融机构市场退出时的特殊规则,我国金融机构破产法律制度框架已经基本形成。但从总体上看,尚缺乏关于金融机构风险处置责任机制的专门性规定,相关司法判例也是少之又少。

值得一提的是,《企业破产法》进一步完善了关于破产撤销权、破产无效行为、破产抵销权等相关规定,强化了破产责任,对破产管理人以及公司高管人员违反忠实和勤勉义务所应承担的责任进行了规定。考虑到金融机构破产所具有的特殊性,《企业破产法》第 134 条规定:“商业银行、证券公司、保险公司等金融机构有本法第二条规定情形的,国务院金融监督管理机构可以向人民法院提出对该金融机构进行重整或者破产清算的申请。国务院金融监督管理机构依法对出现重大经营风险的金融机构采取接管、托管等措施的,可以向人民法院申请中止以该金融机构为被告或者被执行人的民事诉讼程序或者执行程序。金融机构实施破产的,国务院可以依据本法和其他有关法律的规定制定实施办法。”该条主旨,即在于强化金融监管机构对问题金融机构采取行政处置措施,避免因经营中断而造成的信用危机,为问题金融机构的市场退出提供了基础性的法律保障。

事实上,早在 2008 年美国次贷危机之前,银监会就已经开始着手起草“银行业金融机构破产条例”。但由于受到金融危机的影响,考虑到国内金融市场的稳定以及投资者的信心,加之相关部门意见分歧较大,立法进程十分缓慢。几经波折,作为我国金融机构法规体系的重要部分——“银行业金融机构破产条例”于 2011 年重新启动,纳入《国务院 2011 年立法工作计划》。随着 2018 年 3 月国务院机构改革方案的实施,银监会和保监会均不再保留,组建了中国银行保险监督管理委员会(以下简称银保监会),将拟定银行业、保险业等重要法律法规草案和审慎监管基本制度的职责则归入中国人民银行。根据新一轮金融监管改革方案,2023 年 5 月 18 日国家金融监督管理总局正式揭牌成立,统一负责除证券业之外的金融业监管。此次机构改革后,“银行业金融机构破产条例”抑或“金融机构破产条例"何时能出台,尚无明确的时间表。

二、我国金融机构危机处置实践及其特点

(一)我国问题金融机构的危机处置实践

国有商业银行是我国金融业的主导性机构,中国工商银行、中国农业银行、中国建设银行、交通银行等大型银行成为我国金融机构的主体。正是因为这些国字号金融机构的垄断地位,在之前的金融改革中对其出现的风险政府无一例外地都采用"隐性担保"。1999年,中央政府组建信达、华融、长城、东方四大资产管理公司,分别处理建设银行、工商银行、农业银行、中国银行的不良资产,剥离1.4万亿元不良资产;2004~2005年,为中国建设银行和中国银行剥离约2000亿元不良资产,2005年为工商银行剥离可疑类贷款4500亿元;2009年向中国农业银行注资300亿美元等。通过上述政府的直接注资行为,四大国有商业银行整体上市,具有了国际竞争力。在2004~2006年证券市场综合治理期间,中央政府通过央行再贷款、财政部直接注资、地方政府共同清偿等一系列国家担保的方式完成了证券市场的清理整顿任务,政府为此付出了超过700亿元人民币的处置成本。①

我国金融体制改革的进一步深化,特别是2015年存款保险制度的正式确立,预示着政府对金融机构的隐形担保逐步被取消,优胜劣汰的自然法则将成为金融市场的常态化安排。尽管金融机构是经营货币的特殊企业,但归根结底仍然是参与金融市场竞争的商事主体,实行自主经营、自负盈亏、自我约束、自担风险,金融机构应当如其他企业一样建立内部制衡、外部制约的治理机制,遵循市场竞争的一般规则。我国金融市场的关键问题是垄断过度,而竞争不足。破产的结果就是淘汰那些资源利用率低、生产成本高的企业,从而减少全社会单位产品量的资源耗费比率。将那些低效率、不能适应市场竞争的金融机构淘汰出局,本质就是实现资源的优化配置。

针对大型金融机构,我国往往倾向于救助、注资以恢复其经营,对于出现问题的其他中小型金融机构,监管者也会施以援手,或并购重组,或行政撤销,而适用司法清算程序退出金融市场的少之又少,在整个危机处置过程带有强烈的行政干预色彩。在这种情况下,金融机构风险处置中的责任安排并无用武之地。应该说,我国区域性金融机构在金融业改革进程中隐含大量风险,整个金融市场风险可能不仅仅来自大型金融机构,更严峻的挑战可能是目前监管尚不够充分

---

① 参见巫文勇:《金融机构市场退出中的国家救助法律制度研究》,中国政法大学出版社2012年版,第82~83页。

的中小型金融机构。据统计，1997~1998年被关闭的金融机构有：[1]海南发展银行(1998年6月)、中国农村发展信托投资公司(1997年1月)、中国新技术创业投资公司(1998年6月)、广东国际信托投资公司(1998年10月)、21家城市信用社(1997年关闭海南5家信用社、1998年关闭广西13家、青海1家、广东2家信用社)、18家农村信用社(1998年12月广东恩平市)。[2] 2001年8月，汕头商业银行因坏账资金高达40多亿元而被中国人民银行勒令全面停业整顿。[3] 2005年，青海庆泰信托、伊斯兰国际信托、浙江金华信托被银监会责令整顿。2006年8月，南方证券被宣告破产。2018年5月，P2P网络借贷平台出现集体暴雷事件。2019年5月，包商银行被接管，后续启动破产清算程序。2022年7月，河南省多家村镇银行出现取款难的情况，风险甚至外溢至其他地区。在上述被关闭的金融机构中，真正通过司法程序进行破产清算的金融机构，仅有包商银行、广东国际信托投资公司等极少数金融机构，其余都采取行政式并购、行政撤销方式退出市场。然而即使是在广东国际信托投资公司破产案中，也没有形成明确的责任义务安排体系，通过国有资本收购债权并行使代位求偿权的方法，实际上对国家财政施以过重负担，如果被广泛采用，必然会加剧道德风险，从而危及整个金融体系。

(二)我国金融机构危机处置的特点

从上述问题金融机构危机处置的案例来看，我国处理问题金融机构的手段和方式具有以下三个特点。

第一，整个问题金融机构的处置过程，以金融机构监管当局的行政监管权为主导，行政干预色彩浓厚。无论是政府救助，还是并购、撤销，甚至清算，监管当局在整个危机处置过程起到了决定性作用。究其原因，可以发现，我国经济发展中，从计划经济到市场经济的转变，市场的自我吸纳和消化功能都极为有限，相当程度上金融资源的整合一旦离开了监管部门的主导作用，就很难发挥自我调节作用。这也就是为什么西方普遍关注的是政府在多大程度上干预市场以及政府干预市场的时机是否适当，而我国以“金融安全”“金融稳定”为由。加之，我国现有关涉金融机构风险处置的法律规定呈现出碎片化现象，几乎在每个金融组织法或规范性文件中都有涉及，但都是原则性或框架性的简单规则，更毋庸法

---

① 参见周仲飞、郑晖：《银行法原理》，中信出版社2004年版，第159~160页。

② 有关海南发展银行倒闭案、广东国际信托投资公司破产清算案的相关分析，参见张继红：《银行破产法律制度研究》，上海大学出版社2009年版，第183~189页。

③ 广东康元会计师事务所出具的清算核资报告显示，截至2001年8月10日停业整顿日，汕头市商业银行总资产70.44亿元，总负债86.16亿元，所有者权益-15.73亿元。

律责任的规定,难以对处置行为及权力实施进行有效监督和约束。

以存款安全为例,美欧等国以法律形式确立了存款保险制度,在金融机构破产之前,公众完全可以在事前进行合理的分析和预期,以决定相应的投资策略。对于破产银行的债权在多大程度上能得到偿付,法律亦有明确的规定。2015年5月,我国《存款保险条例》正式施行,从法律层面明确建立了存款保险制度。在此之前,《商业银行法》第73条仅规定了个人储蓄存款的优先偿付,也并不存在存款保证全额兑付的承诺。但出于维护社会稳定和金融体系信心,在实践中还是确保了个人存款的足额兑付,可以说是一种“隐性的”存款保险。隐形存款保险虽然很大程度上可以稳定储户对金融市场的信心,但也产生了严重的负面效应:对监管当局缺乏法律约束,运用公共资金解决非公共机构的破产问题,在违背资源配置的同时又形成了一套错误的激励机制。同时,隐性安排的不确定性不利于形成社会的合理预期,还增加了危机的处置成本。

第二,以政府救助为首要选择,尚未建立金融机构风险处置损失合理分担机制。如前所述,在发达的金融市场经济国家中,金融机构倒闭的损失往往先由股东、管理层承担,其余通过存款保险机制、同业救助、私人主体参与购买和债务承担、追究经营者的个人责任、清算资产等形式分摊到金融机构本身、股东、管理层、债权人、中介机构、监管者等主体,其中一定范围内的存款债权得到了优先保护,从而在某种程度上分散了问题金融机构破产所带来的负面影响。在我国,因为金融机构牌照的含金量高,属于稀缺资源,政府及监管当局首要的措施便是救助,其救助力度更是有过之而无不及。维护金融稳定,是各级政府的重要职责之一,也是事关当地经济建设的发展,在政府救助过程中参杂了诸多政策性因素,并非单纯以市场竞争、社会利益为出发点。因此,对于濒临破产或已经陷入支付困难的金融机构,更多倚重救助重整措施,连行政关闭手段都慎之又慎,鲜见破产清算案例也就不足为奇了。例如,包商银行被接管后对债权人的保障水平远超《存款保险条例》规定的最高限额人民币50万元,而是由存款保险基金出资、央行“最后贷款人”依法提供资金支持,进行收购承接,对包商银行的各类债权人给予充分的保障(受偿率超过90%),虽然一定程度上打破了刚性兑付,但更多的还是以政府信用兜底。

这种政府兜底、公共救助的结果是,政府不仅承担了股东所应承担的责任,而且还超额承担了本应由管理层和债权人承担的责任。如此一来,金融机构破产损失和风险不是通过市场机制逐步化解,而是运用非市场手段进行强制性干预。不可否认的是,政府的干预和过度保护虽然也能收到暂时性效果,但其负面影响不容忽视,极不利于培养社会的金融风险意识。

第三,危机处置行为缺乏程序性制度约束。问题金融机构的处置不仅涉及公共利益,更牵涉公权力对私领域经济活动的干预。从合法性角度看,为了保障行政处置行为的正当性,理应有一整套法定程序规范并约束公权力的形式。但在我国问题金融机构的处置过程中,行政处置行为具有明显的随意性,主要的法律规范是 1999 年中国人民银行制定的《紧急贷款管理暂行办法》及 2001 年的《金融机构撤销条例》,处置行为缺少更高层面的依据。即便有更高级别的《人民银行法》《银行业监督管理法》《商业银行法》等规范,但条款设计都过于原则,针对性和可操作性不强,难以正确指导实践。

在市场退出方式上,我国尽管在法律中规定接管、机构重组、停业整顿、撤销、破产等,但实践中更为常用的是行政并购和行政关闭措施,不仅效率不高,而且许多问题也根本无法解决。以包商银行为例,在人民银行及银保监会接管后的半年内,一开始准备引入战略投资者,但无人问津。最终还是由人民银行选定徽商银行,并以蒙商银行新设合并的方式承接包商银行的资产及全部债务。可以看出,这种“拉郎配”的硬性并购方式违背了市场规则,忽略了并购方的实际承受能力。借以行政化“以强扶弱”化解问题银行的倒闭风险,虽然暂时不会引发动荡,但长此以往,本来在国际金融市场上就缺乏竞争力的中国金融机构的发展前景更不容乐观。也就是说,所谓的行政并购方式只是暂时延缓了危机的爆发,但并未彻底根除风险,严重削弱了竞争的原动力。① 迄今为止,我国仅有包商银行进入司法破产程序。就连唯一一家被关闭的股份制商业银行——海南发展银行,尽管已经陷入资不抵债的破产境地,但也未采用破产清算的方式退出金融市场。相比之下,西方发达市场经济国家在金融机构退市问题上更侧重于市场机制的运用,鼓励私人主体积极参与整个处置过程,并由此建立一套合理的损失和风险分担机制。例如在美国,法律赋予 FDIC 多样化的处置手段及程序,包括三大类处置方式,即救助、购买和承担以及破产清算。其中仅购买和承担一项又可分为 8 种不同的形式。只有多种方式可供选择,才谈得上择优问题,而我国在这方面显然亟待改进和完善。

综上所述,我国对于问题金融机构风险处置的法律框架,尤其是在金融机构风险处置责任分配上,尚缺乏以公平有序市场化责任理念为指导的规则安排,金融机构风险处置责任主体范围过于狭窄,最后的损失由政府和国家承担,实际上

① 同样的案例发生在 1998 年的海南发展银行被关闭案中,正是基于监管部门及地方政府的指令,本就先天不足的海发行强行吞下了它并没有能力消化的 28 家已经出现支付危机的城市信用合作社,导致自身也出现了破产风险。相关内容参见张继红:《银行破产法律制度研究》,上海大学出版社 2009 年版,第 182~185 页。

是分配到每个纳税人头上。金融监管机构在我国问题金融机构风险处置过程中发挥着主导性作用,“最后贷款人”功能被过度放大和异化,容易形成反向激励,“太大而不倒”的魔咒仍在继续。这种状态在以往国有资本在金融机构领域占据绝对主导地位的前提下尚可以维持,但随着我国金融机构体量规模的逐步增长,市场化程度的日渐加深,这种风险处置损失分担的方式以及责任承担机制并不具有可持续性,重构我国金融机构风险处置责任机制已经迫在眉睫。

第三节 我国金融机构风险处置责任安排的构建思路

从我国金融机构危机处置实践可以看出,我国立法已经开始关注并构建了金融机构破产制度的基本法律框架,也积累了一定的处置经验,但目前尚缺乏金融机构破产责任机制安排。在经济全球化和金融市场化的双重背景下,我国亦应遵循国际监管法制发展的共同规律,逐步建立金融机构破产责任机制,以缓解金融机构破产时给整个金融体系和公共利益造成的压力,充分发挥其事前的预防与制约作用,降低道德风险和监管行为不当的可能性。

一、风险处置责任主体多元化,损失分担内在化

我国既有的金融机构破产责任主体主要是政府和金融机构管理层。如前所述,我国政府救助尚无明确法律规定,通过直接的资金注入、贷款等形式的公共资金救助,实际上由政府及全体纳税人承担了金融机构的破产损失。另一方面,现有的针对管理层的追责仅限于几个框架性条款,实际被追责案例少之又少,更缺少专门针对金融领域的具体规定。这种由国家承担责任的单一的责任模式容易形成反向激励,进一步增大了金融领域的系统性风险,也使纳税人负担过重,有必要顺应国际趋势构建多元化的破产责任承担机制,进一步扩大责任承担的主体范围,形成以股东、董事、高管、监事为核心,中介机构、债权人和监管者为辅助的责任分担机制,法律上明确其各自的义务内容和归责标准。同时,金融机构破产责任分配,逐步从外部援助转向责任内化,应当在充分穷尽金融机构内部主体责任承担的前提下辅之以外部政府救助。

其一,控股股东是风险处置责任的首要承担者,其作为企业出资人必须承担相应的投资风险,金融机构破产同样遵循这一原则。而且,金融机构风险处置涉及公共利益及金融稳定,需要作为投资者的股东承担相比一般企业更高的义务与责任。事实上,作为控股股东所承担的加重责任与政府援助有着截然不同的

责任内容和运作路径，在责任标准上更加明确、便于操作，有效避免了政府救助存在的政策模糊性。与此同时，现阶段越来越多的民间资本进入金融行业，金融机构股权分散化趋势日益明显，适时引入股东加重责任正当其时。加重股东责任不仅可以强化股东特别是国家及地方政府作为出资人的责任意识，还可以优化金融机构风险控制制度。在具体制度设计中，应细化相关条文，通过由股东补充资金或提供担保的形式固化其加重责任。

其二，董事、高管及监事作为金融机构内部管理机构，能够直接接触到金融机构实际运营的一手信息，且其产生道德危机的可能性也最大，因此对上述管理层群体在法律上应保有严格的追责机制，成为金融机构破产的主要承担者，也是破产责任内化的关键一环。

董事、高管及监事对金融机构负有忠实义务、勤勉义务，正如前文所论证的那样，忠实、勤勉义务存在双元规制失灵，无法对董事和高管进行责任约束，这在金融行业表现得尤为突出。在此，有必要引入忠实义务问责的全新规则路径，减轻诉讼中原告的举证压力，形成诚信、忠实、勤勉三元化问责机制，针对不同情形，问责力度也相应有所区别，使破产责任分配更加合理，司法审查更具有可操作性，并能充分发挥利益相关人寻求救济的积极性，最大限度降低政府监管和司法审查成本。

其三，中介机构和监管者分别作为“私看门人”和“公看门人”，因为金融机构所承载的基础性公共利益以及金融机构审慎经营的需要，应负有更高的注意义务。需要注意的是，中介机构和金融监管者毕竟是金融机构风险处置责任项下的辅助承担者，仅在一定范围内承担责任。在责任认定上，适用过错责任归责原则，将“恶意”及“重大过失”作为标准进行追责。对于主观过错的判定，则选择客观标准，更有利于保护金融消费者，督促中介机构及监管者积极履行其监督职责。

二、建立风险处置损失事前分担机制，引入责任保险进行风险分散

金融机构破产与一般企业破产之所以差异巨大，其中非常重要的原因，即金融机构涉及公共利益，金融机构破产处置效率格外关键。前文所述及的股东、董事和高管、监事、中介机构的加重责任，特别是债权人的责任安排，实际上都是破产损失的事先分摊，不仅能够从源头上控制金融机构的经营风险，强化市场监督力量，还能最大限度地减少公共资金支出，满足金融机构风险处置的上述要求。

我国 2015 年建立了存款保险制度，其广泛的覆盖面使我国 99.63%存款人都能得到全额保护。虽然存款保险制度能够有效提高投资者对整个金融市场的

信心，但过于依赖存款保险又会加剧金融机构冒险投资行为的概率。因此，我国在完善现有存款保险制度时，应该特别注意风险费率方式的具体操作，根据金融机构风险和信用级别的不同征收不同等级的保费，实现收费标准的明确化，从而保障事前损失承担的合理化、科学化，而不是将存款保险作为管理层或是监管者失职时的兜底措施。

鉴于金融机构管理层经营不善、过度投机是导致金融机构产生大量风险的重要原因之一，加重管理层责任是提高金融机构破产清偿率，稳定金融体系、提升公共信任度的必要措施。但过重的法定责任又会减损管理层从事经营活动的积极性，不利于金融市场创新，更不利于吸引人才。对此，建立金融机构管理层责任保险制度，就能够有效地进行风险的分散。与此同时，董事、高管在危机发生时无须再承担额外赔偿责任，对其自身而言其也是一种切实的事后保护措施。购买责任保险的管理层在进行高风险决策时，也应为其高风险行为事先买单，不必等到风险发生后，无形中形成了有效的内在约束力量。

三、金融机构风险处置市场化，公共救助标准明确化

一个成熟的市场经济体制崇尚竞争这一基本理念，优胜劣汰是市场经济的核心。金融机构与其他企业一样，不仅有市场准入机制，更应完善市场退出机制。金融监管本身并不能确保所有的金融机构没有风险，破产的结果就是要淘汰那些低效率甚至是无效率的市场竞争者，不断为金融市场注入新鲜血液，实现资源的优化配置。只有如此，才能维护整个金融体系的良性循环、确保整个金融市场的健康发展。事实上，早在 1873 年 Walter Bagehot 就明确指出，“对坏银行提供的任何救助，都会阻碍未来好银行的建立和发展”。① 1996 年 6 月 13 日，美联储主席格林斯潘在瑞典的斯德哥尔摩有关银行监管的国际会议上也指出，“这些被监管对象(银行)的最基本功能就是承担风险，如果我们试图使其破产率为零，就失去了建立银行体制的意义”。②换言之，如果允许经营不良的金融机构在金融体系中继续存续，其本身就是对金融稳定最大的威胁。现阶段，我国已经建立了金融机构破产法律制度的基本框架，随着《存款保险条例》的实施、允许民营资本进入银行等金融领域，金融机构破产配套制度逐步完备，我国金融机构破产已经成为现实可能。

然而，我国的金融机构风险处置从实践中来看，仍然是以行政权力的行使为

---

① Walter Bagehot, *Lombard Street: A Description of the Money Market*, Reprint 1999, p. 104.

② Eva H. G. Hüpkes, *The Legal Aspects of Bank Insolvency: A Comparative Analysis of Western Europe, the United States and Canada*, Kluwer Law International 2000, p. 11.

主导,市场能够发挥的作用极其有限。今后金融机构破产法律完善,应该着力寻找市场与公权力互动的平衡点。毋庸置疑,金融机构风险处置需要公权力的积极参与和干预,但这种公权力的主导性仅仅体现在破产程序及危机处置措施上,在金融机构处置责任分配上,绝不能无限度地对金融机构实施"一边倒"的援救。

然而,"一个都不能倒"一直是中国金融风险处置的基本现实,主要原因在于:在经济转型背景下,金融机构还承担着政策性、半政策性甚或体制性任务,当这些金融机构陷入危机时,很难分清到底是金融机构未能审慎经营还是因承担政策性或半政策性任务的缘故,不救是不负责任的,还可能对政府努力追求的"社会稳定"这一社会管理目标造成损害。① 但问题是,这种政府救助尚未被纳入法治化轨道,耗费了巨额的公共资金,严重扭曲了金融市场自主配置资源的竞争秩序,助长了金融机构管理层的道德风险,为金融市场的健康发展埋下巨大的风险隐患。要改变此种局面,我们应完善政府救助问题金融机构的制度框架,在立法上严格限定授予公共资金救助的条件。在采用公共资金救助之前,应当确认其他主体(包括控股股东、董事、高管及监事、债权人、市场中介机构、监管者等)是否已经承担了自身义务和责任。

---

① 参见周小川:《金融危机中关于救助问题的争论》,载《金融研究》2012年第9期。

结　语

自金融机构诞生以来,危机就与之如影随形。从某种意义上讲,金融业发展的历史,就是一部满载风险和倒闭的历史。从14世纪意大利出现的商人银行倒闭,到2008年席卷全球的美国次贷危机,金融机构倒闭现象屡见不鲜,几乎所有的市场经济发达国家及地区都遭遇过显著的金融危机。这也让人们深刻认识到,针对金融机构的监管是必需的,其目的就是保护存款人、维护金融体系以及整个国民经济的稳定。尽管各国纷纷制定金融行业法律法规政策,设定金融机构的市场准入规则、审慎运营规则、存款保险制度等,金融监管者的监管权限也在进一步扩大和强化,但是仍然不能杜绝金融机构的倒闭破产。金融机构风险处置法律制度应运而生,其目的就是在帮助经营失败的金融机构有序退出市场的同时,尽可能降低对整个金融体系的冲击和破坏,并最大限度地保护存款人、投资者和金融秩序的稳定。

应该说,金融危机并不可怕,其本身是经济体运行中的一种正常现象,是在市场调节作用下对自身循环机制的能动性反应与调适。令人担心的是,“天灾性”的金融危机可能在不同利益主体政治的博弈下成为一种“人祸”,而这也正是我们在进行制度选择时需要特别关注的风险。事实上,我国的法治演进历程是从身份走向契约、从计划走向市场,而西方社会的路线则有些相反,表现为从自由走向克制、从市场走向适度计划。这两种反向性的路线决定了欧美的金融监管体制改革是从市场走向适度的计划,是大量的私法公法化,而我们的改革则强调是权利对权力的约束与制衡,从计划更多地走向市场。其中,金融风险处置责任体系构建正是体现了权利对权力的制约,其本质是一种事前的积极预防措施。

自20世纪90年代以来,随着我国金融体制改革的进一步深化,由于不良资产等问题引发的流动性风险等,使一部分金融机构特别是中小金融机构面临破产倒闭的问题。虽然《商业银行法》《证券法》《保险法》《企业破产法》等都明确规定了金融机构破产的条款,但结合问题金融机构的处置实践,可以发现,我国更多地采用直接资金注入等形式的公共资金救助,或行政式并购或行政关闭等方式避免其进入司法破产程序。整个问题金融机构的处置过程极为单一,行政干预色彩浓厚,而且常常因为处置程序的不公开而备受诟病和质疑。更为关键的是,金融机构风险处置的损失分担极不合理,严重依赖公共资金的投入,金融机构经营失败风险基本上由政府财政最终承担下来。这种由国家承担责任的单一责任模式,严重弱化了市场纪律的硬约束,加剧了金融领域的系统性风险。

通过全面梳理并考察域外法制,可以发现,加重金融机构利益相关方的法律责任、进一步扩大责任承担的主体范围,形成以股东、董事、高管、监事为核心,市场中介机构、债权人和监管者为辅助的责任分担机制成为共有趋势。同时,金融机构风险处置责任分配,也正逐步从外部资金救助转向责任内化。换言之,将法律责任理念引入金融机构市场退出领域,其核心就是要建立相对公平、公正、透明的金融机构风险处置损失分担机制。

我国金融机构风险处置责任机制的构建,在尊重国际金融市场发展的基本规律的同时,亦应关注本土特色和现实国情。在吸收世界法律文明最新成果的基础上,注重本土化改造,从而使规则真正得以生根落地。从金融风险处置框架看,金融机构控股股东理应成为破产责任的首要承担者,当金融机构资本严重不足或濒临破产时,持股达到一定比例的控股股东,应负有采取各种措施救助金融机构的法律义务。应该说,作为控股股东所承担的破产加重责任与政府资金救助有着截然不同的责任内容和运作路径,在责任标准上更加明确、便于操作,有效避免了政府救助存在的政策模糊性。对于董事、高管及监事等金融机构的管理层,在法律上亦应保有严格的追责机制,也是风险处置责任内化的关键一环。在此,引入忠实义务问责的全新规则路径,减轻诉讼中原告的举证压力,形成诚信、忠实、勤勉三元问责机制,使破产责任分配更加合理。市场中介机构和监管者分别作为"私看门人"和"公看门人",应负有更高的注意义务。但其毕竟是风险处置责任机制中的辅助承担者,仅承担有限责任,不仅能够有效地激发其监督的积极性,也不会因为责任过重而减损其监督效率。

金融机构风险处置责任机制的构建本身是一个系统工程,还需要相应的配套制度,也必然包含更大范围的改革,如更趋完善的市场经济秩序、理性成熟投资者群体的培育等更高层次、更广范围的制度环境。2023 年 3 月，国务院机构改革方案正式出台，在中国银保监会基础上组建国家金融监督管理总局。作为国务院直属机构，国家金融监督管理总局统一负责除证券业之外的金融业监管，强化机构监管、行为监管、功能监管、穿透式监管、持续监管，统筹负责金融消费者权益保护，加强风险管理和防范处置，依法查处违法违规行为。我国金融监管体系从“一行两会”迈入“一行一总局一会”的新格局。目前，“金融稳定法”仍在征求意见中，金融机构风险处置责任机制的构建研究还需进一步深入。行文至此，虽然暂告一个段落，但金融机构风险处置责任机制的理论探索仍未终结，期待学界的共同努力。

2024 年 7 月 31 日

于上海

参考文献

一、中文参考文献

【著作】

1. 中共中央党史和文献研究院:《习近平关于金融工作论述摘编》,中央文献出版社 2024 年版。

2. 周仲飞:《银行法研究》,上海财经大学出版社 2010 年版。

3. 王卫国:《破产法精义》,法律出版社 2007 年版。

4. 汪世虎主编:《金融机构破产制度研究》,法律出版社 2014 年版。

5. 黎四奇:《我国银行法律制度改革与完善研究》,武汉大学出版社 2013 年版。

6. 熊伟:《银行监管权边界问题研究》,法律出版社 2013 年版。

7. 张世君:《中国金融机构破产的理论探索与制度构建》,法律出版社 2017 年版。

8. 巫文勇:《金融机构破产特定债务清偿制度比较研究》,中国政法大学出版社 2014 年版。

9. 方芸:《立法模式构建视阈下银行重整法律制度研究》,中国社会科学出版社 2018 年版。

10. 吴敏:《论法律视角下的银行破产》,法律出版社 2010 年版。

11. 刘俊:《各国问题金融机构处理的比较法研究》,上海世纪出版集团 2008 年版。

12. 李爱君:《商业银行跨境破产法律问题研究》,中国政法大学出版社 2012 年版。

13. 洪正:《商业银行公司治理特殊性研究》,中国金融出版社 2010 年版。

14. 王文宇:《控股公司与金融控股公司法》,中国政法大学出版社 2003 年版。

15. 杨勇:《金融集团法律问题研究》,北京大学出版社 2004 年版。

16. 汤欣等:《控股股东法律规制比较研究》,法律出版社 2006 年版。

17. 王红一:《银行公司治理研究》,法律出版社 2008 年版。

18. 李永军:《破产重整制度研究》,中国人民公安大学出版社 1996 年版。

19. 王泽鉴:《民法总则》,北京大学出版社 2009 年版。

20. 范建、王建文:《商法的价值、源流及本体》(第 2 版),中国人民大学出版社 2007 年版。

21. 赵中孚主编:《商法总论》(第 3 版),中国人民大学出版社 2007 年版。

22. 任先行主编:《商法总论》,北京大学出版社、中国林业出版社 2007 年版。

23. 王保树:《商法总论》,清华大学出版社 2007 年版。

24. 王建文等:《公司高管重大经营决策失误民事责任研究》,法律出版社 2012 年版。

25. 朱羿锟:《董事问责标准的重构》,北京大学出版社 2011 年版。

26. 张新宝:《侵权责任构成要件研究》,法律出版社 2007 年版。

27. 倪建林:《公司治理结构:法律与实践》,法律出版社 2001 年版。

28. 张忠野:《公司治理的法理学研究》,北京大学出版社 2006 年版。

29. 李建伟:《独立董事制度研究——从法学与管理学的双重角度》,中国人民大学出版社 2004 年版。

30. 张继红:《银行破产法律制度研究》,上海大学出版社 2009 年版。

31. 曹顺明:《股份有限公司董事损害赔偿责任研究》,中国法制出版社 2005 年版。

32. 梁上上:《利益衡量论》,法律出版社 2013 年版。

33. 史尚宽:《债法总论》,中国政法大学出版社 2000 年版。

34. 张文显:《法学基本范畴研究》,中国政法大学出版社 1993 年版。

35. 陈金钊主编:《法理学——本体与方法》,法律出版社 1996 年版。

36. 陈雨露、汪昌云主编:《金融学文献通论 · 宏观金融卷》,中国人民大学出版社 2006 年版。

37. 郑荣年主编:《金融机构风险管理》,中国金融出版社 2015 年版。

【译著】

1. [瑞士]艾娃·胡普凯斯:《比较视野中的银行破产法律制度》,季立刚译,法律出版社2006年版。

2. [美]莱纳·克拉克曼、亨利·汉斯曼等:《公司法剖析:比较与功能的视角》,罗培新译,法律出版社2012年版。

3. [美]哈威尔·E. 杰克逊、小爱德华·L. 西蒙斯编著:《金融监管》,吴志攀等译,中国政法大学出版社2003年版。

4. [美]约翰·C. 科菲:《看门人机制:市场中介与公司治理》,黄辉、王长河等译,北京大学出版社2011年版。

5. [美]大卫·G. 爱泼斯坦等:《美国破产法》,韩长印等译,中国政法大学出版社2003年版。

6. [美]本·伯南克:《金融的本质:伯克南四讲美联储》,巴曙松、陈剑译,中信出版社2014年版。

7. [美]罗伯特·W. 汉密尔顿:《公司法概要》,李存捧译,中国社会科学出版社1999年版。

8. [英]罗斯·玛利亚·拉斯特拉主编:《跨国银行破产》,苏洁澈、彭丽姗、吴桐等译,中国社会科学出版社2017年版。

9. [英]菲利普·伍德:《金融法的世界地图》(第6版),陈儒丹、黄韬译,法律出版社2013年版。

10. [英]费奥娜·托米:《英国公司和个人破产法》,汤维建、刘静译,北京大学出版社2010年版。

11. [英]珍妮·斯蒂尔:《风险与法律理论》,韩永强译,中国政法大学出版社2012年版。

12. [法]安娜·多米尼克·梅维尔:《法国金融法》,姜影译,法律出版社2014年版。

13. [法]伊夫·居荣:《法国商法》(第1卷),罗结珍、赵海峰译,法律出版社2004年版。

14. [德]莱因哈德·波克:《德国破产法导论》(第6版),王艳柯译,北京大学出版社2014年版。

15. [德]托马斯·莱赛尔、吕迪格·法伊尔:《德国资合公司法》(第3版),高旭军等译,法律出版社2005年版。

16. [韩]李哲松:《韩国公司法》,吴日焕译,中国政法大学出版社2000年版。

【期刊】

1. 刘少军:《关于制定〈金融稳定法〉的思考与完善建议》,载《法学杂志》2023 年第 4 期。

2. 杨松:《新金融监管体制下央地监管权关系再审思》,载《法学评论》2022 年第 6 期。

3. 刘丹冰:《新发展视角下统一“金融监管法”的制定》,载《法律科学(西北政法大学学报)》2022 年第 1 期。

4. 黄辉:《中国金融监管体制改革的逻辑与路径:国际经验与本土选择》,载《法学家》2019 年第 3 期。

5. 杨松、宋怡林:《商业银行股东加重责任及其制度建构》,载《中国社会科学》2017 年第 11 期。

6. 杨松、宋怡林:《民营银行股东自担风险立法模式借鉴与选择》,载《法律科学(西北政法大学学报)》2016 年第 6 期。

7. 杨松、郭金良:《银行危机处置过程中的股东权利限制研究》,载《法律科学(西北政法大学学报)》2013 年第 5 期。

8. 黎四奇:《对后危机时代金融监管体制创新的检讨与反思:分立与统一的视角》,载《现代法学》2013 年第 5 期。

9. 黎四奇:《后危机时代“太大而不能倒”金融机构监管法律问题研究》,载《中国法学》2012 年第 5 期。

10. 黎四奇:《后危机时代对监管套利法律问题的检讨和反思》,载《经济法论丛》2012 年第 2 期。

11. 冯辉:《金融整治的法律治理——以“P2P 网贷风险专项整治”为例》,载《法学》2020 年第 12 期。

12. 苏洁澈:《银行风险处置的公共选择考量与制度建构》,载《环球法律评论》2023 年第 2 期。

13. 苏洁澈:《破产银行处置成本分担论》,载《厦门大学学报(哲学社会科学版)》2022 年第 5 期。

14. 苏洁澈:《银行风险处置中的“公平审判”原则——欧洲经验及启示》,载《云南社会科学》2021 年第 4 期。

15. 苏洁澈:《金融危机干预措施的合宪性审查——英美处置破产银行及启示》,载《政法论坛》2021 年第 4 期。

16. 苏洁澈:《论银行监管机构的侵权责任——以银行破产和英美法为例》,载《法学家》2011 年第 1 期。

17. 韩长印:《经营者个人对企业破产的责任》,载《法学评论》2003 年第 1 期。

18. 周仲飞:《金融机构强制性自救债的法律问题》,载《现代法学》2015 年第 2 期。

19. 朱慈蕴:《论金融中介机构的社会责任——从应对和防范危机的长效机制出发》,载《清华法学》2010 年第 1 期。

20. 刘迎霜:《我国金融消费者权益保护路径探析——兼论对美国金融监管改革中金融消费者保护的借鉴》,载《现代法学》2011 年第 3 期。

21. 甘培忠、赵文贵:《论破产法上债务人高管人员民事责任的追究》,载《政法论坛》2008 年第 2 期。

22. 冯辉:《破产债权受偿顺位的整体主义解释》,载《法学家》2013 年第 2 期。

23. 姜立文:《美国金融控股公司加重责任制度研究与启示》,载《环球法律评论》2006 年第 6 期。

24. 田田、龚华生:《建立中国金融控股公司的加重责任制度》,载《法学论坛》2005 年第 6 期。

25. 徐国栋:《英语世界中的诚信原则》,载《环球法律评论》2004 年第 3 期。

26. 李炜、李婉丽:《市场中介与公司治理:重构"看门人"制度框架》,载《湖北社会科学》2015 年第 10 期。

27. 朱羿锟:《论董事问责标准的三元化》,载《商事法论集》第 21 卷。

28. 常健、张强:《商业判断规则:发展趋势、适用限制及完善——以有限责任公司股利分配为视角》,载《法商研究》2013 年第 3 期。

29. 陈本寒、艾围利:《董事注意义务与董事过失研究——从英美法与大陆法比较角度进行考察》,载《清华法学》2011 年第 2 期。

30. 王保树:《股份有限公司的董事和董事会》,载《外国法译评》1994 年第 1 期。

31. 马宁:《论存款保险人责任履行:制度规范与框架建构》,载《河北法学》2013 年第 2 期。

32. 吴林涛、林秀芹:《论我国商业银行破产重整制度的构建》,载《厦门大学学报(哲学社会科学版)》2013 年第 1 期。

33. 巫文勇:《金融机构破产程序性规则修正研究》,载《山东社会科学》2012 年第 10 期。

34. 戴淑庚、张亦春:《台湾金融控股公司的监管》,载《台湾研究集刊》2005

年第4期。

35. 彭金辉:《准公共品视角下银行业监管模式的探讨》,载《国家行政学院学报》2011年第3期。

36. 何畅:《现代商业银行破产法律制度存在的缺陷及其完善对策》,载《金融论坛》2003年第12期。

37. 郭丹:《破产公司董事对债权人之个人民事赔偿责任——新〈企业破产法〉及英美相关法律制度评析》,载《审计与经济研究》2007年第1期。

38. 李曙光:《金融机构破产的制度设计》,载《财经》2006年第19期。

39. 陈全:《浅谈会计师事务所在企业破产中的社会责任》,载《财经界》2014年第33期。

40. 阳露昭、刘涛:《论金融控股公司加重责任制度的法理基础》,载《上海金融》2009年第3期。

41. 陈其林、韩晓婷:《准公共产品的性质:定义、分类依据及其类别》,载《经济学家》2010年第7期。

42. 韩芳、陈经伟:《金融信用体系与"准公共产品"》,载《经济师》2006年第4期。

43. 鲁锐正:《浅议金融危机下金融体系的发展取向——基于准公共产品视角》,载《现代交际》2010年第8期。

44. 庆幸:《国际金融危机后中国在国际金融公共产品供给中的角色变化》,载《国际关系学院学报》2011年第1期。

45. 尹杞月:《国外银行存款保险制度的道德风险问题研究》,载《保险研究》2012年第2期。

二、外文参考文献

1. Bliss Robert R. & Kaufman George G. , *U. S. Corporate and Bank Insolvency Regimes*: *An Economic Comparison and Evaluation*, 2006.

2. Stephen J. Lubben, *Financial Institutions in Bankruptcy*, Seattle University Law Review, 2011.

3. Vanessa Finch, *Corporate Insolvency Law*, Cambridge University Press, 2002.

4. David A. Skeel, *Debt's Dominion*: *A History of Bankruptcy Law in American*, Princeton University Press, 2001.

5. Matej Marinc, Razvan Vlahu, *The Economics of Bank Bankruptcy Law*,

Springer, 2012.

6. Jonathan R. Macey & Geoffrey P. Miller, *Double Liability of Bank Shareholder: History and Implications*, Wake Forest Law Review, 1992.

7. Adam J. Levitin, *Safe Banking: Finance and Democracy*, The University of Chicago Law Review, 2016.

8. Andrew Gilbert, with contributions by James P. Clark, Ashley Doherty, Chapter 11: Professional Liability Claims, *Managing the Crisis: The FDIC and RTC Experience* 1980-1994, 1998.

9. Gillian G. H. Garcia, Rosa M. Lastra & Maria J. Nieto, *Bankruptcy and Reorganization Procedures for Cross-border Banks in the EU: Towards an Integrated Approach to the Reform of the EU Safety Net*, Journal of Financial Regulation and Compliance, 2009.

10. Lorna Fox O'Mahony, Christian Twigg-Flesner & Folarin Akinbami, *Conceptualizing the Consumer of Financial Services: A New Approach?* Springer Science & Business Media New York, 2015.

11. Report of Anton R. Valukas, Examiner, In re Lehman Bros. Holdings, Inc. (No. 08-13555) (Bankr. S. D. N. Y. Mar. 11, 2011), cited in Mark A. McDermott and David M. Turetsky, *Restructuring Large, Systemically-Important, Financial Companies*, ABI Law Review, 2011.

12. Z. Jill Barclift, *Corporate Social Responsibility and Financial Institutions: Beyond Dodd-Frank*, Banking and Financial Services Report, 2012.

13. David Chandler, *Corporate Social Responsibility: A Strategic Perspective*, Business Expert Press, 2015.

14. Alexander Dahlsrud, *How Corporate Social Responsibility Is Defined: An Analysis of 37 Definitions*, Corporate Social Responsibility and Environmental Management, 2008.

15. EBAC and ICBC, *The 3Cs for Responsible Banking in Asia and the Pacific: Corporate Governance, Corporate Social Responsibility and Corporate Sustainability*, 2014.

16. Prior F. & Argandoña A., *Credit Accessibility and Corporate Social Responsibility in Financial Institutions: The Case of Microfinance*, Business Ethics: A European Reivew, 2009.

17. Fredrick Onyango Ogola, *Financial Institutions' Social Responsibility in*

Development Countries: *A Framework of Analysis*, African Journal of Economic and Management Studies, 2012.

18. Branco M. C. & Rodrigues L. L., *Corporate Social Responsibility and Resource Based Perspectives*, Journal of Business Ethics, 2006.

19. Arshad R., Omar H. & Othman R., *Corporate Resources and Environmental Reporting Practices in Malaysia*, 3rd International Conference on Business and Economic Research Proceeding, 2012.

20. Michael E. Porter & Mark R. Kramer, *Strategy & Society*: *The Link Between Competitive Advantage and Corporate Social Responsibility*, Harvard Business Review, 2006.

21. Francesc Prior & Antonio Argandoña, *Best Practices in Credit Accessibility and Corporate Social Responsibility in Financial Institutions*, Journal of Business Ethics, 2009.

22. Maek A. McDermott & David M., Turetsky, *Restructuring Large, Systemically-important Financial Companies*: *An Analysis of the Orderly Liquidation Authority, Title H of the Dodd-Frank Wall Street Reform and Consumer Protection Act*, ABI Law Review, 2011.

23. John Y. Campbell, Howell E. Jackson, Brigitte C. Madrian & Peter Tufano, *Consumer Financial Protection*, Journal of Economic Perspectives, 2011.

24. Guiso, Luigi, Paola Sapienza & Luigi Zingales, *Trusting the Stock Market*, Journal of Finance, 2008.

25. Lusardi, Annamaria & Olivia S. Mitchell, *Financial Literacy and Planning*: *Impli cations for Retirement Weil - Being*, Pension Research Council Working Paper, 2006.

26. A. Campbell & P. Cartwright, *Banks in Crisis*: *The Legal Response*, Ashgate, 2002.

27. Maximilian J. B. Hall, *The Sub - Prime Crisis, the Credit Squeeze and Northern Rock*: *The Lessons to be Learnt*, Journal of Financial Regulation and Compliance, 2008.

28. Robert J. Dijkstra & Michael G. Faure, *Compensatng Victims of Bankrupted Financial Institutions*: *A Law and Economic Analysis*, Journal of Financial Regulation and Compliance, 2011.

29. Couwenberg O. & DeJong A., *It Takes Two to Tango*: *An Empirical Tale*

of Distressed Firms and Assisting Banks, International Review of Law & Economics, 2006.

30. Tison M. , *Do Not Attack the Watchdog! Banking Supervisor's Liability after Peter Paul*, Common Market Law Review, 2005.

31. Dijkstra R. J. , *Liability of Financial Regulators: Defensive Conduct or Careful Supervision?*, Journal of Banking Regulation, 2009.

32. Mullineux A. W. & Murinde V. , *Handbook of International Banking*, Edward Elgar, Cheltenham, 2003.

33. Schich S. , *Financial Turbulence: Some Lessons Regarding Deposit Insurance*, Financial Market Trends, 2008.

34. Groeneveld H. , *Towards a Balanced Deposit Guarantee System in Europe*, Forum Financier, 2009.

35. Nikoletta Kleftourt, *Rethinking UK and EU Bank Deposit Insurance*, EBLR, 2013.

36. Jonathan R. Macey & Maureen O'hara, *The Corporate Governance of Banks*, FRBNY Economic Policy Reviews, 2003.

37. Kieran J. Fallon, Note, *Source of Strength or Source of Weakness?: A Critique of the "Source-of-Strength" Doctrine in Banking Reform*, 66 N. Y. U. L. Rev. , 1991.

38. Derek W. McGee, *Return of the Source-of-Strength Saga*, Banking Law Journal, 2009.

39. Robert C. Clark, *The Regulation of Financial Holding Companies*, 92 Harv. L. Rev. , 1979.

40. James R. Smoot, *Striking Camp and Moving to Higher Ground: The Hazardous Subtleties of "Subtle Hazards" in Bank Regulation*, 4 Geo. Mason L. Rev. , 1995.

41. Michael C. Keeley, *Deposit Insurance, Risk, and Market Power in Banking*, 80 AM. Econ. Rev. , 1990.

42. David G. Oedel, *Puzzling Banking Law: Its Effects and Purposes*, 67 U. Colo. L. Rev. , 1996.

43. Howell E. Jackson, *The Expanding Obligations of Financial Holding Companies*, 107 Harv. L. Rev. , 1994.

44. William W. Bratton, Jr., *Corporate Debt Relationships: Legal Theory in a Time of Restructuring*, Duke Law Review, 1989.

45. Robert C. Clark, *The Regulation of Financial Holding Companies*, 92 Harv. L. Rev., 1979.

46. Eric J. gouvin, *Hungry Wolves and Horizontal Conflicts: Rethinking the Justification for Bank Holding Company Liability*, U. III. L. Rev., 1999.

47. Patricia A. McCoy, *A Political Economy of the Business Judgment Rule in Banking: Implications for Corporate Law*, 47 Case W. Res. L. Rev., 1996.

48. Julie L. Williams, Kevin A. Corcoran, Kevin L. Petrasic & Stuart E. Feldstein, *FHLBB's New Approach to Regulatory Capital Maintenance Obligations of Acquirors of S&Ls*, 52 Banking Rep. (BNA), 1989.

49. Daniel A. Farber & Philip P. Frickey, *Law and Public Choice: A Critical Introduction*, 1991.

50. Jonathan R. Macey & Maureen O'hara, *The Corporate Governance of Banks*, FRBNY Economic Policy Review, 2003.

51. Ross Levine, *The Corporate Governance of Banks: A Concise Discussion of Concepts and Evidence*, World Bank Policy Research Working Papers, 2004.

52. Merritt B. Fos, *Gatekeeper Failures: Why Important, What to Do*, Michigan Law Review, 2008.

53. Reinier Kraakman, *Gatekeepers: The Anatomy of a Third-Party Enforcement Strategy*, 2J. L. Econ. & Org, 1986.

54. Assaf Hamdani, *Gatekeeper Liability*, 77 S. CAL. L. Rev., 2003.

55. John C. Coffee, J. R., *Gatekeeper Failure and Reform: The Challenge of Fashioning Relevant Reforms*, Boston University Law Review, 2004.

56. George H. Brown, *Financial Institution Lawyer as Quasi-Public Enforcers*, Georgetown Journal of Legal Ethics, 1994.

57. Charles Gasparino, *Mutual Funds Show Managers the Money*, Wall Street Journal, 1997.

58. Michael Rothschild & Joseph Stiglitz, *Equilibrium in Competitive Insurance Markets: An Essay on the Economics of Imperfect Information*, Q. J. Econ., 1976.

59. Michael Rapoport, *Auditing Liability Caps Face Fire*, Wall Street

Journal, 2005.

60. Frank Partnoy, *Infectious Greed: How Deceit and Risk Corrupted the Financial Markets*, Times Books, 2003.

61. Stephen J. Lubben & Alana J. Darnell, *Delaware's Duty of Care*, 31 Delaware Journal of Corporate Law, 2006.